Monika Schuch (Hrsg.)

Denker und Macher

Monika Schuch (Hrsg.)

Denker und Macher

Deutsche Wirtschaftsgrößen im Porträt

REDLINE WIRTSCHAFT
bei verlag moderne industrie

Die Deutsche Bibliothek – CIP-Einheitsaufnahme

Denker und Macher / Hrsg. Monika Schuch. - München : Redline Wirtschaft bei Verl. Moderne Industrie, 2002
ISBN 3-478-74460-1

Umschlaggestaltung: Daniela Lang, Pürgen
Satz: mi, Doris Ott
Gesamtherstellung: Himmer, Augsburg
Printed in Germany 74460/090204
ISBN 3-478-74460-1

Inhaltsverzeichnis

Hermann Josef Abs

Bankier, Kunstmäzen und Musikliebhaber

Kaum ein anderer dürfte die Bankenwelt Deutschlands so geprägt haben wie Hermann Josef Abs, auch weil er sein Gewerbe stets in politisch schwierigen Zeiten ausübte: Als Vorstandsmitglied der Deutschen Bank seit 1938 konnte er die Arisierung jüdischen Vermögens nicht verhindern, nach dem Krieg wurden unter seiner Ägide die Marshallplan-Gelder verteilt.

Mit dem Londoner Schuldenabkommen, das Abs 1953 zum Abschluss brachte, durfte die Bundesrepublik wieder zurück in die Weltwirtschaft. In der Nachkriegszeit formte Abs die Deutsche Bank zu ihrer heutigen Bedeutung und mischte sich kräftig in die Geschäftspolitik der Industrie ein.

Wenn Macht ein Gesicht bekommen soll, wird sie mit Hermann Josef Abs wohl am besten abgebildet: der stechende Blick über seine Halbbrille hinweg, in dem sich manchmal Ironie und Ernst mischen. Dieser Blick zeigt die Souveränität eines Herrn, der aus eigenem Recht heraus handelt. Für diese Macht hatte Abs einen sicheren Instinkt entwickelt, sie war für ihn aber nie bloßer Selbstzweck. Schließlich habe er den Beruf eines Bankiers einst gewählt, „um Dinge zu ordnen, die der Ordnung bedürfen", wie er einmal zitiert wurde.

Zeit seines Lebens nannte Abs sich „aus einer gewissen Eitelkeit", wie er selber sagte, gerne französisch „Bankier" und wäre wohl nie auf den Gedanken gekommen, seinen Beruf – wie viele seiner heutigen Berufskollegen – eher mit dem Wort „Bankmanager" zu umschreiben. Aber genau genommen hätte er diese Berufsbezeichnung eigentlich nur drei Jahre lang führen dürfen, nachdem er 1935 mit nur 34 Jahren zum Teilhaber des Privatbankhauses Delbrück, Schickler & Co. in Berlin wurde. Im Jahre 1938 wechselte er bereits dorthin, wo er die längste Zeit seines beruflichen Lebens wirken sollte – zur Deutschen Bank.

Obwohl der einstige Privatbankier im Vorstand der Großbank weniger verdiente, illustrierte der Musikliebhaber Abs seine Gründe für den Wechsel treffend mit dem Bild eines Organisten, der einmal die Chance bekommt, seine gewohnte Zwei-Manual-Orgel mit 36 Registern gegen eine wundervolle Domorgel mit fünf Manualen und 72 lebenden Registern einzutauschen. Weil der talentierte Geldhändler damals bereits über genügend Selbstbewusstsein verfügte, hielt er das größere Instrument für sich für „angemessen". Auch wenn der volle Klang damals allerlei Misstöne aus der Politik der Nationalsozialisten übertönt haben dürfte.

Abs und der Nationalsozialismus

Der überzeugte Katholik Abs war kein Freund der braunen Machthaber. Er verstand es, zu ihnen stets auf Distanz zu gehen, und er gab nie dem Werben nach, Parteimitglied zu werden. Aber als für das Auslandsgeschäft der Deutschen Bank zuständiges Vorstandsmitglied konnte er sich freilich nicht aus allem heraushalten, musste beispielsweise die Expansion in den von deutschen Truppen besetzten Gebieten mit allem Nachdruck vorantreiben. Er wirkte auch bei der Arisierung jüdischen Vermögens mit wie beispielsweise bei der Übernahme des Bankhauses Mendelssohn. Auch die Neuregelung der Hubertus AG, die nicht nur seiner eigenen, sondern auch der jüdischen Industriellenfamilie Petschek gehörte, war eine seiner Aufgaben. Zum Dank, dass sich Abs ihnen gegenüber „immer anständig verhalten" hatte, schenkten die Petscheks ihm zu seinem 50. Geburtstag – 1951 – eine goldene Armbanduhr mit Widmung.

Wollte Abs etwas verhindern? Tatsache ist, dass er wohl nichts hätte verhindern können. Aber für manchen wäre es ohne Abs' Hilfe vielleicht noch schlimmer gekommen. Abs war damals bereits davon überzeugt, dass der Nationalsozialismus nur eine vorübergehende Erscheinung in der deutschen Politik sein werde. Vielleicht hatte er deswegen Kontakt zum deutschen Widerstand? Er war jedenfalls mit Hellmuth von Moltke und Peter Graf Yorck von Wartenburg befreundet, kam sogar 1941 zu einem Treffen des Kreisauer Kreises. An der Verschwörung gegen Hitler wollte er sich aber – mit Rücksicht auf seine Familie und die Bank – nicht beteiligen. Er hat sich aber nach dem Krieg auch niemals als Widerstandskämpfer bezeichnet.

Der Bankier Abs hat nie gern über die eigenen Gefühle gesprochen. Gegenüber dem Historiker Manfred Pohl, einem seiner Vertrauten, äußerte er einmal, dass alle, die dem totalitären System gedient hätten, auch Schuld auf sich geladen hätten. Von dieser moralischen Mitverantwortung wollte er sich nie freisprechen. Selbst sein eigenes Bekenntnis, in jener Zeit einfach zu ängstlich gewesen zu sein, ließ er für sich persönlich als Entschuldigungsgrund nicht gelten. Dass er bei den Nürnberger Prozessen nicht einmal angeklagt wurde, sein Entnazifizierungsverfahren vor allem entlastendes und kaum belastendes Material zutage brachte und er 1948 als „Unbelasteter" der Kategorie V eingestuft wurde, schützte ihn freilich nicht davor, manchmal als Financier der Nazis gebrandmarkt zu werden. Um diese These zu stützen, reiht der amerikanische Historiker Harold James „nur fragwürdige Beziehungsketten" aneinander, schreibt Jürgen Jeske 2001 in der Frankfurter Allgemeinen Zeitung zu Abs' 100. Geburtstag. In einem Zivilprozess ließ Abs in den 70er Jahren dem Ost-Berliner Autor Eberhard Czichon verbieten, weiter zu behaupten, dass er an der Ausplünderung der Juden direkt beteiligt gewesen sei.

Die Nachkriegszeit-Entscheidungen

Gerade diese Erfahrung der Ohnmacht im Dritten Reich hat in Abs sicher die Erkenntnis reifen lassen, dass man nicht immer alles ordnen kann, was unordentlich ist. Als in der Nachkriegszeit sich aber die Chance bot, ordnend in den Wirtschaftsaufbau einzugreifen, ließ er sich von seinem Freund Konrad Adenauer in die Pflicht nehmen: 1948 war er an der Gründung der Kreditanstalt für Wiederaufbau in Frankfurt am Main beteiligt, über die insgesamt 20 Milliarden Mark Investitionskredite aus dem Marshallplan verteilt wurden. Sein finanzdiplomatisches Meisterstück allerdings lieferte er im Sommer 1952, als er die deutsche Delegation anführte. Die Konferenz zur Regelung der Auslandsschulden in London drohte sogar zu scheitern. Auf der Hauptkonferenz mit etwa 200 Delegierten aus 25 Ländern wusste der schlaue Abs den Gläubigern nicht wenige Zugeständnisse abzutrotzen, so dass die Rückzahlung von rund 6 Milliarden Mark öffentlicher und privater Schulden aus der Zeit vor 1945 und 7 Milliarden öffentlicher Nachkriegsschulden das zarte Pflänzchen der westdeutschen Volkswirtschaft wachsen und nicht gleich verdorren ließ. Parallel vereinbarte Abs die monetäre Wiedergutmachung für die Verbrechen an den Juden, die zu Zahlungen von 3 Milliarden Mark an den Staat Israel und 450 Millionen Mark an die *Conference on Jewish Claims against Germany* führte.

Abs hat in seinem Buch „Entscheidungen" geschrieben, dass die junge Bundesrepublik Deutschland mit ihrer Regelung der Schulden und der raschen Wiedergutmachung nicht nur ihre kaufmännische Kreditwürdigkeit im engeren Sinn wiedererlangt habe, sondern auch etwas, was darüber hinaus im Wort „credere" (vertrauen) liege: Die Welt begann, diesem Staat wieder zu vertrauen. Das war für die Gläubiger nicht leicht, waren sie meistens auch die Sieger des Krieges und damals Besatzungsmächte. Sie verhielten sich aber anders als nach dem Ersten Weltkrieg und zeigten damit, dass sie aus ihren einstigen Fehlern gelernt hatten.

Wiedergründung der Deutschen Bank

Aus Sorge um das Schicksal Deutschlands verlor der Bankier das seiner „eigenen" Bank natürlich nicht aus den Augen. Mit der Kapitulation hatten die Besatzungsmächte alle drei Großbanken – die Deutsche Bank, die Dresdner Bank und die Commerzbank – zerschlagen, die Niederlassungen im Westen verselbstständigt. Die Amerikaner, die ein anderes Bankensystem haben, sahen in den großen Universalbanken zu viel Macht vereinigt. Abs wollte aber – wie auch seine Kollegen aus den anderen Instituten – das in Deutschland bewährte System wieder restaurieren. Dazu hatten sie bereits 1950 ein Memorandum bei den Amerikanern eingereicht, wonach der Aufbau der Bundesrepublik ohne starke Geldhäuser nicht möglich sei. Zähen Debatten folgte ein Gesetz, nach dem sich 1957 die 30 Regionalinstitute wieder zu den drei großen Banken der Vorkriegszeit formieren durften.

„Selbst das Alphabet stellt mich auf die richtige Stelle."

Abs tat anschließend das, was jeder von ihm erwartete: Er übernahm 1957 in der wieder gegründeten Deutschen Bank die Rolle des Vorstandssprechers. Das ist zwar – formal gesehen – stets nur der *Primus inter Pares*, aber neben ihm machte niemand anders von sich reden. Damit er auch stets kontrollieren konnte, was mit den Krediten geschah, die die Bank an die Unternehmen ausreichte, saß er zeitweise 30 Aufsichtsräten vor. So sehr er der Marktwirtschaft das Wort redete, als es darum ging, sich für ein

Wirtschaftssystem zu entscheiden, so wenig schien er dem eigenverantwortlichen Handeln der Unternehmer zu vertrauen. Erst 1965 sorgte der eher liberal eingestellte Bundeskanzler Ludwig Erhard für eine Novelle des Aktienrechts, so dass höchstens 14 Aufsichtsratsmandate möglich sein sollten; diese „Lex Abs" sollte er später auf seine ironische Art kommentieren: „Von allen Maßnahmen, die je zum Schutze meiner Gesundheit getroffen wurden, war dies bestimmt die entscheidendste."

Angebote aus der Politik

Den Verlockungen der Politik – Bundeskanzler Adenauer hat ihm wiederholt das Außenministerium und das Finanzministerium angeboten – konnte er leicht widerstehen. Als Bankier hatte er stets mehr Macht und sein Erfolg war immer berechenbar und von allgemeinen Wahlen unabhängig. In den zehn Jahren seiner Vorstandszeit erhöhte sich die Bilanzsumme der Bank um das Zweieinhalbfache. Als er 1967 den Vorsitz des Aufsichtsrats übernahm, hatte er nicht weniger Einfluss, nach seinem Rückzug 1976 blieb er gefragter Ratgeber. Hermann Josef Abs starb am 5. Februar 1994 mit 92 Jahren in Bad Soden. Memoiren hat er nie verfasst, weil er wohl zu viel wusste. „Er war der bedeutendste Bankier der Nachkriegszeit", stellt Jürgen Jeske in einem Nachruf 1994 in der *Frankfurter Allgemeinen Zeitung* fest.

Biografische Daten

Hermann Josef Abs wird am 15. Oktober 1901 als Sohn eines Wirtschaftsjuristen und einer Fabrikantentochter in Bonn geboren. Nach dem Abitur am Humanistischen Städtischen Gymnasium seiner Heimatstadt will er eigentlich Mathematik oder Musik studieren, doch er entscheidet sich für das Bankfach und geht

im jüdischen Privatbankhaus Louis David in Bonn in die Lehre; daneben studiert er nur ein Semester Jura. Für ihn ist es wichtiger, fremde Sprachen zu erlernen. Er arbeitet in Amsterdam, London, Nord- und Südamerika. 1929 tritt er bei Delbrück, Schickler & Co. in Berlin ein, 1935 wird er dort persönlich haftender Teilhaber. 1938 geht er schließlich zur Deutschen Bank und wird als Vorstandsmitglied Direktor der Auslandsabteilung. Neben seinem beruflichen Engagement ist er ein vielfach gebildeter Kunstmäzen, unterstützt Musiker, sammelt Bilder und natürlich auch Ehrendoktorate und Orden. Nur Ehrenbürger seiner Heimatstadt Bonn darf er nicht werden, die SPD im Stadtrat ist stets dagegen. Ob ihn das anficht? Über seine Position lässt er niemanden im Unklaren: „Selbst das Alphabet stellt mich an die richtige Stelle." Ein feines Lächeln huscht gerne über sein Gesicht, wenn er seine Lieblingsmusik – Bachs Magnificat – hört und die Musiker ihm zuliebe am Ende die As-Dur-Kadenz um einen Halbton auf die Tonfolge A-B-Es – wie Abs – erhöhen.

Gerd Gregor Feth

Theo und Karl Albrecht

Einfach managen

Aldi ist die geniale Erfindung zweier weitgehend im Verborgenen lebender Brüder. Theo und Karl Albrecht scheuen die Öffentlichkeit wie der Teufel das Weihwasser. Das Auffälligste an ihnen ist ihre Unauffälligkeit. Sie sind deshalb aber nicht minder berühmt und vor allem unvorstellbar reich.

Wenig hat Bestand im Leben und noch weniger in der Wirtschaft. Da ist es beruhigend, dass es noch Nachrichten gibt, die Verlässlichkeit signalisieren. Zu solch seltener Kontinuität gehört das Faktum, dass die Brüder Theo und Karl Albrecht mit guter Regelmäßigkeit alljährlich die Liste der reichsten Deutschen anführen – und das, obwohl die beiden Handelsmogule sogar getrennt aufgeführt werden. Auf Platz 1 des aktuellen Rankings mit 14,6 Milliarden Euro an Vermögen kam jüngst Bruder Theo, auf Platz 2 der Superreichen mit 12,6 Milliarden Euro steht Bruder Karl. Ob der „ärmere" Karl dem „reicheren" Theo den nicht unerheblichen Vorsprung von immerhin 2 Milliarden Euro neidet, wird wohl nie jemand erfahren – zumindest nicht das interessierte Publikum. Denn Scheu ist gar kein Ausdruck für den Umgang der Albrecht-Brüder mit dem Licht der Öffentlichkeit. Im Vergleich zu Theo und Karl, so witzelte ein Buchautor, sei der Yeti geradezu aufdringlich. Nicht einmal der Geburtsort der Händler ist bekannt. Diese Verschlossenheit teilen Theo und Karl Albrecht mit anderen großen deutschen Händlern wie Otto Beisheim und Erivan Haub. Auch der als Filmhändler groß gewordene Leo Kirch vermied bis zuletzt, selbst sichtbar zu sein.

„Im Vergleich zu Theo und Karl ist der Yeti geradezu aufdringlich."

Viel Mystik entstand also auf diese Art um die Geheimniskrämer. Dass die beiden Albrechts gerne Golf spielen und Theo bevorzugt auf der Nordseeinsel Föhr weilt, gehört zu den wenigen bekannten Details aus ihrem Privatleben.

Genauso wird ihre Vorliebe für ein Dasein im großen Familienverbund kolportiert. Wer so reich ist, genießt im Stillen, könnte das Lebensmotto der bescheiden auftretenden älteren Herren lauten. Die öffentliche Zurückhaltung ist zweifellos auch Folge der Entführung von Theo

Albrecht 1971, der für ein Lösegeld von 7 Millionen Mark nach 17-tägiger Gefangenschaft wieder frei kam.

Aufstieg aus dem Nichts

Vielleicht stehen die erfolgreichen Unternehmer aber auch deshalb so ungern im Rampenlicht, weil ihre einfache Herkunft sie nie auf eine herausragende Karriere vorbereitet hat. Der Vater war ein Bergmann, der seinen Job wegen einer Staublunge an den Nagel hängen musste, die Mutter sah sich genötigt, einen kleinen Laden in Essen aufzumachen, um die Familie durchzubringen. Kein Abitur, kein Studium, die Jugendjahre als Soldaten an der Front. Eine solche Vita mündet eher in den eisernen Willen zu harter und unauffälliger Arbeit als in der Einstellung, viel und eloquent zu reden. Nach dem Krieg übernahmen die Brüder Albrecht den Lebensmittelladen der Mutter in Essen. Ein unaufhaltsamer Aufstieg begann. 1950 umfasste die Ladenkette 13 Geschäfte, 1955 hatte man sich mit 101 Läden auf das ganze Ruhrgebiet ausgedehnt. Geboomt wurde dann in den goldenen Zeiten des Wirtschaftswunders. Die Menschen waren gierig nach Waren, nach einem Stück Wohlstand.

1980 zählte das Unternehmen 1 800 Filialen, viele davon waren schon richtige kleine Märkte. 1961 teilten sich Theo und Karl Albrecht Deutschland brüderlich auf. Theo gehörte der Norden, Karl der Süden. Obwohl kapitalmäßig seit 1966 nicht mehr verflochten, betrieben die beiden die Expansion ihrer jeweiligen Region in enger Absprache. Im Jahr 2000 gab es nördlich des Aldi-Äquators 2 276 Läden mit 20,5 Milliarden Mark Umsatz, das Süd-Reich umfasste 1 302 Filialen mit 17,3 Milliarden Mark Umsatz. Inzwischen sollen sich die Brüder geschäftlich allerdings auseinander gelebt haben. Seit einiger Zeit funktioniert der Schulterschluss zwischen den Brüdern nicht mehr so recht. Karl Albrecht hat seit 1993 Schritt für Schritt seine Nachfolge geregelt. Ein familienfremdes Management leitet äußerst erfolgreich die Geschäfte von Aldi-Süd. Eigentümer Karl hat sich inzwischen auch aus dem Aufsichtsrat zurückgezogen. Theo, um zwei Jahre jünger, ist nach wie vor Verwaltungsratsvorsitzender von Aldi-Nord. Er kümmert sich zusammen mit seinen beiden Söhnen weiterhin intensiv um sein Handelsimperium.

Qualität zu niedrigen Preisen

Die Expansion der Aldi-Kette fußt auf einem simplen Grundsatz: billig, billig, billig. Die Aldi-Brüder gehören zu den Miterfindern des Discount in Deutschland. Die Kasse war von Anfang an so gut gefüllt, dass die Erweiterungen aus den Gewinnen finanziert werden konnten. Das Unternehmen war und ist schuldenfrei. Je größer die Händler wurden, desto besser gelang es ihnen, im Einkauf günstige Konditionen durchzusetzen. Beim Ausbau der Ladenkette wurde streng darauf geachtet, kein Geld für eine anspruchsvolle Innenausstattung oder teure Geschäftslagen zu verschwenden. Das Sortiment ist straff, die Menge macht's. Gut gehende Massenartikel, keine personalintensiven Frischwaren, viel Ware auf wenig Raum lauten weitere Grundsätze der Firmenphilosophie. Aldi setzte auch früher und konsequenter als andere auf Eigenmarken. Mit Fabrikanten werden Verträge über große Volumen geschlossen und die Produkte dann mit dem Aldi-Label ins Regal gestellt. Die Albrechts verdienen doppelt.

Viele Aldi-Läden sind bis heute eng, ungastlich und schmucklos, reine Funktion eben. Selbst Telefone gab es lange nicht in den Filialen – zu teuer schien es den Eigentümern, alle Läden mit einem Fernsprechgerät auszustatten. Nur wer auf den Pfennig schaut, so die Kalkulation, kann die günstigen Preise bieten, die Aldi berühmt gemacht haben. Durch diese Billigpreisstrategie geriet Aldi auch weniger als andere Lebensmittelhändler unter Druck, als der amerikanische Handelsriese Wal-Mart vor einigen Jahren nach Deutschland kam und versuchte, über aggressiv niedrige Preise Marktanteile zu gewinnen.

Kritiker sagen allerdings auch, Aldi und andere Discounter hätten über Jahrzehnte in Deutschland mit dem strikten Preiskonzept viel Bewusstsein für Service, Kundenfreundlichkeit und Qualität zerstört. Die beiden Pfennigfuchser Albrecht wird dies wenig stören – haben sie ihr Milliardenimperium doch bewusst auf Pfennigerträge gebaut.

Wunder Marke

Bei der enormen Zurückhaltung und Unauffälligkeit der Brüder Albrecht und dem schlichten Geschäftsmodell, die Konkurrenz über den Preis aus dem Wettbewerb zu drängen, bleibt ein Umstand ganz und gar verwunderlich: der enorme Appeal der Marke Aldi, der sich über die Jahre herausgebildet hat. „Unsere Werbung liegt im niedrigeren Preis", hieß es bei Aldi jahrelang. Gemeint ist eine Strategie, für Außenauftritt, Marke und Image nur sehr wenig zu tun. Dazu steht der Glanz der Marke in krassem Gegensatz. Aldi hat das Image des Discounters für arme Leute abgestreift. Die Mittelschicht und sogar wohlhabende Kunden kaufen bei Aldi ein. Jeder Marketing- und Imageberater wäre stolz, die Marke Aldi zu dem gemacht zu haben, was sie heute ist, nämlich eine der wertvollsten Marken in Deutschland überhaupt. Aldi gelang das, ohne je wirklich die Dachmarke strategisch entwickelt und systematisch beworben zu haben. Bei Führungskräften genießt Aldi als Unternehmen einen exzellenten Ruf und für einzelne Kundengruppen ist Aldi schlichtweg Kult. Aldi-Sekt und andere Handelsmarken des Hauses sind trotz des niedrigen Preises schick. Aldi verfügt ohne eigenes Zutun über eine außerordentlich zahlreiche Fangemeinde. Dieses Phänomen ist nur schwer erklärbar für eine Firma, deren Filialen bar jeden Charmes und jeder Prestigeträchtigkeit sind. Viele marketinggetriebene Firmen aus dem Mode- und Konsumbereich können nur kopfschüttelnd und neidvoll auf die starke Marke Aldi schielen.

„Unsere Werbung liegt im niedrigen Preis."

Kult oder Nicht-Kult, die Gründer selbst dürfte dies wenig tangieren. Da ist eher schon die Frage relevant, wann Karl Albrecht auf der Liste der Superreichen seinen Bruder Theo überholt. Dies scheint bald möglich zu sein.

Denn Aldi-Süd vom großen Bruder Karl holt beim Umsatz mächtig auf und ist inzwischen deutlich profitabler als Aldi-Nord. Insofern könnte doch noch Bewegung in die Nachrichtenlage über Deutschlands größte Vermögen kommen.

Biografische Daten

1920 und 1922 wurden Karl und Theodor Albrecht geboren. Ab 1946 bauen sie gemeinsam das Lebensmittelgeschäft der Mutter in Essen zur Lebensmittelkette aus. 1961 trennen Karl und Theo Albrecht das gemeinsame Unternehmen in Aldi-Nord und Aldi-Süd, arbeiten aber weiter eng zusammen. 1971 wird Theo Albrecht entführt und für 7 Millionen Mark Lösegeld wieder freigelassen. 1993 zieht sich Karl Albrecht aus der operativen Führung von Aldi-Süd zurück. 2002 führen Theo und Karl Albrecht die Liste der reichsten Deutschen des *manager magazins* an.

Klaus Westermeier

Hermann und Werner Michael Bahlsen

Hermann Bahlsen

Werner Michael Bahlsen

Krisenerprobte Keks-Dynastie

Während andere Unternehmen auf der Suche nach viel versprechenden Übernahmekandidaten und passenden Fusionspartnern die Branche durchstreifen, hat die Hannoversche Back-Dynastie Bahlsen den umgekehrten Weg gewählt: Seit einigen Jahren teilt sich der Kekskonzern in immer kleinere Stücke auf. Schuld ist eine Familienfehde, die schließlich nur noch durch radikale Schnitte zu lösen war.

Von „Cakes“ zu „Keks“

Bahlsen zählt zu den wenigen Unternehmen, die den Glanz ihrer Marken über zwei Weltkriege hinweg bewahren konnten. Den Grundstein dazu legte Urahn Hermann Bahlsen (1859-1919). Er lernte als Exportkaufmann im Zuckerhandel in den 80er Jahren des 19. Jahrhunderts in England fabrikgefertigte „Cakes“ und „Biscuits“ kennen und erkannte schnell ihr Potenzial. Wieder zu Hause kauft er 1889 eine kleine Bäckerei in Hannover und kreiert dort den berühmten „Leibniz-Butterkeks“. Schnell kommen die Deutschen auf den Geschmack. Bereits vier Jahre nach der Gründung beschäftigt der Backpionier 100 Mitarbeiter. Kurz darauf deutscht der Fabrikant – gegen den Widerstand der Duden-Redaktion – das englische Wort „Cakes“ in „Keks“ ein.

„Bahlsen ist die Keksmarke schlechthin.“

Nach Hermann Bahlsens Tod 1919 übernehmen die drei Söhne Hans, Werner und Klaus das Ruder. Vor allem Werner (1904-1985), der gerade zum Höhepunkt der Weltwirtschaftskrise in die Geschäftsleitung eintritt, treibt den Aufbau der Firma zum Weltunternehmen voran. Nach Ende des Zweiten Weltkriegs erfasst Werner Bahlsen schnell die Chancen des internationalen Marktes und forciert das Geschäft mit dem Ausland. 1956 exportiert Bahlsen bereits in 74 Länder. Zudem erweitert der Fabrikant allmählich das klassische Programm von Keksen und Waffeln um Salzstangen, Kartoffelchips, Erdnüsse, Tortenböden, Fertigkuchen und Schokolade. Nur zögernd zieht sich der leidenschaftliche Jäger und Kunstmäzen schließlich aus dem aktiven Geschäft zurück. Offiziell scheidet er erst 1985 als 81-Jähriger aus der Geschäftsleitung aus – nach gut sechs Jahrzehnten im Chefsessel. Als potenzielle Nachfolger stehen jetzt gleich mehrere Bahlsens bereit.

Die Groß-Bäckerei

Bahlsen ist in Deutschland und Österreich Umsatz-Marktführer für süßes Gebäck vom Keks über Waffeln bis Kuchen. Das Unternehmen produziert mit 3 900 Mitarbeitern an acht Standorten in Europa, fünf davon in Deutschland. Im größten Werk in Barsinghausen bei Hannover fährt der Produktionsleiter mit dem Rad die Backstraßen ab. Fast die Hälfte seines Umsatzes von rund 550 Millionen Euro erzielt Bahlsen im Ausland bei einem Ergebnis von 4,4 Millionen Euro. Kekse und andere Backwaren gehen in rund 80 Länder weltweit.

Der Streit der Stämme

In der dritten Generation des Keks-Clans treffen allerdings zwei Familienzweige mit sehr unterschiedlichen Ansichten über die richtige Unternehmensführung aufeinander. Auf der einen Seite steht Hermann, der Sohn von Hans Bahlsen. Der Gründerenkel blickt auf erste Erfahrungen bei Backwarenherstellern im Ausland zurück, als er 1956 im Alter von 29 Jahren seine Karriere im Familienunternehmen beginnt. Bereits 1959, nach dem Tod des Vaters, steigt der studierte Maschinenbau-Ingenieur als geschäftsführender Gesellschafter in die Firmenleitung auf und unterstützt dort die Expansionsstrategie von Werner Bahlsen. 1975 jedoch muss sich Hermann mit seinen beiden Vettern Lorenz (geb. 1947) und Werner Michael (geb. 1949) auseinander setzen. Die Söhne von Werner Bahlsen rücken bald in die Chefetage auf. Doch Hermann Bahlsen zweifelt an den Unternehmerqualitäten seiner gut 20 Jahre jüngeren Cousins. Nach dem Rekordjahr 1991, in dem von 951 Millionen Euro Umsatz 38 Millionen Euro Überschuss bleiben, beginnt der Erfolg zu zerbröseln. Das Unternehmen leidet unter den veränderten Konsumgewohnheiten. Die traditionelle Kaffeestunde fällt immer häufiger aus, die Kunden wollen neue Snacks für den kleinen Hunger zwischendurch. Hermann Bahlsen plädiert für den Einstieg familienfremder Manager, um die Firma durch die schwierigen Zeiten zu steuern. Doch seine beiden Vetter halten dagegen – und setzen sich durch, weil sie ein unschlagbares Argument auf ihrer Seite haben: Ihnen und ihrer Schwester Andrea von Nordeck gehören 56 Prozent der Unternehmensanteile.

Die Volksmarke

Zu Bahlsens bekanntesten Marken gehören der „Leibniz-Keks", benannt nach dem deutschen Philosophen Gottfried Wilhelm Leibniz (1646-1716), „Ohne Gleichen", die Lebkuchen „Contessa" und „ABC Russisch Brot". Allerdings musste die Volksmarke in den vergangenen Jahren einige Kratzer hinnehmen. Die Loyalität der Kundschaft sinkt, die typischen Bahlsen-Käufer werden im Durchschnitt immer älter. Um nachwachsende Kundschaft zu gewinnen, setzt Bahlsen zunehmend auf kleine Portionen für den Single-Haushalt oder Kinderprodukte wie „Cooky's", einem Butterkeks mit Caramelgeschmack für Sechs- bis Zehnjährige.

Hermann Bahlsen scheidet 1993 aus der Firmenleitung aus, bleibt aber persönlich haftender Gesellschafter und wird Mitglied der Unternehmensbeirats. Cousin Werner Michael übernimmt die Geschäftsführung und teilt das Unternehmen nach seinem Geschmack auf: in eine Sparte für salzige Snacks, die sein Bruder Lorenz betreut, und einen Bereich Süßgebäck. „Das war eine riesige Operation, ein 100 Jahre altes Unternehmen auseinander zu ziehen", beschreibt Werner Michael Bahlsen später die kräftezehrende Teilung. Bereits im ersten Jahr nach der Spaltung registriert Bahlsen deutliche Zugewinne in beiden Bereichen. Die süßen Sachen bauen ihre Marktführerschaft aus und auch die Snacks machen gegenüber der

Konkurrenz Boden gut. 1995 übersteigt der Umsatz dann erstmals in der Unternehmensgeschichte die Grenze von 1 Milliarde Euro. „Die personelle Diskussion hat das Unternehmen in Mitleidenschaft gezogen", resümiert Werner Michael Bahlsen. „Aber jetzt haben wir eine klare Führungsstruktur." Da jedoch täuscht er sich.

„Die personelle Diskussion hat das Unternehmen in Mitleidenschaft gezogen."

Folgenschwere Spaltung

Vetter Hermann, eher autoritär und nicht gewillt, sich nach dem Ausscheiden nur seinen drei Kindern und dem Jagen und Segeln zu widmen, regiert über den Unternehmensbeirat den beiden Cousins weiter ins Geschäft hinein. Gerüchte über die schwelende Familienkrise rufen Kaufinteressenten auf den Plan. So bietet der Genuss- und Nahrungsmittelriese Philip Morris mehr als 1 Milliarde Euro für den Keksriesen.

Im September 1996 kommt es schließlich zum endgültigen Bruch. Die drei Geschwister Lorenz und Werner Michael Bahlsen sowie Andrea von Nordeck kaufen die Firmenanteile ihres Vetters. „Unterschiedliche Interessen in der Unternehmensführung und auf Gesellschafterebene veranlassten uns zu diesem Schritt", begründet Werner Michael Bahlsen förmlich die Teilung. Hermann scheidet als Gesellschafter aus und übernimmt neben einigen Vermögenswerten sämtliche Anteile der US-amerikanischen Bahlsen-Tochter Austin Quality Foods in Cary/North Carolina. Das Unternehmen, das unter anderem Cracker und Cookies für den amerikanischen Markt produziert, war mit einem Umsatz von rund 130 Millionen Euro der ertragsstärkste Teil von Bahlsen. „Endlich gehört mir ein gut geführtes Unternehmen", kommentiert Hermann Bahlsen seinen Ausstieg.

Die Firmenabspaltung reißt ein tiefes Loch in die Bilanz der Bahlsen-Reste: Der Konzernabsatz verringert sich von 326 000 auf 291 000 Tonnen, die Zahl der Mitarbeiter schrumpft um mehr als 1 000 auf rund 9 200. Nachdem Vetter Hermann den Weg frei gemacht hat, beginnt Werner Michael Bahlsen, das Unternehmen strategisch neu auszurichten. Der gelernte Konditor und studierte Betriebs- und Volkswirt strafft die „unübersehbare" Produktpalette, stellt unprofitable Marken ein und sucht neue Vertriebskanäle wie etwa Baumärkte. Als wachsenden Absatzmarkt sieht er das Kino, das gerade eine Renaissance erlebt. Renner sind Kartoffel- und Tortilla-Chips, die Bahlsen gleich mit dem passenden Dip verkauft.

Werner Michael Bahlsen schiebt eine umfassende zweijährige Neuausrichtung an. Um die Marktposition des Unternehmens auszubauen, steckt Bahlsen erhebliche Summen in Innovation, Markenmanagement, Vertrieb und die Ablaufkette vom Einkauf bis zur Logistik. Allein in die Datenverarbeitung investiert der neue Chef über drei Jahre hinweg 46 Millionen Euro. So wird etwa ein europäischer Bereich für Innovation und Trendforschung gegründet, schließlich will Bahlsen besser auf die sich wandelnden Freizeit- und Lebensgewohnheiten reagieren. Werner Michael Bahlsen ist überzeugt: „Vor allem unter jungen Leuten sind kleine Verpackungsgrößen für unterwegs und Snacks mit ausgefallenen Geschmacksvarianten immer mehr gefragt."

Anfang 1999 dringt Werner Michael Bahlsen schließlich mit „Pick Up" in den hart umkämpften Markt für Schokoriegel vor – gegen Widerstände im eigenen Haus. Es wird für das Unternehmen die teuerste Markteinführung der Firmengeschichte. Unterstützt mit Werbeaktionen für rund 50 Millionen Euro soll „Pick Up" den Konkurrenten „Duplo", „Hanuta" und „Mars" den Rang ablaufen.

Runde II im Familienduell

Die Enkel des Keks-Erfinders scheinen indes für Teamarbeit nicht geschaffen. Werner Michael, der emotionale und kreative Chaot, rangelt mit Lorenz, der als eher analytisch und introvertiert gilt. Man streitet sich nicht richtig, findet aber auch nicht zueinander. Schon sucht der Unternehmensbeirat nach familienfremden Managern, um die Lähmung an der Spitze zu überwinden. Doch an jedem der Kandidaten findet einer der beiden Bahlsen-Brüder etwas auszusetzen.

Schließlich bleibt nur eine Lösung, die sich schon einmal als letztes Mittel in einer Bahlsen-Familienfehde erwiesen hat: die Trennung. Zum 110. Geburtstag der Gruppe entstehen 1999 drei eigenständige Gesellschaften: Werner Michael Bahlsen übernimmt die süße Sparte mit Keksen und Pralinen und sämtliche Rechte an der Marke. Sein Bruder Lorenz kümmert sich um Snack-Produkte von Chips bis Crackern und darf den Markennamen Bahlsen sieben Jahre lang nutzen. Gisbert von Nordeck, der Mann der 1998 verstorbenen Bahlsen-Schwester Andrea, erhält die dritte Unternehmensgruppe mit nationalen Markengeschäften in Österreich und der Schweiz sowie Immobilien und Finanzdienstleistern in Frankreich und Deutschland.

Ein neues Rezept für schwierige Zeiten

Die Traditionsbäckerei geht nicht gerade gestärkt aus der erneuten Teilung hervor. Drei Jahre nach der Spaltung steigt der Umsatz zwar im Vergleich zum Vorjahr um

2,8 Prozent auf 547 Millionen Euro, das Jahresergebnis erreicht 6,9 Millionen Euro. Doch zufrieden ist Werner Michael Bahlsen damit nicht. In den Regalen der Läden machen sich zunehmend günstige Handelsmarken breit. Da ist es nur ein schwacher Trost, wenn das eigene Handelsmarken-Geschäft, das vor einigen Jahren in die übernommene Brandt-Kekssparte Gottena ausgegliedert worden ist, als Konkurrenz im eigenen Haus gedeiht.

Unternehmer Bahlsen will sich wieder mehr auf seine starken Marken konzentrieren. Immerhin 20 Millionen Euro Werbebudget hat der Kekskonzern dafür eingeplant. „Bahlsen" soll als Marke für „Genuss" stehen und Käufer ab 25 ansprechen, „Leibniz" wird „für den kleinen Hunger unterwegs" auf jüngere Kunden zugeschnitten. Außerdem setzt Werner Michael auf Neukreationen wie Wellness-Gebäck mit Mineralien- und Vitamin-Zusätzen. Leicht wird der Umbau der Rumpffirma allerdings nicht. Nach der Euro-Umstellung 2002 spürt auch Bahlsen die Zurückhaltung der Kunden und den noch einmal verschärften Wettbewerb im Handel. Das Gegenmittel? „Wir stellen unsere Kostenstrukturen auf den Prüfstand, um die Effizienz und die Margen zu steigern", kündigt Werner Michael Bahlsen an.

Jutta Schultheiss

Manfred Bischoff

Überflieger mit Bodenhaftung

Der DaimlerChrysler-Vorstand formte in den 90er Jahren die niederliegende deutsche Luftfahrtindustrie neu und integrierte sie nach dem Turnaround in das europäische Gemeinschaftsunternehmen EADS. Mit diesem Kraftakt konnte sich die europäische Luftfahrt als ebenbürtiger Wettbewerber zur dominierenden US-Industrie etablieren.

4 + 3 = 1, so lautet die Kurzformel der Managementleistung von Manfred Bischoff. Am Anfang, 1989, standen vier selbstbewusste deutsche Unternehmen mit unterschiedlichen Eigentümerstrukturen: das Familienunternehmen Dornier, MTU München, der AEG-Ableger Telefunken Systemtechnik sowie die zum Teil staatliche Messerschmitt-Bölkow-Blohm (MBB). Am Ende – nach der Fusion der spanischen CASA, der französischen Aerospatiale Matra und der deutschen Dasa – steht eine europäische EADS.

Die Neuformation der deutschen Luftfahrtindustrie und ihre Einbindung in wettbewerbsfähige europäische Strukturen ist das Meisterstück von Manfred Bischoff. Dabei stand der bodenständige Manager in den ersten Jahren im Schatten seines Weggefährten Jürgen Schrempp. Nach dessen Aufstieg zum Daimler-Chef demonstrierte der zweite Mann aber, dass er die Vision eines europäischen Luft- und Raumfahrtkonzerns verwirklichen konnte.

Gerade, gründlich, klug

Weder seine Jugend noch sein Ausbildungsweg prädestinierten Bischoff für seine heutige Position. Er wuchs im Schwarzwald auf, fest eingebunden in eine örtliche Gemeinschaft – Turnverein und evangelische Jugend inklusive. Zwar beschäftigte er sich zu dieser Zeit bereits stundenlang mit Flugzeugmodellen, doch diese Leidenschaft teilte er wohl mit jedem dritten Jungen seines Alters. Und doch erweist sich die Herkunft aus der Provinz als Basis seines Aufstiegs. Von hier nahm er sein festes, konservatives Wertesystem mit, in dessen Mitte die Familie steht, ein Wertesystem, dass Pünktlichkeit, Ehrlichkeit und Gerechtigkeit als Selbstverständlichkeit ansieht. In diesen Werten verwurzelt konnte Bischoff später seinem geradlinigen

Weg auch gegen heftige Anfechtungen von Politik oder Wettbewerbern treu bleiben.

14 Jahre Universität prägen die Denk- und Vorgehensweise Bischoffs, überwiegend studierte er nahe der Heimat in Heidelberg. Der bodenständige Volkswirt beobachtete hier Apo, marxistischen Studentenbund und endlose Diskussionen und blieb dennoch seiner liberalen Haltung treu. Das Gros seiner Zeit widmete er mit der ihm eigenen Gründlichkeit erst seiner Doktorarbeit, dann der Habilitation. Vermutlich wäre er heute ein geachteter Hochschullehrer, wenn sich aus der wissenschaftlichen Arbeit nicht ein erster Kontakt zu Daimler-Benz ergeben hätte.

Eine Karriere, ein Arbeitgeber

Ein alter Studienkollege brachte den überzeugten Akademiker 1976 in Kontakt mit der Industrie, konkret mit Daimler-Benz. Hier startete Bischoff als Koordinator in einem Geländewagenprojekt mit dem österreichischen Steyr-Daimler-Puch-Konzern. Es kam, was eine gerade Karriere ausmacht. Bischoff erledigte seinen ersten Industriejob so gut, dass der Konzern ihm neue Aufgaben übertrug: immer komplexer, immer besser dotiert, immer höher in der Hierarchie angesiedelt. Vor seiner Berufung in den Dasa-Gründungsvorstand amtierte er als Finanzchef und Controller der Mercedes-Benz do Brasil in Sao Paulo.

Ein Himmelfahrtskommando von Tag eins an

Jürgen Schrempp als Vorstandsvorsitzender, Manfred Bischoff als Finanzchef: In dieser Konstellation erlebten die frischgebackenen Dasa-Vorstände Anfang der 90er Jahre ihre Bewährungsprobe. Während sie noch dabei waren, aus vier Unternehmen mit unterschiedlichen Kulturen eine Deutsche Aerospace AG (Dasa) zu formen, brachen die Märkte ein und zugleich die Leitwährung Dollar. Der Golfkrieg führte zu einen Einbruch des zivilen Flugzeuggeschäfts, zudem strichen mit dem Ende des Kalten Krieges Regierungen ihre Rüstungsetats teilweise um bis zu 60 Prozent zusammen.

Der Analytiker Bischoff war jetzt gefordert. Er durchleuchtete den Konzern und stellte gemeinsam mit Schrempp ein Sanierungskonzept zusammen, das die Dasa zurück in die schwarzen Zahlen bringen sollte. Die beiden strafften Strukturen, reduzierten Kosten und trennten sich von Randaktivitäten – am Ende hatte die Dasa 40 000 Beschäftigte weniger. Eine außergewöhnliche Situation, die die beiden Männer an der Spitze zusammenschweißte.

Was verbindet sie eigentlich außer der Arbeit? Der eine, Schrempp, ein Bauchmensch, impulsiv, sehr schnell, auf das Wesentliche konzentriert, der andere ein Kopfmensch, bedacht, gründlich. Und doch, meinen Beobachter unisono, passe zwischen die beiden kein Blatt. Das *manager magazin* meinte einmal, sie gehörten zusammen wie Mercedes und Benz, und zitierte Bischoff dazu: „Wir waren uns auf Anhieb sympathisch." So einfach ist das.

34 Dolores – ein Sanierungsprogramm wird zur Marke

1995 übernahm Jürgen Schrempp den Vorstandsvorsitz der Daimler-Benz AG, sein Kollege Bischoff rückte zum Dasa-Chef auf – in einem turbulenten Umfeld. Der dramatische Niedergang des Dollar verschärfte die Krise der

Luftfahrt, viele Geschäfte entpuppten sich bei einem Kurs von unter 1,40 Mark als Verlustbringer. Das Dilemma der Dasa: Während ihre Geschäfte wie in der Luftfahrt üblich in Dollar abgerechnet wurden, musste sie Löhne und Gehälter, Waren und Dienstleistungen in Mark bezahlen. Doch damit nicht genug: Auch die Auftragslage blieb gespannt. Die Airlines litten unverändert an den Folgen des Golfkriegs, der Markt für Regionalflugzeuge lag am Boden und die Streitkräfte beschafften kaum neues Gerät. 1995 verzeichnete die Dasa einen Verlust von 2,1 Milliarden Euro, der erst 1993 erworbene Flugzeugbauer Fokker erwies sich als Fass ohne Boden.

Bischoff legte ein neues Sanierungsprogramm auf: Dolores (Dollar low rescue) – ein Markenname, der nach Ansicht vieler Beobachter am Ende zeitweise bekannter war als die Dasa selbst. Der Grundgedanke arrivierte einige Jahre später zum Standardmotto sämtlicher Konzerne: Rückzug auf Kernkompetenzen. So veräußerte die Dasa in dieser Zeit ihre Beteiligungen an der Dornier Luftfahrt und Dornier Medizintechnik. Zum Befreiungsschlag geriet 1996 das Aus für Fokker.

„Nicht gemeckert ist genug gelobt"

Kürzen, schließen, streichen – die 90er Jahre lassen Bischoff als eiskalten Sanierer erscheinen. Doch das Bild trügt: Im Unternehmen genießt der Mann mit dem Schnurrbart als Markenzeichen einen guten Ruf, viele kennen ihn – und er kennt erstaunlich viele mit Namen, wenn er in die Kantine geht. Er setzt auf zielorientierte, dezentrale Führung und vertraut seinen Leuten vor Ort. Zwar verschreckt er mit seinem „Nicht gemeckert ist genug gelobt" manch lobhungrigen Mitarbeiter, doch schätzen sie ihn als loyalen, gerechten Chef. Selbst der Betriebsrat lobt den Top-Manager, gelang es gemeinsam mit ihm doch in Dolores-Zeiten, manch altes Dasa-Werk wie Speyer oder München-Aubing in einen mittelständischen Zulieferbetrieb umzuformen.

Erfolg auf der ganzen Linie

Dolores bedeutete die Wende für die Dasa, die guten, expansiven Jahre des Luftfahrtmanagers Manfred Bischoff begannen. Externe Faktoren begünstigten diesen Wandel entscheidend: Der Dollar stieg, Europas Regierungen entschieden sich für das Dasa-Produkt Eurofighter und die zivile Luftfahrt erwärmte sich für den Airbus. 1997 schrieben alle Dasa-Geschäftsbereiche schwarze Zahlen.

Ende gut, alles gut? Nein, die größte Leistung von Manfred Bischoff folgte erst – die Integration der Dasa in einen europäischen Verbund. Der Stratege Bischoff musste zur Erreichung dieses Ziels alle Register ziehen: In der Politik galt es nationale Eifersüchteleien zu überwinden, in den Behörden Bedenken gegen einen internationalen Branchenriesen zu widerlegen, in den Unternehmen selbst für Vertrauen zu werben und die notwendigen Vorarbeiten zu erledigen. Ein Kernproblem blieb allerdings: Mit Ausnahme von British Aerospace befanden sich die europäischen Partner der Dasa weitgehend in staatlicher Hand und mit denen wollte die DaimlerChrysler ihr Unternehmen nicht zusammenführen. Und gerade die Briten fielen als Partner aus, da sie doch gerade erst den Elektronik-Konzern Marconi übernahmen.

Der Stratege Bischoff suchte einen Ausweg: Zuerst vereinbarte er eine strategische Partnerschaft mit dem französischen Medien- und Rüstungsunternehmer Lagardere in den Bereichen Raumfahrt und Verteidigung und brachte so einige französische Amtsstuben zum Nachdenken. In einem Überraschungscoup mit der spanischen Regierung vereinbarte Bischoff dann, dass die Dasa der Partner für die Privatisierung der staatlichen CASA werden sollte – das staatliche Frankreich musste handeln.

Den Schlusspunkt setzte Jürgen Schrempp. Der DaimlerChrysler-Chef besiegelte die Fusion der Dasa mit dem französischen Partner Lagerdere. Im Juli 2000 entstand aus der Dasa, der spanischen Casa und der französischen Aerospatiale Matra die EADS (Umsatz: 31 Milliarden Euro, 100 000 Mitarbeiter, über 70 Produktionsstandorte). Ihr erster großer Erfolg: Der Startschuss für den Superjumbo A380. „Die Fusion der EADS war dazu die unmittelbare Vorbedingung“, so Bischoff.

Wo bleibt der Applaus? Da formt einer beharrlich jahrelang aus nationalen Playern einen internationalen Konzern, überzeugt, diskutiert und verhandelt – und dann kommen ein Kanzler, zwei Ministerpräsidenten sowie zwei Konzernlenker und besiegeln den Zusammenschluss öffentlichkeitswirksam in Straßburg und Madrid. Wer Bischoff kennt, verneint energisch, dass ihn eine solche Zurücksetzung wurmt. Dieser Mann braucht nicht die erste Reihe, Hauptsache, es kommt Bewegung in die Sache.

Die Macht in der zweiten Reihe

Bei der EADS agiert Bischoff heute als Chairman, zwei CEOs verantworten das Tagesgeschäft. Diese Konstellation bedeutet aber keineswegs, dass sich der 1942 geborene Bischoff langsam auf sein Pensionärs-Dasein vorbereitet – im Gegenteil: Der Mann tanzt auf mehr Hochzeiten denn je. Unverändert steht er für das europäische Konzept des EADS-Konzerns und balanciert eventuelle Interessengegensätze aus, wenn es sein muss, auch bei einem französischen Rotwein in französischer Sprache mit den französischen Partnern. Zudem öffnet sein Netzwerk, gewachsen in einem Vierteljahrhundert Industriekarriere, seinen Nach-

folgern Türen zu Behörden und Ministerien auf der ganzen Welt. Der Intellektuelle Bischoff selbst sucht unverändert das direkte Gespräch mit Top-Entscheidern über die Tagesaktualität hinaus und kommt mit dieser Art bei Politikern aller Parteien gut an. Doch damit nicht genug: Als DaimlerChrysler-Vorstand treibt Bischoff die Allianz mit der japanischen Mitsubishi Motors Corp. voran und steuert die weiteren industriellen Beteiligungen – und dann blieben da noch die normalen Pflichten eines Vorstands bei Deutschlands größtem Industriekonzern. Ob er daneben noch an einer Erweiterung seiner Erfolgsformel 4 + 3 = 1 arbeitet, bleibt offen. „Die Zeit dafür ist noch nicht reif", antwortete er vergangenes Jahr auf Fragen nach transatlantischen Luftfahrt-Fusionen. „Aber das Endspiel steht noch aus."

Stefan Schwartz

Robert Bosch

Ein Schwabe mit Weltruf

Versucht man das Bild eines echten „Entrepreneurs“ zu entwerfen, führen die Recherchen unweigerlich zu Robert Bosch. Seiner Zeit weit voraus, gewinnen in seiner Person umfassender Unternehmergeist, Mut und Innovationskraft sowohl auf technischem wie insbesondere auch auf sozialem Gebiet geradezu beispielhaft

Gestalt. Trotz aller Hindernisse, die die Geschichte bereithielt, baute Robert Bosch sein Familienunternehmen zum weltweit erfolgreichen Konzern aus, der auch nach dem Tode seines Gründers noch von dessen Geist und Denkweise geprägt ist.

Geboren am 23. September 1861 in Albeck bei Ulm, wuchs Robert Bosch als elftes von zwölf Geschwistern auf dem Bauernhof seiner Eltern auf. Nach seiner Schulzeit an der Albecker Dorfschule und der Realschule in Ulm begann er 1876 seine Lehre als Feinmechaniker in Ulm.

> **„Als ich so nachgerade mich für einen Beruf entscheiden sollte, fragte mich mein Vater einmal, ob ich nicht Feinmechaniker werden wollte, und ich sagte ja. Mein Sinn stand allerdings mehr nach Zoologie und Botanik, aber ich hatte keinen Gefallen an der Schule, [...] und so wurde ich Mechaniker." (Theodor Heuss: Robert Bosch. Leben und Leistung, 2002)**

Unmittelbar nach Lehrabschluss (1879) zog es den jungen Mann weiter: Erste Anlaufstelle war die Installationsfirma für Gas- und Wasserleitungen seines Bruders Karl in Köln, danach führte ihn der Weg nach Stuttgart und Hanau. 1881 kehrte Bosch nochmals zu Bosch & Haag, dem Unternehmen seines Bruders und seines Schwagers in Köln, zurück. „Diesmal aber, um mich in Kaufmannschaft auszubilden."

Das Jahr 1884 verbrachte Bosch in den USA. Er arbeitete unter anderem in den Edison Machine Works als Mechaniker. Nach eigenen Angaben war er „nach Amerika gegangen, um mich in der Welt umzusehen, dann aber auch, weil den jungen Demokraten, der ich aus Erziehung und nach dem Vorbild meines Vaters und meiner älteren Brüder war, dieses Land der Freiheit besonders lockte"

(Theodor Heuss, 2002). Die politischen Hoffnungen des jungen Mannes wurden allerdings enttäuscht und so kehrte er Ende 1885 wieder nach Hause zurück.

Die Firmengründung – Basis für den Erfolg

Am 11. November 1886 eröffnete der 25-jährige Bosch schließlich eine eigene Werkstätte für Feinmechanik und Elektrotechnik in Stuttgart, um neue „Apparate, möglichst elektrotechnische, zu bauen". Mit einem Startkapital von 10 000 Mark, einem Mechaniker und einem Laufburschen begann Robert Bosch seine Arbeit.

Ein gutes halbes Jahr nach der Firmengründung, im Sommer 1887, entwickelte der Jungunternehmer die Hauptinnovation für den Motorenbau: den Bosch-Magnetzünder. Schon bald danach stellte Bosch seine Maschine auch Gottlieb Daimler vor, der die Erfindung sofort kaufte. Auch die örtlichen Gasmotorenfabriken bestellten Boschs Zündapparat für die Entwicklung von Benzinmotoren.

Durch den Erfolg seiner hochwertigen Zündanlagen für verschiedenartige Motoren und auch des weiteren Zubehörs für Kraftfahrzeuge in den folgenden Jahren wuchs Robert Boschs Unternehmen schnell.

Internationale Erweiterung und soziale Projekte

1899 errichtete der schwäbische Fabrikant in Kooperation mit dem englischen Geschäftsmann Frederic Richard Simms eine erste Auslandsvertretung, die Automatic Magneto Electric Ignition Co., 1901 dann seine erste eigene Elektrotechnische Fabrik in Stuttgart.

Hauptsächlich waren es die hohe Qualität der Produkte und der Ausbau des ursprünglichen Zündapparats zum Hochspannungs-Magnetzünder (1902), die den Ausgangspunkt für die Expansion der Firma zum internationalen Industrieunternehmen bildeten. Produziert wurde auch Zubehör für die Automobilindustrie wie Anlasser, Lichtmaschinen und Hupen und man eröffnete weitere Produktionsbereiche, zum Beispiel für Haushaltsgeräte und Rundfunktechnik.

Für seine Mitarbeiter empfand der Unternehmer eine hohe soziale Verantwortung und sah sich, motiviert durch sein starkes Gerechtigkeitsbewusstsein und die Begeisterung für die Ideen der sozialistischen Bewegung, in der Pflicht, den Wohlstand seiner Arbeiter durch weitreichende innerbetriebliche Sozialpolitik zu verbessern: Bereits 1906 führte er den Achtstundentag ein, nur wenige Jahre später dann den freien Samstagnachmittag sowie auch eine Urlaubsregelung. Zudem bezahlte er seinen Angestellten Löhne, die im Durchschnitt etwa 62 Prozent über dem Lohnniveau der übrigen regionalen feinmechanischen Industrie lagen. Später kamen die betriebliche Altersversorgung und eigene Arbeitsplätze für Schwerbehinderte hinzu – alles in allem damals völlig unkonventionelle Maßnahmen, die Robert Bosch den Beinamen „Der rote Bosch“ eintrugen.

1906 rief Bosch eine eigene Vertretung in Nordamerika ins Leben, 1910 eröffnete er dann in New York die Bosch Magneto Company, deren Produktionsleistung bald die der deutschen Werke übertraf. Innerhalb von nur 12 Jahren entstanden fünf ausländische Filialen und diverse Vertretungen in 25 Ländern weltweit.

Zwischen zwei Kriegen

Der drohende Kriegsausbruch 1914 hatte in Robert Boschs von hohen ethischen Grundsätzen geprägtem Weltbild keinen Platz und er hielt bis zuletzt an seiner Hoffnung fest, dass sich das Unvermeidliche doch noch verhindern oder wenigstens aufschieben ließe. Die Realität sah jedoch anders aus. „Boschs erste Reaktion auf die Tatsache, dass nun Krieg sei, war sehr unmittelbar und sehr einfach: Es wird Not entstehen und man muss helfen. So erbat er sich am 4. August 1914 den Besuch des Stuttgarter Oberbürgermeisters Lautenschlager und drückte ihm 100 000 Mark bar in die Hand, zur beliebigen Verwendung; Gelegenheit, Sorge zu lindern, werde es schon geben.“ (Theodor Heus: Robert Bosch. Leben und Leistung, 2002, S. 278f.) Daneben ließ der Unternehmer seine neue Fabrikhalle in Stuttgart-Feuerbach als Kriegslazarett einrichten und stattete dies mit allem nötigen Fachpersonal aus.

Aus seinem sozialen Verantwortungsbewusstsein heraus entschied sich Bosch, seinen kompletten Kriegsgewinn von rund 20 Millionen Mark ausschließlich sozialen Zwecken zugute kommen zu lassen.

Trotz der Einbrüche im Exporthandel während der Kriegswirren blieb das Unternehmen mit seinen mittlerweile 7 000 Mitarbeitern relativ stabil, so dass es schließlich 1917 in eine Aktiengesellschaft umgewandelt werden konnte, deren Aufsichtsratsvorsitz der Gründer selbst übernahm. 1921 gründete er die Vermögensverwaltung Bosch GmbH.

Während der 20er Jahre wuchs Boschs Betrieb stetig. Nach einer anfänglichen Krise durch Inflation und Überschwemmung des deutschen Marktes durch amerikanische Billigproduktionen stellte man die Fabrikation kurzerhand um und arbeitete an der Optimierung der Batteriezündung. Ab 1927 ging die Bosch-Einspritzpumpe für Dieselmotoren in Serie, die den Bau kompakter, schnell laufender Dieselmotoren für Fahrzeuge erst möglich machte.

In den kommenden Jahren erweiterte sich die Firma bezüglich des Produktportfolios: Mehr und mehr Haushaltsgeräte wie Kühlschränke, Radios, Elektrowerkzeuge etc. wurden produziert. 1932 übernahm der Bosch-Konzern die Junkers & Co. GmbH, 1933 die Ideal-Werke für drahtlose Telephonie AG (spätere Blaupunkt-Werke GmbH).

Die Widerstandsbewegung Robert Boschs

Entsprechend seiner liberal-demokratischen Grundhaltung stand Bosch der nationalsozialistischen Bewegung zunächst skeptisch, später äußerst ablehnend gegenüber. Als die Tendenzen der nationalsozialistischen Politik schließlich klar zutage traten, entschied sich der Unternehmer in gleichem Maße zugunsten seiner demokratischen Ideale wie auch für das Wohl seiner Firma und wagte eine riskante Gratwanderung: Vordergründig arbeitete sein Unternehmen regimekonform, expandierte unter anderem stark in der Rüstungskonjunktur und beschäftigte in großem Umfang Zwangsarbeiter. Hinter dieser Fassade jedoch entstand unter Lebensgefahr für die Beteiligten ein fein gewebtes und durchdachtes Netz des Widerstands, das auf zwei Ebenen operierte: Erstens benutzte man die hervorragenden Beziehungen zum Ausland, um die westlichen Alliiertenmächte von der Sinnlosigkeit ihrer Appeasement-Politik zu überzeugen, und später, nach Kriegsbeginn, um Putschpläne zu verraten. Zum zweiten ermöglichte Robert Bosch zahlreichen Juden durch Bargeld die Emigration und versuchte ferner in seinen Betrieben die Deportation jüdischer Angestellter so gut wie möglich zu verhindern.

Hinsichtlich der Produktion konzentrierte man sich bei Bosch, neben der staatlich verordneten Rüstungsfabrikation, in dieser Zeit auf die Weiterentwicklung der Hausgerätetechnik, Radio- und Fernsehtechnik und auf den Motorenbau. 1937 wandelte Robert Bosch seinen Konzern in eine GmbH um.

Robert Boschs Vermächtnis

Als letztes großes Projekt regelte Robert Bosch, getrieben von der Frage, ob „Zustände, in denen ganz gute Menschen ohne ihre Schuld unglücklich sind, nicht mit allen Mitteln zu verbessern“ seien, die Vermögensverwaltung der Bosch GmbH zugunsten des Allgemeinwohls:

„Meine Absicht geht dahin, neben der Linderung von allerhand Not, vor allem auf Hebung der sittlichen, gesundheitlichen und geistigen Kräfte des Volkes hinzuwirken … Es soll gefördert werden: Gesundheit, Erziehung, Bildung, Förderung Begabter, Völkerversöhnung und dergleichen.“ (Robert Bosch: Richtlinien für die Vermögensverwaltung, 1935)

Am 12. März 1942 verstarb Robert Bosch in Stuttgart. Das Scheitern seiner Widerstandsbewegung und die Zerschlagung seines Firmenimperiums erlebte er nicht mehr. Nach seinem Tod übernahm zunächst ein Testamentsvollstrecker-Kollegium die Gesellschafterrechte an der Bosch GmbH für die Erben. 1964 schließlich überschrieben die Bosch-Erben den größten Teil ihrer Geschäftsanteile an die Vermögensverwaltung Bosch GmbH, die spätere Robert Bosch Stiftung GmbH, und erfüllten damit Robert Boschs letzten Willen.

Der Bosch-Konzern im dritten Jahrtausend

Heute ist die Robert Bosch GmbH Europas führender Hersteller sowohl von Autoteilen wie ABS, Bremssystemen, Kraftstoffeinspritztechnologie, Navigationssystemen etc. wie auch in Produktbereichen der Kommunikationstechnologie, Thermo- und Automatisierungsverfahren, Hausgeräte und Verpackungstechnik. Das Unternehmen beschäftigt über 218 000 Mitarbeiter in mehr als 130 Ländern weltweit. Der Jahresumsatz 2001 belief sich auf 34 029 Millionen Euro.

Innerhalb des Bosch-Konzerns nimmt die Robert Bosch Stiftung GmbH die gemeinnützigen und sozialen Aufgaben im Sinne ihres Gründers wahr. 92 Prozent des Stammkapitals der Bosch GmbH gehören der Robert Bosch Stiftung GmbH, die Stimmrechte aus diesen Anteilen verwaltet die Robert Bosch Industrietreuhand KG.

Noch heute spiegeln sich deutlich in Struktur und Philosophie des Weltkonzerns Bosch die Ideale und Verdienste seines Gründers Robert Bosch sowohl auf der menschlich-sozialen als auch der wirtschaftlichen Ebene wider. Der schwäbische Unternehmer schaffte mit gesundem Menschenverstand und Toleranz die Verbindung von unternehmerischem Weitblick und Erfolg und beispielhafter sozialer Kompetenz und Verantwortung. Er hinterließ „ein Lebenswerk gemeinnütziger und kultureller Art von erstaunlicher Weite und Vielseitigkeit". (Theodor Bäuerle, Katalog der Jubiläumsausstellung, 1986, S. 81)

Vera Schneidereit

Hubert Burda

Zwölf Ideen pro Tag

Kann ein Intellektueller ein erfolgreicher Blattmacher sein? Hubert Burda, der früher zu Hause immer der Kleinste war, ist heute Herr über ein großes Verlagshaus, das noch dazu erfolgreich ist. Ohne das richtige Führungsteam, das gibt er zu, wäre ihm das nicht gelungen.

Dass Hubert Burda einmal Verleger werden würde, war ihm natürlich – wie man gerne etwas abgegriffen sagt – an der Wiege gesungen. Als jüngster Sohn des Verlegerehepaares Franz und Aenne Burda aus dem badischen Offenburg blieb ihm wenig anderes übrig.

Der Übervater, den sie nicht nur in Offenburg respektvoll „den Senator" nannten, förderte früh das Künstlerische in ihm. Es war bald klar, dass dem Kleinen, der nicht so recht mitkommen wollte mit den beiden älteren Brüdern Franz und Frieder, der schöngeistige Part in der Unternehmerfamilie zufallen sollte. Papa finanzierte ihm als Vierzehnjährigen bereits private Malstunden, in denen er lernte, sich auf Papier und Leinwand seine eigene Welt zu erschaffen. Die großen Brüder – alle wurden sie oft geschurigelt vom Alten – durften nach dem Abitur den ehrenvollen Beruf des Druckers erlernen, denn in der Nachkriegszeit betrieben die Offenburger in erster Linie Druckhäuser, die stets auf dem Stand der neuesten Technik sein sollten.

Der Senator Burda hatte auch nichts dagegen, dass sein jüngster Sohn auch später seinen Neigungen folgte und nach dem Abitur 1959 nach München ging, um dort Kunstgeschichte, Archäologie und Soziologie zu studieren und manches Semester in Rom, London und Paris zu verbringen. Er ging zwischendurch in die USA, arbeitete aber auch regelmäßig im väterlichen Unternehmen in Offenburg. In München hatte er ein gutes Leben, eine schicke Wohnung und viel Kontakt zur linken Studentenbewegung. „Ich war ein Grenzgänger als Student", wird er viel später bekennen.

Schluss mit lustig

Das Jahr 1966 markierte den Wendepunkt. Hubert Burda promovierte mit einer Arbeit über Ruinenmalerei im 18. Jahrhundert zum Dr. phil. und im gleichen Jahr war es dann doch irgendwie Schluss mit lustig: Hubert Burda wurde zum Chef der Programmzeitschrift *Bild und Funk* berufen. „Ich habe Magazinmachen nie gelernt", bekennt Burda heute, aber da lief ihm ein junger Mann über den Weg, der vom *Stern* aus Hamburg kam und ihn beruhigen konnte: „Sie machen den Verleger, ich kümmere mich um die Redaktion." Der Name dieses hilfreichen Mitarbeiters: Helmut Markwort. Burda hatte seinen Ziegelsteinmann, auf den er bauen konnte, gefunden und konnte so weiter seiner oft schwärmerischen Intellektualität frönen. Die Mannschaft sorgte für den Erfolg, der sich bereits innerhalb eines Jahres einstellte, weil 20 Prozent mehr Menschen *Bild und Funk* lasen. 1975 durfte Hubert Burda dann die Chefredaktion der *Bunten*, Flaggschiff des Verlags, vom Vater übernehmen, der sie einst nur gegründet hatte, um die Druckkapazitäten besser auszulasten. Später soll sich der Alte an der dort gerne gezeigten heilen Welt und den vielen Stars und Sternchen gefreut haben, deren öffentliches Wohl und Wehe er in gewisser Weise etwas beeinflussen konnte. Auch die Nachfolge im Chefredakteursamt des Vaters glückte „Hubsi", wie ihn manche nennen, recht gut – vor allem, weil er seine Leute das Heft modernisieren ließ, er selbst beschränkte sich aufs Wesentliche.

Schwere Zeiten für Hubert Burda brachen in den 80er Jahren an, als der Vater sein Haus endgültig bestellte und seine restlichen Anteile gleichmäßig auf die drei Söhne übertrug, so dass jeder über genau ein Drittel des riesigen Erbes verfügte. Nur wenige Monate nach dem Tod des Senators am 30. September 1986 vollzogen die Brüder eine Art Realteilung: Hubert bekam den Verlag samt Druckereien, Franz und Frieder erhielten im Wesentlichen den 1981 erworbenen Anteil von 24,9 Prozent am Springer Verlag, mit dem zu fusionieren das Bundeskartellamt seinerzeit verboten hatte. Sie erweiterten diesen Anteil noch auf die Sperrminorität von 26 Prozent, die sie aber 1988 – sehr zum Missfallen des kleineren Bruders Hubert – wieder an die Erben Springers zurückverkauften. Das erlöste Geld investierten sie in verschiedene Unternehmungen – wie die Fluggesellschaft German Wings –, die ihnen aber allesamt keinen unternehmerischen Erfolg brachten.

Von der Großdruckerei zum Verlag

Hubert Burda erkannte, dass nicht das Drucken, sondern das Verlegen von Zeitungen und Zeitschriften das Gebot der Stunde sei. Also machte er aus der Großdruckerei einen veritablen Verlag. Um nicht selbst Titel entwickeln zu müssen, kaufte er ausländische Lizenzen für den deutschsprachigen Raum von der französischen Frauenzeitschrift *Elle* oder vom amerikanischen Wirtschaftsmagazin *Forbes*; er beteiligte sich an diversen elektronischen Medien. Im Zuge der deutschen Einheit gründete er 1990 – zusammen mit dem Gong-Verlag – *Super TV* und *Super Illu*; im Jahr darauf wollte er schließlich so etwas wie die *Bild*-Zeitung wagen. Die Chancen waren anfangs gar nicht schlecht, denn auch Bild war in den neuen Bundesländern nicht sehr bekannt. Burda kam – zusammen mit Rupert Murdoch – 1993 mit *Super* auf den Markt, verkaufte anfangs eine halbe Million Auflage und stellte das Projekt (nach dem vorzeitigen Rückzug von Murdoch) im Jahr darauf wieder ein. Nur die *Super Illu* hat sich am sensiblen ostdeutschen Markt stabilisiert. Auch Burdas frühe Vision von der Online-Welt kostete ihn als Gesellschafter des Luxemburger Europe Online S.A. richtig viel

Geld. Allerdings gelten Beteiligungen wie die am italienischen Medienkonzern Rizzoli und am deutschen Verlag Milchstraße durchaus als erfolgreich.

Hubert Burda ist ein innovativer Verleger, der sich die nötigen Freiräume schafft, um eigene Ideen zu entwickeln. Zwölf am Tag fallen ihm ein, bekennt er, und wenn der Kurzschläfer um fünf Uhr morgens aufwacht, vertraut er die ersten des Tages bereits einem elektronischen Diktiergerät an, das dafür immer auf seinem Nachttisch bereitliegt. Nicht selten haben anschließend seine leitenden Mitarbeiter reichlich zu tun, sie ihm wortreich wieder auszureden oder binnen kurzem dafür ein schlüssiges Konzept zu erstellen.

Die beste Idee war zweifelsohne das Magazin *FOCUS*, das Hubert Burda zusammen mit Helmut Markwort – seinem Vorzeige-Journalisten, den er aus gemeinsamer *Bild und Funk*-Zeit kannte, der aber zwischenzeitlich zum Gong-Verlag abgewandert war – in vielen Gesprächsrunden um den Tegernsee 1993 aus der Taufe hob. Für die wirkliche Vaterschaft des Erfolgs, das weiß jeder, gibt es immer viele Anwärter: Burda will über diese Idee bereits 1962 nachgedacht haben, als er damals ein Buch von Hans-Magnus Enzensberger über das Machen des *Spiegel* las. Er hat aber der Versuchung widerstanden, einen alternativen *Spiegel* zu machen, sondern etwas realisiert, was er in seiner manchmal intellektuell-verwursteten Sprache als „neuronale Ästhetik“ bezeichnet – also die bekannte „FOCUS-Ikonologie“, womit die andersartige Mischung von Text, Bildern und Grafik gemeint sind. Das mag man mögen oder nicht. Tatsache ist, dass Burda mit *FOCUS* erstmals recht gut Anzeigen verkauft und damit gute Erträge erwirtschaftet. Es ist ihm – in kongenialer Zusammenarbeit mit Chefredakteur Markwort – offenbar gelungen, eine für die Werbewirtschaft interessante, weil kaufwillige

Leserschaft stabil ans Heft zu binden. Mit der *Bunten* ist er ebenfalls gerade dabei, diesen umworbenen Leserkreis zu erschließen.

Bei Burda erscheinen heute etwa 180 verschiedene Titel, die von 43 Millionen Menschen gekauft werden, hat Hubert Burda kürzlich in einem Fernsehinterview gesagt. Und der *Welt* verriet er, dass es ihm trotz Krise der Printmedien und zurückgehender Auflagen nicht bange ist um den Verlag, den er in dritter Generation führt. „Die Zeitungen erleben eine strukturelle Krise durch das Internet", sagt Burda, vergleichbar mit dem Beginn des Privatfernsehens in den 80er Jahren, das den Umsatz der *Bunten* damals binnen eines Jahres halbierte. Was er nicht sagt, ist, dass dadurch vielleicht die Trennung von seinen großen Brüdern für ihn finanziell machbar blieb. Franz und Frieder Burda leben heute zurückgezogen als Kunstsammler und Privatiers.

Biografische Daten

Hubert Dietrich Burda ist am 9. Februar 1940 als drittes und letztes Kind des Verlegerehepaars Franz und Aenne Burda in Heidelberg zur Welt gekommen. Seine Kindheit – das verschweigt er nicht – ist für ihn „eine harte Schule" gewesen. Die größeren Brüder, der selbstherrliche Übervater, dem die Mutter – selbst Verlegerin der erfolgreichen *Burda Moden* – familienintern Konkurrenz macht. Hubert zieht sich zurück von den Machtmenschen, malt und macht Abitur. Er studiert Anfang der 60er Jahre in München, weit ab von Offenburg, Kunstgeschichte, Archäologie und Soziologie; er promoviert 1966 mit einer Arbeit über Ruinenmalerei im 18. Jahrhundert. Im Verlag gewinnt er die Menschen mit seiner etwas schwärmerischen, künstlerischen Art, auch wenn seine vielen Ideen den einen oder anderen schon mal nerven. Er gilt als unprätentiös im Umgang und schart stets die richtigen Mitarbeiter um sich: Sein Stellvertreter ist Jürgen Todenhöfer, ehemals für die CDU im Bundestag, den er seit ge-

meinsamen Kindertagen kennt und von dem er vor zwei Jahren im *manager magazin* sagte, dass es für den Konzern nur gut war, dass dieser das Verlagsgeschäft so schnell kapierte. Technikvorstand Paul-Bernhard Kallen ist genauso ausgewiesener Profi wie der Justiziar Robert Schweizer und – natürlich – sein erster Journalist Helmut Markwort. Hubert Burda ist seit 1991 in zweiter Ehe mit der Ärztin und Schauspielerin Maria Furtwängler verheiratet, einer Enkelin des Dirigenten Wilhelm Furtwängler.

Gerd Gregor Feth

Adolf und Rudolf Dassler

Adolf Dassler

Rudolf Dassler

Zwei Brüder – zwei Marken: adidas und Puma

Blut ist dicker als Wasser, sagt der Volksmund. Aber manchmal werden auch Brüder zu erbitterten Feinden – wie Adolf („Adi") und Rudolf Dassler. Der eine gründete „adidas" und der andere „Puma". Erst die beiden Cousins Horst und Armin Dassler redeten wenigstens wieder miteinander.

Dass Frauen auf ihre Männer zuweilen einen großen Einfluss haben, ist keine neue Erkenntnis. Doch was verfeindete Schwägerinnen anrichten können, war nach dem Krieg im winzigen mittelfränkischen Herzogenaurach zu besichtigen: Die Ehefrauen brachten die Brüder Adolf („Adi") und Rudolf Dassler so auseinander, dass Rudi 1947 die immerhin seit 1924 gemeinsam betriebene Fabrik für Sportschuhe verließ und fortan mit Adi kein Wort mehr wechselte.

Der Familienzwist spaltet ein ganzes Dorf

Der Riss ging nicht nur durch die Familie Dassler, sondern mitten durchs Dorf mit vielleicht einigen hundert Einwohnern. Als Rudi in die neue Werkstatt oberhalb des Flusses zog, um dort Sportschuhe unter der Marke „Puma" zu nähen, folgten ihm gerade einmal sieben Mitarbeiter. Genau 40 blieben bei Adi, der daraufhin seine Marke „adidas" kreierte. Seit dieser Trennung war auch Krieg unter den Mitarbeitern, die keinen Kontakt mehr zu den einstigen Kollegen haben wollten. Ein Arbeitsplatzwechsel von Puma zu adidas und umgekehrt war sowieso nicht möglich. So manch einer erinnert sich noch, dass in bestimmten Wirtshäusern entweder die Puma-Leute oder die von adidas bedient wurden. Der winzige Ort musste sich natürlich zwei Fußballvereine leisten: Der ASV Herzogenaurach wurde von adidas unterstützt, der FC Herzogenaurach von Puma. Bis heute führen die örtlichen Sportgeschäfte immer nur eine der beiden Marken.

Aber über die genauen Ursachen des Zwistes, da waren die Streithähne sich unausgesprochen einig, redete niemand. Als kürzlich Robert Kittel für eine Reportage recherchierte, die inzwischen im etwas alternativen Wirtschaftsmagazin *Brand eins* im April 2002 erschienen ist, fand er zumindest heraus, dass es damals tatsächlich die Ehefrauen waren, die einander nicht leiden konnten und ihre Männer auseinander brachten. Aber warum genau, konnte auch Kittel nicht eruieren.

Die Dasslers waren in den 30er Jahren bereits bekannte Sportschuster: Bei den Olympischen Spielen 1932 erreichte der deutsche Sprinter Arthur Jonath in den neuartigen Schuhen mit den Dornen an den Sohlen die Bronzemedaille, vier Jahre später spurtete der Amerikaner Jesse Owens mit dem gleichen fränkischen Schuhwerk gleich viermal zu Gold. Die Fußballschuhe hatten bereits seit längerem Nagelstollen, um einen besseren Halt zu bekommen. Die Dassler-Brüder arbeiteten kongenial zusammen: Adi war der Tüftler, Rudi der Kaufmann. Nur nach dem Bruch kam manches ins Stocken, auch wenn Adis Ehefrau Käthe einige Aufgaben des Schwagers übernahm.

Die Deutschen werden Fußballweltmeister – mit adidas an den Füßen

Als der knorrige Bundestrainer Sepp Herberger Anfang 1954 vor der Fußballweltmeisterschaft in der Schweiz neue Fußballschuhe mit auswechselbaren Stollen suchte, um sie besser an unterschiedliche Bodenverhältnisse anzupassen, wendete er sich zuerst an Rudi Dassler. Aber dieser muss den „Alten“ sehr demütigend behandelt haben, worauf er sich anschließend an Adi wandte, der ihm die gewünschten Schraubstollen entwickelte. Diese Innovation allein wird nicht entscheidend gewesen sein, warum die Deutschen 1954 bei strömendem Regen Fußballweltmeister wurden, aber fortan spielten fast alle Mannschaften in der Welt nur mit adidas an den Füßen. Parallel dazu wurden die besten Sportler in den einzelnen Disziplinen als Werbeträger verpflichtet. Um die Schuhe von weitem erkennbar zu machen, ließ Adi bereits 1948 drei Längsnähte mit weißen Streifen gut sichtbar verstärken.

Der Generationswechsel

Anders als der Bäckergeselle Adi durfte sein Sohn Horst Dassler die umfassende Ausbildung eines Juniors genießen – machte Abitur, ließ sich dann zum Kaufmann und Schuhingenieur ausbilden. Er war nicht nur ein guter Sportler, er sprach neben der auch für deutsche Ohren schwer verständlichen fränkischen Mundart fließend Englisch, Französisch und Spanisch. Horst Dassler amtierte als der Außenminister im bereits weltweit agierenden Unternehmen mit Produktionsstätten in 40 Ländern und insgesamt 12 000 Mitarbeitern. Bis er die Geschäfte führen durfte, musste er allerdings bis 1980 warten – der Vater starb 1978 und anschließend versuchte noch Mutter Käthe, das Schuhregiment bei adidas zu kommandieren.

Das war oberhalb der Aurach – bei Puma – nicht viel anders. Die nächste Generation hatte es schwer, unternehmerische Verantwortung zu übernehmen. Horsts Cousin Armin Adolf Dassler durfte erst 1974 – dem Todesjahr von Vater Rudi – nach harten internen Auseinandersetzungen dem Puma zeigen, wohin er springen soll. Vielleicht traute man dem eher schwergewichtigen, fränkisch-urwüchsigen Mann nicht so recht zu, dem schnellen Wappentier des Unternehmens auf die Sprünge zu helfen. Denn adidas unterhalb der Aurach war immer noch fünfmal größer als Puma. Aber die Familie hat den Mann unterschätzt, denn unter Armins Führung bekam der Puma erstmals Krallen: In den acht Jahren von 1975 bis 1984 kumulierten sich die jährlichen Umsatzsteigerungen auf über 1 000 Prozentpunkte. Tatsächlich war das zierliche Raubtier dem großen adidas deutlich auf den Fersen – verkürzte jedenfalls den Umsatzvorsprung auf 6 zu 5.

Sportlegenden in Puma-Schuhen

Puma lernte von adidas, dass für den Erfolg von Sportschuhen nun mal Helden nötig sind. So verpflichtete man bereits 1966 die portugiesische Fußballerlegende Eusébio, später den Olympiasieger im Speerwurf Klaus Wolfermann, den Brasilianer Pelé, Diego Maradona, den Niederländer Johan Cruyff, Günther Netzer und Rudi Völler. Lothar Matthäus hatten sie sowieso, denn er erlernte schon als Dreijähriger das Kicken auf dem Fabrikhof bei Puma, weil sein Vater dort Hausmeister war.

Die Rivalen sprechen wieder miteinander

Mit der neuen Generation wurde auch der Ton moderater – die Cousins Horst und Armin Dassler sprachen manchmal wieder miteinander, wenn auch Distanz und Skepsis geblieben sind. Manch ein Sportler wusste das zu seinen Gunsten auszunützen. Als der Manager Ion Tiriac 1985 für seinen damals 17-jährigen und reichlich unbekannten Schützling Boris Becker bei Horst Dassler anklopfte, wollte dieser für das Tennistalent nicht einmal 100 000 Mark locker machen. Tiriac fuhr anschließend kurzerhand in die Würzburger Straße zum Puma-Chef. Ihm soll der schlitzohrige Rumäne den jungen Becker in seiner typischen Sprache empfohlen haben: „Nimm diese Boris, dann du kannst deine Cousin ein wenig ärgern." Armin Dassler ließ sich das nicht zweimal sagen, und nach Beckers Wimbledon-Erfolgen 1985 und 1986 waren Pumas Tennisschläger Weltmarktführer und die Tennisschuhe von Puma lagen erstmals vor denen von adidas.

Biografische Daten

Adolf („Adi") Dassler kam am 9. November 1900 im mittelfränkischen Herzogenaurach zur Welt, lernte zuerst Bäcker und trat später in die väterliche Schuhwerkstatt ein, wo eigentlich Filzpantoffeln hergestellt wurden. 1920 fabrizierten Vater Christoph und Sohn Adolf erste Turnschuhe. Der ältere Bruder Rudolf Dassler, geboren am 29. April 1898 und gelernter Lederkaufmann, beteiligte sich 1924 am bereits florierenden Unternehmen. In den 20- und 30er Jahren gab es bei Dassler bereits zu fast jeder Sportart den richtigen Schuh. Damals müssen sich die Brüder schon nicht besonders gut vertragen haben. Nach dem Zweiten Weltkrieg sollen die Ehefrauen den Bruderzwist auf die Spitze getrieben haben, so dass 1947 Rudolf Dassler das gemeinsame Unternehmen verließ und seine Sportschuhproduktion „Puma" oberhalb der Aurach gründete. Adi Dassler blieb am angestammten Platz und schuf die Marke „adidas". Rudolf Dassler starb am 27. Oktober 1974, sein Bruder am 6. September 1978 – ohne dass sie noch ein Wort miteinander gewechselt hatten. Erst nach dem Tod der Väter durfte die zweite Generation die Geschäfte übernehmen: Rudolfs Sohn Armin Adolf Dassler, geboren am 15. September 1929, war zwar seit 1952 bereits in der Geschäftsleitung, musste aber harte Kämpfe bestehen, bis er 1974 alleiniger Komplementär von Puma werden durfte. Er baute Puma zur Weltmarke aus, knüpfte Kontakte zum Spitzensport und engagierte sich in den Gremien der Sportartikelindustrie. 1986 brachte er Puma an die Börse, war bis 1986 stellvertretender Aufsichtsratsvorsitzender. 1990 starb er mit nur 61 Jahren. Seinem Cousin Horst Dassler, geboren am 12. März 1936 und Chef von adidas, war ebenfalls nur ein relativ kurzes Leben beschieden, denn er starb am 9. April 1987 mit nur 51 Jahren. Er durfte erst 1980 das Ruder bei adidas übernehmen und entwickelte sie zu einer sportlichen Modemarke. Beide Familienstämme sind heute weder bei adidas noch bei Puma engagiert.

Gerd Gregor Feth

Heinz-Horst Deichmann

Mir gehört nur, was ich verschenke

Ausgebildeter Arzt, erfolgreicher Unternehmer und sozial engagierter Christ – Heinz-Horst Deichmann passt in keine gängige Schablone. Doch in mancherlei Hinsicht setzt er Maßstäbe.

Wer dem Wirken und Denken von Heinz-Horst Deichmann auf die Spur kommen will, muss vor allem eins tun: Klischees über Bord werfen. Zum Beispiel, dass sich mit einem Alltagsartikel wie einem Paar Schuhe heutzutage kein Geld mehr verdienen lässt. Die Fakten dazu sprechen eine gegenteilige Sprache: Deichmann ist heute Europas größter Schuheinzelhändler. In den vergangenen Jahrzehnten ist das Unternehmen stetig gewachsen und hat im Jahre 2001 über 2 Milliarden Euro Umsatz erzielt. Und mit dem Gewinn sei man zufrieden, lässt Heinz-Horst Deichmann neugierige Journalisten wissen. Deichmann ist keine Publikumsgesellschaft und nicht publizitätspflichtig, wie es im Gesetzesdeutsch heißt. Mit anderen Worten: Deichmann lässt sich nur so weit in die Karten schauen, wie er es eben möchte.

Das führt zu Vorurteil Nummer zwei, dem Bild eines Firmenpatriarchen alter Prägung, der die Zügel im eigenen Unternehmen, so lange es eben geht, fest in der Hand hält. Heinz-Horst Deichmann, der im September 2001 seinen 75. Geburtstag feierte, hat sein Haus bestellt. Dennoch fühlt er sich zu jung, um sich auf sein Altenteil zurückzuziehen. Vorsitzender der Geschäftsführung ist inzwischen Sohn Heinrich, der sich dazu entschlossen hat, in das Unternehmen einzusteigen und es im Sinne seines Vaters fortzuführen. Dafür hat Deichmann senior mehr Zeit, sich um seine zahlreichen Hilfsprojekte zu kümmern.

Das dritte Vorurteil lässt sich mit einer kurzen Formel entkräften, die so etwas wie Deichmanns unternehmerisches Credo und seine Triebfeder zugleich ist – nämlich, dass sich erfolgreiches Unternehmertum und soziales Engagement nicht ausschließen. Hartes wirtschaftliches Handeln stehe der Nächstenliebe nicht im Wege, so Deichmann. Der lebende Beweis dafür ist er selbst.

Der „Herr Doktor“ wird Unternehmer

Dabei ist er zum Unternehmertum alles andere als freiwillig gekommen. Es ist der praktische Dienst am Menschen, der ihn zunächst interessiert. Ein Jahr nach dem Ende des Zweiten Weltkriegs holt er das Abitur nach und beginnt ein Studium der Medizin an der Universität Düsseldorf. Nebenbei besucht er theologische Vorlesungen. Fünf Jahre später folgt der Abschluss mit Staatsexamen und Promotion und Deichmann beginnt, als Facharzt für Orthopädie zu arbeiten.

Während dieser Zeit arbeitet er im elterlichen Betrieb, eine Schuhmacherwerkstatt mit Schuhverkauf, die sein Vater Heinrich Deichmann 1913 in Essen-Borbeck gegründet hat, nach Kräften mit. Die Liebe zu Schuhen und dem Schuhmacherhandwerk ist Heinz-Horst quasi in die Wiege gelegt – aber es ist eine Liebe, die erst mit der Zeit wächst, denn der Junior geht seinem strengen und bibelfesten Vater in fast jeder freien Minute zur Hand. Als dieser 1940 im Alter von 52 Jahren stirbt, führt seine Frau Julie den Betrieb weiter – so wie es die Umstände eben zulassen. Die insgesamt fünf Kinder müssen mit anpakken. Im jungen Nachkriegsdeutschland kommt das Geschäft mit Schuhen und Schuhreparaturen allerdings schnell in Schwung. Die Deichmanns wagten sogar, zu expandieren: Unter der Regie von Heinz-Horst eröffnen 1949 und 1951 die ersten beiden Filialen in Düsseldorf – aus rein praktischen Erwägungen, wie er später erzählt, denn auf diese Weise konnte er die Belieferung der beiden Läden auf dem Weg zur Schule beziehungsweise dem Hörsaal erledigen.

In den folgenden Jahren entwickelt sich die Firma respektabel, obwohl Deichmann die Geschäfte weiterhin nebenberuflich führt. Die Eröffnung weiterer Filialen zwingt ihn, 1956 einen Schnitt in seinem Leben zu machen: Statt als niedergelassener Facharzt zu arbeiten, beschließt er, hauptberuflich in das Erbe seines Vaters einzutreten.

Deichmann, der weder eine praktische noch eine akademische Wirtschaftsausbildung genossen hat, ist sich schnell darüber im Klaren, dass er sich Fixpunkte wählen muss, an denen er sein unternehmerisches Handeln misst – sozusagen ein unternehmerisches Selbstverständnis. Es gilt bis heute unverändert: Kants Kategorischer Imperativ („*Handle so, dass die Maxime deines Willens jederzeit zugleich als Prinzip einer allgemeinen Gesetzgebung gelten könne!*“) als „Zentralbegriff vernünftiger Sittlichkeit“ (Deichmann) und die Bibel.

Die Unternehmensphilosophie und der Erfolg

Deichmann legte sich eine einfache, aber ebenso klare Unternehmensphilosophie zurecht. Seinen Kunden will er den besten Schuh zum günstigsten Preis bieten. Mit Postulaten alleine hat es allerdings noch niemand zum wirtschaftlichen Erfolg gebracht.

„Das größte Kapital eines Unternehmens ist nicht sein Börsenwert, sondern das Vertrauen der Mitarbeiter, der Kunden und der Lieferanten.“

Der ausgebildete Arzt bringt auch die notwendigen praktischen Talente mit, um als Unternehmer Erfolg zu haben – und das Know-how, das er sich in seines Vaters Werkstatt angeeignet hat. Er besitzt Gespür für Mode und „sein“ Produkt, die Schuhe. Dazu ist er innovativ und erkennt Markttrends früher als andere. So führt Deichmann 1955 als erster Schuhhändler in Deutschland Wühltische vor dem Laden ein. Und in den 80er Jahren übernimmt er das so genannte Rack-Room-Konzept aus den USA – was nichts anderes meint, als dass stets das komplette Paar und nicht etwa nur der linke Schuh in verschiedenen Größen im Regal oder im Karton daneben steht. Der Kunde kann sich also, wenn er will, selbst bedienen und die zeitraubenden Märsche des Verkaufspersonals ins Lager haben ein Ende. Doch nicht nur beim Marketing, sondern auch bei den Kosten setzt Deichmann den Hebel an. Als einer der ersten Einzelhändler arbeitet Deichmann mit Zentrallager und computergestützten Warenwirtschaftssystemen. Seine Preise kalkuliert Deichmann entsprechend seinem Motto knapp und setzt bis heute konsequent auf Eigenmarken, mit denen er eine breite Käuferschicht erreicht.

„Man muss an die Kunden denken. Wenn einer ganz schnell reich werden will, sollte er nicht Unternehmer werden."

Seine Strategie bringt Deichmann mitunter den Vergleich mit Aldi ein, da sein Erfolg ähnlich groß ist. Aus dem Stammgeschäft in Essen-Borbeck mit einer Hand voll Filialen ist mittlerweile ein internationales Schuhhandelsimperium geworden, das 2001 insgesamt über 85 Millionen Paar Schuhe verkauft hat.

Ökonomischer Erfolg ist kein Selbstzweck

Und wo bleibt nun das eingangs angekündigte christliche und soziale Engagement Deichmanns? Dem ist er stets treu geblieben und ist dennoch so erfolgreich – oder vielleicht gerade deswegen. Denn für Deichmann ist der Spagat zwischen dem eigenen unternehmerischen und dem allgemeinen gesellschaftlichen Wohl die eigentliche Lebensaufgabe. Sein ökonomischer Erfolg ist für ihn kein Selbstzweck, sondern etwas, an dem er andere teilhaben lässt. Das fängt bei den Mitarbeitern an. Deichmanns Sozialleistungen gelten als beispielhaft – nicht nur in der Einzelhandelsbranche. Seine Angestellten erhalten zum Beispiel eine betriebliche Altersversorgung und können auf Kosten des Unternehmens eine Kur in der Schweiz antreten. Darüber hinaus hat er eine hauseigene Unterstützungskasse eingerichtet, die bei finanziellen Notlagen einspringt.

„Das Christliche hat ihn einiges gekostet, aber viele Menschen für ihn eingenommen." (Rewe-Chef Heinz Reischl)

Bei den Lieferanten besteht Deichmann darauf, dass bestimmte ethische und soziale Standards eingehalten werden. Kinderarbeit ist tabu und die Vergütung so bemessen, dass den Menschen vor Ort ein auskömmlicher Lebensstandard möglich ist. „Deichmann fühlt sich darüber hinaus auch den Menschen in aller Welt und in der nächsten Umgebung verpflichtet, die auf Hilfe angewiesen sind." So steht es in den Unternehmensprinzipien und der Firmenchef macht es vor. Beispiel: das von ihm gegründete missionarische Sozialwerk „Wort & Tat". Nach einer Indien-Reise, die Deichmann vor mehr als 25 Jahren mit seiner Frau unternahm, war er geschockt von den Lebensumständen der zahllosen Lepra- und Tuberkulose-Kranken, denen er begegnete. Wieder zu Hause angekommen rief er „Wort & Tat" ins Leben, das dank seines finanziellen Engagements – mittlerweile ist ein zweistelliger Millionenbetrag zusammengekommen – in Indien und Tansania unter anderem Hospitäler, Wasseranlagen und Schulen baut. Deichmann schaut regelmäßig vorbei, um sich ein Bild von den Fortschritten der angefangenen Projekte zu machen. Aber auch direkt vor der eigenen Haustür engagiert er sich. In der Nähe seines Hauses hat er ein Kinderheim errichtet und eine seiner Hilfsorganisationen unterstützt mehrere Projekte für Obdachlose, Drogensüchtige und Waisenkinder in Essen.

Auch abseits dieses Engagements taugt Deichmann nicht für das Bild – wieder ein Klischee – des knallhart kalkulierenden Unternehmens, der nur seine Gewinnmaximierung im Kopf hat. Unternehmer, das sollte nach seinem Verständnis nur der sein, der bereit ist, etwas härter als andere zu arbeiten und eben nicht den schnellen Gewinn zu suchen. Der erfolgreiche Schuhhändler ist wahrlich kein Freund des Sozialstaates, der seinen Bürgern jegliche Verantwortung abnimmt. Aber genauso lehnt er es ab, dass sich Manager in ihrem Denken und Handeln einzig und allein der Rendite und dem Aktienkurs, dem viel beschworenen Shareholder-Value, verpflichtet fühlen. Noch heute ist er stolz darauf, dass er 1996, als etliche Unternehmen aus Aktionärsinteressen im großen Stil Entlassungen durchführten, niemanden vor die Türe gesetzt, sondern stattdessen eingestellt hat.

„Gott wird mich nicht fragen, wie viele Paar Schuhe ich verkauft habe. Er wird wissen wollen, ob ich wie ein wahrer Christ gelebt habe."

Angaben zum Unternehmen

Der Deichmann-Konzern ist der größte Schuheinzelhändler Europas. Aus der Zentrale in Essen werden rund 1 850 Filialen – davon 940 allein in Deutschland – mit insgesamt zirka 20 000 Mitarbeitern gesteuert (einschließlich der Tochter Roland-Schuhe). Zu den internationalen Tochterunternehmen Dosenbach und Ochsener (beide Schweiz), Rack Rooms und Off Broadway (beide USA), van Haren (Niederlande) und Deichmann Obuwie (Polen) kommen eigene Filialen in Österreich, Belgien, Ungarn und Großbritannien. Insgesamt verkauft der Deichmann-Konzern pro Jahr zirka 85 Millionen Paar Schuhe. Der Gruppenumsatz beträgt 2,2 Milliarden Euro. (Alle Zahlen per Ende 2001)

Thomas Luther

Günther Fielmann

Der König der Brillen

Mit der Idee „Modische Brillen für jedermann" startete Günther Fielmann 1972 in die Selbstständigkeit. Heute ist er der weltweit zweitgrößte Brillenunternehmer und verkauft alleine in Deutschland jährlich fünf Millionen Sehhilfen. Fielmann fällt aber noch durch eine weitere Aktivität auf: Er ist engagierter Bio-Bauer.

Erfolg ist manchmal ganz einfach. Er kann auf einer einzigen, durchschlagenden Idee beruhen. Günther Fielmanns unternehmerisches Tun lässt sich auf eine solche Formel reduzieren. Der Optiker bietet seit den 70er Jahren auch Kassenpatienten schöne Brillen an. Bis dato herrschte im Brillenmarkt eine Zwei-Klassen-Gesellschaft vor. Wer es sich leisten konnte oder wollte, ging zum Optiker und kaufte sich seine Wunschbrille aus eigener Tasche. Wer aus Sparsamkeit auf eine Kassenbrille angewiesen war, musste sich mit einer einheitlichen Vertragsfassung begnügen. Rund 8 Millionen Menschen trugen Anfang der 70er Jahre in Deutschland solche Einheits-Kassenbrillen. Fielmann erkannte:

> **„Diese acht Millionen Menschen hatten sozusagen den Nachweis ihres niedrigen Einkommens auf der Nase.“**

Erfolg mit strikter Kundenorientierung

Fielmanns Innovation bestand darin, in seinen Geschäften den Kunden eine große Auswahl an Brillen zu offerieren, die dennoch zu 100 Prozent von der Kasse bezahlt wurden. Diese Idee füllte eine echte Marktlücke. Andere Optiker wehrten sich gegen dieses Geschäftsmodell, sie fürchteten um die guten Margen ihres Geschäfts. Weil Fielmann mit seinem verbraucherorientierten Konzept die gesamte deutsche Optikerbranche aufrüttelte, wurde er lange von seinen Wettbewerbern bekämpft. Man warf ihm Dumping vor und die heftigen Auseinandersetzungen beschäftigten immer wieder die Gerichte.

Es war kein Wunder, dass Fielmann von Anfang an großen Zulauf hatte. Auch einfache Leute konnten sich nun ihre Wunschbrille „auf Rezept“ aussuchen. Bald bot er in seinem Hamburger Store rund 3 000 Gestelle an, eine enorme Auswahl. 1972 hatte Fielmann seinen ersten Optikerladen im norddeutschen Cuxhaven eröffnet. Ein Freund stellte ihm das Startkapital zur Verfügung, weshalb Fielmann heute seinerseits junge Unternehmer mit neuen Ideen großzügig fördert. 1972 hatte der 33-jährige Firmengründer bereits eine exzellente fachliche Ausbildung und eine Menge Berufserfahrung hinter sich. Fielmann lernte das Optikerhandwerk von der Pike auf. Er absolvierte eine dreijährige Lehre in Hamburg, sammelte als Geselle Erfahrungen und machte 1965 einen Abschluss als Augenoptikermeister. Managementpraxis erwarb sich Fielmann im Ausland. Er war für den französischen Konzern Essilor und vier Jahre lang für die US-Firma Bausch&Lomb, eines der weltweit führenden Optikerunternehmen, tätig.

Rasche Expansion

Das Wachstum des Fielmann'schen Unternehmens verlief atemberaubend. Er mischte in kurzer Zeit den gesamten, weitgehend atomisierten deutschen Markt auf. 10 Jahre nach Firmengründung gehörten über 70 Läden in knapp 60 Städten zu dem Brillen-Imperium. Die Übernahme eines Konkurrenten hiefte ihn 1986 über die Schallmauer von 100 Optikfachgeschäften, 1988 kaufte Fielmann weitere 41 Standorte der Interoptik, so dass er sich Ende der 80er Jahre der Grenze von 200 Läden näherte. 1993 setzte Fielmann mit 274 Optikgeschäften rund 600 Millionen Mark um und war mit einem Marktanteil von 30 Prozent der verkauften Brillen bereits mit Abstand der Branchenprimus. Die deutsche Wiedervereinigung hatte Fielmann einen zusätzlichen Schub ermöglicht, gab es doch in den neuen Bundesländern einen hohen Bedarf an billigen, von den Krankenkassen bezahlten modischen Brillen. Über die Jahre erzielte die Fielmann-Gruppe trotz des hohen Wachstumstempos ausgezeichnete Umsatzrenditen von durchschnittlich rund 10 Prozent. Allein diese hohen Gewinne widerlegen die Kritiker, die Fielmann lange vorwarfen, Preisdumping zu betreiben.

Zur weiteren Finanzierung der Expansion und Internationalisierung brachte Fielmann sein Unternehmen an den Aktienmarkt. Der Börsengang 1994 spülte für Vorzugsaktien 170 Millionen Mark an frischem Kapital in die Firmenkasse, ohne dass Fielmann die Kontrolle über sein Unternehmen verloren hätte. Das Wachstum konnte weitergehen, auch mit Aktivitäten in der Schweiz und Österreich. 1997, durch die Gesundheitsreform ein Krisenjahr für die Augenoptiker, konnte Fielmann seine führende Position weiter ausbauen. Mit knapp 5 Prozent aller Optikgeschäfte gingen bei ihm mehr als ein Drittel aller in Deutschland verkauften Brillen über den Ladentisch. 1999 knackte Fielmann die magische Marke von 1 Milliarde Mark Umsatz. Heute macht Fielmann europaweit 750 Millionen Euro Umsatz und beschäftigt rund 6 000 Mitarbeiter. In Westdeutschland kommen vier von zehn und in Ostdeutschland sogar jede zweite Brille aus seinen Optikgeschäften.

Fielmann verfolgt dabei schon seit längerem ein integriertes Konzept, das heißt, er fertigt seine Brillen selbst. Inzwischen produziert Fielmann alle der unter seiner Eigenmarke verkauften fünf Millionen Sehhilfen pro Jahr in seinem Werk in Rathenow. Die Stadt im Havelland besitzt eine lange Tradition im Schleifen von Brillengläsern und nennt sich selbst „Stadt der Optik". Fielmann kaufte 1994 das VEB Rathenower Optische Werke von der Treuhand und baute diesen Fertigungsstandort systematisch aus. Anfang des Jahres 2002 investierte Fielmann nochmals weitere 32 Millionen Euro in die Fabrik. Seither befindet sich am Stadtrand von Rathenow Europas modernstes und größtes Produktions- und Logistikzentrum für Brillen. Alle 500

Fielmann-Läden werden von hier aus beliefert, allein im Lager befinden sich 1,8 Millionen einzelne Brillen. Fielmann ist stolz, eine solche Produktion in Brandenburg, also am Standort Deutschland, verwirklicht zu haben. Das Werk gilt auch als Basis für Fielmanns weitere Expansionspläne in Europa, wo der Unternehmer einen Marktanteil von 30 Prozent anstrebt.

Talent für Marketing

Es waren nicht nur die zunehmende Unternehmensgröße und das populäre Billigkonzept, die den Namen Fielmann zum Synonym für Brillen in Deutschland reifen ließen. Günther Fielmann beherrscht auch die Klaviatur des Marketings und der Selbstdarstellung. Der Brillenkönig verkauft seit langem in seinen Läden imageträchtige Markenbrillen. Sein Einkaufsvolumen ermöglichte es ihm, die Luxusware seinen Kunden günstiger anzubieten als der Wettbewerb. So baute Fielmann einzelne seiner Geschäfte zu Supercentern aus, die in Bezug auf Warenangebot, Präsentation und Verkaufsfläche zur Messlatte für die ganze Branche avancierten. Fielmann bewarb seine Produkte immer wieder aggressiv. Er versprach eine Geld-zurück-Garantie, falls ein Kunde eine Brille irgendwo billiger kaufen könne als bei ihm. Er bot als Erster seinen Käufern eine 3-Jahres-Garantie an und entwickelte zusammen mit der Volksfürsorge-Versicherung eine Brillenversicherung. „Brille – Fielmann“ lautete der Slogan, der ihn auch als Person bekannt machte.

Das Marketing-Talent Fielmann präsentierte 1996 dem damaligen Gesundheitsminister Horst Seehofer eine trickreiche Idee. Seehofer wollte den Zuschuss für Brillen von 20 Mark pro Fassung streichen und damit 300 Millionen Mark sparen. Ein Desaster für die Optiker. Fielmann setzte einen eigenen Vorschlag dagegen, der eine halbierte Zuzahlung enthielt, damit eine erdrutschartige Veränderung der Branche verhindern sollte und unter dem Strich dem Bund 346 Millionen Mark an Kostensenkung versprach. Um seinem Vorschlag Nachdruck zu verleihen, stellte Fielmann Seehofer eine Ausfallbürgschaft in Höhe von 300 Millionen Mark in Aussicht. Damit zog Fielmann die öffenliche Meinung auf seine Seite, der Krankenkassen-Zuschuss für Brillen wurde nicht gänzlich gestrichen.

Fielmann als Bio-Bauer

Im weiteren Sinne gehören auch Fielmanns Aktivitäten als Bio-Bauer zu seinem persönlichen Marketing. Fielmann wettert gegen die Massentierhaltung und züchtet auf seinen vier Höfen mit insgesamt 2 000 Hektar Land Limousin-Rinder und alte Haustierrassen, wie das vom Aussterben bedrohte Kärntner Brillenschaf, als Genreserve. Seit seiner Jugend wollte der 1939 in dem schleswig-holsteinischen Dorf Stafstedt geborene Fielmann einen eigenen Hof bewirtschaften. Rachel Carsons apokalyptisches Buch „Der stumme Frühling" regte in ihm dann die Idee der ökologischen Landwirtschaft an. Seit Jahren lässt Fielmann für jeden seiner Mitarbeiter einen Strauch oder einen Baum pflanzen, inzwischen sind es mehr als 300 000 Gewächse.

Klaus Westermeier

Max Grundig

„Heinzelmann" – ohne Bezugsschein und ohne Röhre

Kein anderer deutscher Unternehmer ist so mit der Nachkriegszeit verbunden wie Grundig. Der Franke Max Grundig hat 1947 begonnen, einen Weltkonzern für Unterhaltungselektronik aufzubauen, und trotzte lange der japanischen Konkurrenz. Jetzt steht Grundig zum Verkauf und keiner will das Unternehmen haben.

„Ich habe ein ziemlich sicheres Gefühl dafür, was der Markt verlangt“, offenbarte Max Grundig 1978 dem Nachrichtenmagazin *Der Spiegel* sein Erfolgsgeheimnis. Die Nähe zum Kunden hat sich Grundig seit 1930 erworben, als er mit erst 22 Jahren – zusammen mit einem Freund – in Fürth ein Radiogeschäft eröffnete. Weil der gelernte Kaufmann bald feststellte, dass nicht alles, was in den 30er Jahren gefragt, auch am Markt zu besorgen war, ließ er selbst produzieren: anfangs Transformatoren, später Funk- und Prüfgeräte.

Sicheres Gespür für Menschen und ihre Bedürfnisse

In der Nachkriegszeit hatte er wohl seine pfiffigste Idee: Die Alliierten hatten den freien Verkauf von Radios verboten, so genannte Bezugsscheine waren dafür nötig. Da bot Grundig einfach einen Rundfunk-Bausatz an, den er „Heinzelmann“ nannte und der alles enthielt, was zu einem Radioempfänger nötig war – bis auf die Röhren. Er vertraute darauf, dass seine Kunden diese Teile sich schon irgendwie „organisieren“ können; schließlich gab es ja noch viele Teile der alten „Volksempfänger“. Der durchschlagende Erfolg seiner Heinzelmänner zeigte Grundigs Gespür für die Menschen und ihre Bedürfnisse. Es war gleichzeitig die Stunde null für Grundig als Fabrikant, denn als Deutschland in Schutt und Asche lag, musste zuerst etwas geschaffen werden, bevor man etwas verkaufen konnte. 1947 baute er seine erste eigene Fabrikanlage in der Fürther Kurgartenstraße, wo er seit 1948 das Radio „Weltklang“ produzieren ließ und später einmal seine Konzernzentrale einziehen sollte. Binnen weniger Jahre hatte Grundig die größte Radiogerätefabrik in Europa. Er wusste, dass gerade die Frequenzen neu verteilt werden und mit der Ultrakurzwelle eine viel bessere Tonqualität zu erwarten war. Noch bevor der Kopenhagener Wellenplan 1950 in Kraft trat, konnten Grundig-Geräte bereits UKW empfangen.

Unterhaltungselektronik und Büromaschinen

Als Einzelhändler wusste Grundig, dass der Mensch mit seinen Gütern nicht so schnell zufrieden ist. Hat er ein simples Radio, sinnt er nach einem, das mit möglichst vielen Druckknöpfen besser ausgestattet ist oder dessen Design einfach moderner aussieht. Und wer ein Radio besitzt, will bald einen Plattenspieler, ein Tonbandgerät, einen Fernseher. Weil er davon möglichst viel verkaufen wollte, mussten die Geräte nach einigen Jahren einen für viele erschwinglichen Preis haben: 1951 fing er mit Tonbandgeräten an, 1955 kostete eines bereits unter 500 Mark, 1952 gab es den ersten Grundig-Fernseher, 1956 kostete er bereits unter 1 000 Mark.

Max Grundig wollte die Unterhaltungstechnik nicht nur auf den privaten Haushalt beschränken, weshalb er beispielsweise bereits 1954 ein Diktiergerät herstellte, das freilich später den direkten Kontakt zwischen Chef und Sekretärin nachhaltig stören sollte und in Wirtschaft und Verwaltung seelenlose Schreibbüros entstehen ließ. Mit dem Kauf der Büromaschinenwerke Triumph und Adler wollte Grundig für seine elektrischen Bürohilfen den Investitionsgütermarkt erschließen. In den 60er Jahren begann Grundig auch andere Märkte zu erobern, indem er zuerst Vertriebsgesellschaften und Produktionsstätten im Ausland gründete. Ende der 70er Jahre stand der stolze Namenszug Grundig auf blauem Grund an den Toren von 23 deutschen Werken und Fabriken in Österreich, Portugal, Frankreich, Italien, Spanien und Taiwan. Der 70-jährige Unternehmer beschäftigte 35 000 Menschen und erzielte 1977 einen Umsatz von 2,75 Milliarden Mark.

Wer hart kämpft, gewinnt

Warum sein Unternehmen immer noch unabhängig sei, wurde er damals einmal gefragt, und Konkurrenten wie Körting oder Elac Vergleich anmelden mussten und Saba, Nordmende oder Wega von Wettbewerbern aufgekauft worden waren. „Vielleicht habe ich mit meinem Vermögen besser gehaushaltet und härter gearbeitet", sagte er einmal mit dem strahlenden Lachen desjenigen, der zwar hart kämpft, aber auch immer gewinnt. Jedenfalls habe er sich teure Entwicklungsarbeiten leisten können, weil er für sich selbst keine Dividende beanspruchte und den Banken keine Kapitalzinsen zahlen musste. Er trennte sich auch rechtzeitig von Marken und Märkten, wenn sie sich nicht so entwickelten, wie er das erwartete: Er gab seine Mehrheitsbeteiligung am Büromaschinenhersteller Triumph-Adler ab und investierte den Erlös. Bereits 1972 hatte Grundig, der Größe entsprechend, seine Grundig Werke GmbH in eine Aktiengesellschaft umgewandelt, deren Großaktionär die Max-Grundig-Stiftung wurde. Der Vorstand war bereits aus familienfremden Experten gebildet, aber der Gründer selbst hielt als Vorsitzender des Aufsichtsrats und Präsident der Stiftung die Zügel noch fest in der Hand.

Rote Zahlen – Druck aus Fernost

Max Grundig war dabei keineswegs sorgenfrei. Das Nachfolgeproblem blieb ungelöst und sein robust-patriarchalischer Führungsstil passte schon nicht mehr in die Zeit, weshalb in den 70er Jahren sein gesamter Vorstand das Unternehmen verließ. Grundigs starke Position auf dem Markt der Unterhaltungselektronik kam immer mehr unter Druck aus Fernost, so dass 1979 erste gesellschaftsrechtliche Bande mit dem niederländischen Philips-Konzern geknüpft wurden. Im Geschäftsjahr 1980/81 musste Grundig erstmals in seiner Geschichte mit einem Verlust von 187 Millionen Mark rote Zahlen schreiben. Eine europäische Front gegen die Japaner wollte er aufbauen, die aber an den Kartellbehörden scheiterte. Von nun an sollte Philips mehr Einfluss auf Grundig gewinnen.

Max Grundig schied am 1. April 1984, knapp 76-jährig, aus dem aktiven Geschäft aus, ließ sich aber dafür von Philips für 20 Jahre eine Garantiedividende von 50 Millionen Mark im Jahr zusichern. Auch diese Rente war ein gutes Geschäft für ihn, denn die Niederländer fuhren hohe Verluste mit Grundig ein, bis sie endgültig das Handtuch warfen und – wegen der noch verbliebenen Arbeitsplätze in Mittelfranken unter sanftem Druck der bayerischen Staatsregierung – der Rosenheimer Antennenbauer Anton Kathrein die Mehrheit übernahm und seitdem einen geeigneten Übernehmer sucht. Im Sommer 2002 zeigt sich der türkische Gerätehersteller Beko vor allem an der immer noch starken Marke Grundig interessiert.

Der Mann aus kleinem Hause

Der stets umtriebige Unternehmer Grundig taugte natürlich nicht für den Müßiggang des Privatiers, er wurde Hotelier. 1986 ersteigerte er für 7,6 Millionen Mark das etwas heruntergewirtschaftete Schlosshotel Bühlerhöhe im Schwarzwald und baute es für weitere 150 Millionen in eine Luxusherberge um mit nur 90 Zimmern und Suiten; daneben errichtete er eine Kurklinik für alle Wehwehchen der Gutbetuchten. Er erwarb noch das Forsthaus Dambach in Fürth, das Schlosshotel am Fuschlsee bei Salzburg und sogar das wie ein Adlerhorst gebaute Vista-Palace an der Côte d'Azure mit direktem Blick auf Monte Carlo. Obwohl Grundig 1988 zu seinem 80. Geburtstag groß als „Monument des privaten Unternehmertums" gefeiert wurde, profitabel wurden seine letzten Investitionen nicht mehr. Seine Luxushotels galten als überrestauriert und so perfekt, dass ihnen jede Atmosphäre verloren ging, die der anspruchsvolle Gast schätzt. Grundig blieb bis zu seinem Tod 1989 „der Mann aus kleinem Hause", wie ihn seine ehemaligen leitenden Mitarbeiter zum 65. Geburtstag noch würdigten. Für die feine Welt fehlte ihm das richtige Gefühl.

Biografische Daten

Max Grundig wird am 7. Mai 1908 in Nürnberg in einen kleinbürgerlichen Haushalt hineingeboren. Mit zwölf Jahren stirbt der Vater, der Lagerverwalter war, und seine Mutter muss von nun an die Familie mit fünf Kindern als Fabrikarbeiterin allein durchbringen. Nach der Volksschule absolviert Max eine kaufmännische Lehre bei einer Nürnberger Installationsfirma und wird bald nach seinem Abschluss bereits mit der Leitung der Filiale in der Nachbarstadt Fürth betraut. Nebenbei bastelte er bereits Detektoren, Radios und sogar ein Bildfunkgerät. 1930 macht er sich zusammen mit einem Freund mit einem noch immer bestehenden Radiogeschäft Grundig & Wurzer mit kleiner angeschlossener Produktion selbstständig. Gleich nach dem Krieg produziert er bereits Teile für Rundfunkempfänger, 1946 kam sein bezugsscheinfreier Radiobaukasten „Heinzelmann" auf den Markt. Das bildet den Grundstein für einen Weltkonzern, den er erst 1984 mit 76 Lebensjahren verlässt. Seine Investments in Luxushotels bleiben ein verlustträchtiges Hobby. Am 8. Dezember 1989 stirbt Grundig auf seinem Anwesen Mariahalden in Baden Baden.

Gerd Gregor Feth

Erivan Haub

Der grüne Händler

Von Wiesbaden und Mühlheim an der Ruhr steuerte Erivan Haub drei Jahrzehnte lang Tengelmann. Für Furore sorgte Haub durch seine spektakulären Aktionen in Richtung Umweltschutz. Inzwischen hat Haub die operative Führung der Firmengruppe an seine Söhne Karl-Erivan und Christian abgetreten.

Gerne wird Erivan Haub in einem Atemzug genannt mit Karl und Theo Albrecht (Aldi), Otto Beisheim (Metro) oder Dieter Schwarz (Lidl & Schwarz). Diese Riege älterer Herren zählt zu den reichsten Deutschen, sie machten alle ihr Vermögen mit Handelsketten, die vornehmlich auf Masse setzen, sie sind äußerst öffentlichkeitsscheu, bescheiden im Auftreten und wirken nach außen wie der freundliche, unscheinbare Nachbar von nebenan. Ihre mangelnde Eitelkeit scheint in krassem Widerspruch zu ihrem Lebenswerk zu stehen.

Und doch unterscheidet sich Erivan Haubs Vita in einem entscheidenden Punkt: Während die Brüder Albrecht und Otto Beisheim echte Selfmademen sind, die ihre Imperien aus dem Nichts geschaffen haben, startete Haub bereits von einer viel versprechenden Ausgangsbasis. 1969 übernahm Haub nach dem Tod seines Onkels die Tengelmann-Gruppe als geschäftsführender Gesellschafter mit immerhin bereits 1,4 Milliarden Mark Umsatz. Mehr noch: Der 1932 geborene Haub entspringt einer Unternehmerdynastie von der Ruhr, zu der unter anderem auch die Gründer der Schokoladen- und Süßwarenfirma Wissoll gehören.

Frühe Internationalisierung

Früh sammelte Haub internationale Erfahrungen bei zwei amerikanischen Handelsgesellschaften in Chicago und Kalifornien. Er studierte Volkswirtschaft in Hamburg, lernte als Trainee bei einer Immobilienfirma und bei der Commerzbank. Als er 1963 mit 31 Jahren beim Familienunternehmen Tengelmann einstieg, hatte er bereits so manches gesehen und seine Weltsicht entwickelt. Kein Wunder also, dass Haub früher als seine großen deutschen Wettbewerber die Internationalisierung seines Handelsreiches vorantrieb. Ende der 70er Jahre wagte Haub den Sprung über den Atlantik. Er erwarb einen Anteil an der Lebensmittelkette A&P, den der Mühlheimer später auf eine Mehrheitsbeteiligung ausbaute. Haub expandierte darüber hinaus nach Österreich, in die Niederlande, Italien, Ungarn und Tschechien. Als die Tengelmann-Gruppe Mitte der 90er Jahre die 50-Milliarden-Mark-Umsatzgrenze knackte, kamen immerhin rund 50 Prozent aus dem Ausland und dabei der Löwenanteil von A&P aus den USA.

Was alles zu Tengelmann gehört

Um das Stammhaus Tengelmann entwickelte Erivan Haub ein vielschichtiges Handels- und Vertriebssystem. Zu Haubs Firmenimperium gehören unter anderem die Kaiser's Kaffee-Geschäft AG, der Discounter Plus, die Drogeriekette kd, die Filialketten GuBi und LeDi, die Großmärkte GROSSO und MAGNET, der Nonfood-Discounter Rudis Reste Rampe, der Baumarkt OBI und die Textilmärkte Takko Modemärkte und Ingrid S.

Umweltschutz groß geschrieben

Haub setzte seinen Einfluss als Großhändler ein, um für den Umweltschutz Nützliches zu tun. Sein Engagement begann 1984 mit der spektakulären Auslistung von Schildkrötensuppe und Froschschenkeln. Haub setzte dieses Instrument dann immer wieder ein. Bei Tengelmann wurden ab Ende der 80er Jahre keine FCKW-Sprays, PVC-Flaschen, quecksilberhaltigen Batterien und phosphathaltigen Waschmittel mehr verkauft. Tengelmann schloss sich auch einem Boykott von Shell-Tankstellen an, als der Ölproduzent 1995 die Plattform „Brent Spar“ in der Nordsee versenken wollte. Solche Aktionen brachten Haub den Ruf eines grünen Händlers ein und eine Reihe von Auszeichnungen, darunter den „Ökomanager des

Jahres 1990" von der Zeitschrift *Capital*. Politisch machte er nie ein Hehl aus seiner Sympathie für das konservative Lager. Seine Anzeigenkampagne für Helmut Kohl („Im Zweifelsfall für Kohl") stieß auf heftige Kritik. Diese Form der politischen Parteinahme von Unternehmern ist in Deutschland unüblich und unerwünscht. Kohl-freundlich war auch eine Mega-Investition in Ostdeutschland. Kurz nach der Wiedervereinigung baute Haub für rund 1 Milliarde Mark ein neues Logistikzentrum in Ottendorf-Okrilla.

Sanierungsbedarf

Villeicht auch wegen dieser zu groß dimensionierten Investition in Ostdeutschland geriet die Tengelmann-Gruppe Anfang der 90er Jahre in eine gefährliche Schieflage. Vor Vertrauten und Geschäftsfreunden klagte Haub: „Wir sind arm." Der Patriach ließ 1992 durchblicken, dass er sogar in die Privatschatulle greifen müsse, um die schwindenden Renditen des Kerngeschäfts auszugleichen. Das Tengelmann-Konzept ging nicht mehr auf. Zu viel Service bot Tengelmann in Filialen, die vornehmlich über den Preis ihre Produkte verkauften. Viele Standorte blieben hinter den Erwartungen zurück. Aber nicht nur Tengelmann, auch A&P und andere Konzernteile schrieben rote Zahlen. Mit Einsparungen und Veränderungen im Management versuchte Haub, den Problemen auf den Leib zu rücken. 1999 wollte Haub aus der Not heraus die Strategie verändern und die Verlust schreibenden Unternehmensteile Tengelmann, Kaiser's, Grosso und Magnet in eine Partnerschaft mit der Edeka-Gruppe einbringen. Doch der Deal, der das Ende der mit Abstand größten deutschen Supermarkt-Kette bedeutet hätte, scheiterte, Edeka lehnte den Schulterschluss ab. Die Tengelmann-Gruppe musste die Sanierung aus eigener Kraft stemmen.

Gelungener Generationswechsel

Mit großer Umsicht und beschleunigt durch eine schwere Krankheit leitete Haub früh den Wechsel an der Spitze des Familienunternehmens ein. Haub und seine Frau Helga haben drei Söhne: Karl-Erivan (Jahrgang 1960), Georg (1962) und Christian (1964). Während der mittlere Sohn Georg für die Geschäfte des Vaters wenig Interesse zeigte, sind Karl-Erivan und Christian inzwischen verantwortlich in die Tengelmann-Gruppe eingebunden. Haub legte Wert darauf, dass sich beide wie er selbst vor ihrem Eintritt in den Familienbetrieb außerhalb bewähren. Karl-Erivan war für Nestlé und anschließend für die Unternehmensberatung McKinsey vier Jahre lang in deren Düsseldorfer Büro tätig. Christian sammelte Erfahrungen bei einer US-Investmentbank. Anfang der 90er Jahre hielten sich hartnäckig Gerüchte, wonach es zwischen den beiden Erben Karl-Erivan und Christian Haub Streitigkeiten um die Nachfolge ihres Vaters gebe. Vor allem Karl-Erivan stieß mit seiner forschen Art beim deutschen Management auf Widerstand. Inzwischen sind diese Diadochenkämpfe jedoch vorbei. Karl-Erivan ist erfolgreich in die Fußstapfen seines Vaters bei den deutschen und europäischen Aktivitäten getreten und hat dabei in den vergangenen Jahren auch die notwendigen harten Kostenschnitte im Unternehmen vollzogen. Christian Haub ist seit 1998 alleiniger President und CEO der amerikanischen Tengelmann-Tochter A&P. Beim Vollzug des Generationswechsels griff Erivan Haub auf die Dienste des ehemaligen Wella-Chefs Peter Zühlsdorff zurück, der dabei half, den Streit um die Nachfolge zu beenden. Haub senior hat sich in den vergangenen Jahren auf die Position eines aktiven Aufsichtsratsvorsitzenden zurückgezogen.

Klaus Westermeier

Hans-Olaf Henkel

Enfant terrible der Wirtschaftspolitik

Hans-Olaf Henkel ist einer der wenigen Grenzgänger der deutschen Wirtschaft. Zuerst angesehener Top-Manager, dann engagierter Vertreter der Wirtschaft mit politischem Kalkül, heute Wissenschaftsmanager und Publizist. Alles jedoch wird von einer Klammer zusammengehalten: seiner neoliberalen Grundhaltung.

Den ehemaligen Arbeitsminister Norbert Blüm nannte er mehrmals einen Hofnarren, Gerhard Schröders Rettungsaktion bei Holzmann brandmarkte er als populistischen Staatsinterventionismus, die Rente mit 60 ist für ihn schlicht Blödsinn. Ex-Arbeitgeberpräsident Klaus Murmann verhinderte er als obersten europäischen Wirtschaftsrepräsentanten – wegen Inkompetenz. Helmut Kohl sprach er jeglichen wirtschaftlichen Sachverstand ab, das Verhältnis zum Ex-Bundeskanzler war über mehrere Jahre eisig. Das Wahlprogramm der SPD belächelte er als „reaktionär", die Politiker bezichtigte er generell der „parteitaktischen Degeneration".

Mahner der Nation

Hans-Olaf Henkel ließ über Jahre in seiner Funktion als oberster Sprecher der deutschen Wirtschaft keinen diplomatischen Fettnapf aus, um seine Position und seine Überzeugung deutlich zu machen. Mit Kalkül. Die Provokation sollte Bewegung in das festgefügte System bringen, das wirtschaftliche Initiative, unternehmerischen Mut und freiheitliche Gesinnung fesselt. Konsens und Dialog waren dazu Henkels Instrumente nicht. Bewusst mimte er den Part des zwar schlauen, aber unberechenbaren und immer messerscharfen Enfant terrible. Sichtlich Spaß bereitete Henkel die Rolle des Präsidenten des Bundesverbandes der Deutschen Industrie, das er zwischen 1995 und Ende 2000 ausübte.

Anfangs galten sein missionarischer Eifer und die verbalen Attacken auch in den eigenen Reihen, im distinguierten Unternehmerlager, als umstritten. Seine zweimalige Wiederwahl war zeitweilig gefährdet, eine Affäre um ein heimliches Konto für einen vorbestraften Freund brachten Henkel beinahe vorzeitig zu Fall. Erst mit der Zeit gewöhnte sich das Publikum an den umtriebigen, unbequemen Mahner, der in seiner Rethorik den Degen dem Florett vorzieht. Henkels Stimme etablierte sich im Kanon jener, die in Deutschland die Meinungsführerschaft ausüben. Als BDI-Präsident sprach der Hamburger Wahrheiten aus, für die andere nicht die Courage aufbrachten. Aus der angefeindeten Kodderschnauze verwandelte sich Henkel im Laufe seiner Amtszeit zur weithin hörbaren Institution. *Der Tagesspiegel* schrieb zu dieser Metamorphose:

> **„Hans-Olaf Henkel ist vom Hassobjekt zum geachteten Partner geworden."**

Blendende Karriere bei IBM

Hans-Olaf Henkel war einer der wenigen deutschen Wirtschaftsvertreter, die nicht einem mittelständischen Betrieb entsprangen, sondern eine exzellente Karriere in einem Weltunternehmen hinter sich gebracht hatten. Der gebürtige Hamburger kam nach mittlerer Reife, einer Speditionslehre und einer Ausbildung an der Eliteakademie der Gewerkschaften 1962 zu IBM Deutschland, damals eine kleine Niederlassung des US-Computerbauers. In der Folge lernte Henkel aus verschiedensten funktionalen Blickwinkeln die schnell wachsende IBM-Welt kennen, beeindruckend war vor allem die Vielzahl seiner regionalen Erfahrungen.

Henkel war für IBM in leitender Funktion in Afrika und im Mittleren Osten tätig, er war zuständig für die Länder Belgien, Niederlande, Spanien und Schweiz, arbeitete in der IBM-Zentrale in Armonk und war Vizepräsident für Europa mit Standort Paris. 1985 kehrte Henkel nach Deutschland zurück und rückte 1987 an die Spitze von IBM Deutschland in Stuttgart. Kaum ein anderer deutscher

Top-Manager rotierte in jener Zeit so international wie Henkel, seine Sichtweise entwickelte sich wirklich kosmopolitisch. Als IBM-Deutschland-Chef gehörte Henkel über Jahre zu den herausragenden Wirtschaftsführern des Landes. In der Konjunkturkrise 1992/93 schrieb IBM Deutschland erstmals rote Zahlen, Henkel vollzog harte Kostenschnitte. Weltweit geriet IBM damals in eine existenzbedrohende Schieflage, Louis Gerstner wurde im April 1993 als Troubleshooter angeheuert. Gerstner berief Henkel Anfang 1994 zum Chef der Europa-Zentrale in Paris. Henkels Wechsel von Stuttgart nach Paris wurde nicht von allen als Aufstieg gewertet. Gerstner hätte ihn aus Deutschland weggelobt, interpretierten einige Beobachter den Job in der Europa-Zentrale, der mit weniger operativer Verantwortung verbunden war. Wie dem auch sei, Henkel war damit bereit für den Wechsel zum Funktionär.

Feind des Flächentarifvertrags

Als BDI-Präsident spielte der Hamburger aber nicht nur den Lautsprecher und die Rolle des Enfant terrible und Provokateurs. Er verfolgte in seiner Amtszeit zielstrebig wirtschaftspolitische Inhalte. Mit seinem Kampf gegen den Flächentarifvertrag, für mehr Flexibilität in der Arbeitswelt, für ein beweglicheres Denken, für mehr Reformbereitschaft, den Abbau von überzogenen Sozialleistungen, eine stärkere Dienstleistungsmentalität und die Öffnung des Bildungswesens für mehr Wettbewerb schärfte Henkel sein Profil als führender Verfechter des Neoliberalismus. Henkel kämpfte damit auch immer für die Attraktivität des Standorts Deutschland. An der Hamburger Akademie für Wirtschaft und Politik hatte er den Thesen des liberalen Vordenkers und Soziologen Ralf Dahrendorf mit knapp 20 Jahren gelauscht. Jetzt vertrat er sie.

Henkel argumentierte erfrischend über lähmende Partei- und Interessengrenzen hinweg. Unkonventionell war Henkels gelegentlicher Schulterschluss mit der rot-grünen Koalition. Bei der Green Card lobte er die Bundesregierung. Auch bei der rot-grünen Steuerreform spielte der BDI-Präsident mit, statt dogmatisch zu bremsen. Gerhard Schröder persönlich dankte es Henkel mit einer launigen Rede zu dessen 60. Geburtstag. Schröder bemerkte süffisant: „Herr Henkel ist nicht nur ein rauflustiger Mensch, sondern auch ein lernfähiger. Vor der Bundestagswahl 1998 hat er gewarnt, bei Rot-Grün sehe er schwarz für den Standort Deutschland. Im Februar 2000 sagte er: ‚Eine Alternative zu Rot-Grün ist nicht in Sicht.'" Henkel selbst machte indes nie ein Hehl daraus, mit der FDP zu sympathisieren, für die er sogar bereit war, in den Hamburger Bürgerschaftswahlkampf zu ziehen. Einen bemerkenswerten Vorstoß machte Henkel 1999 in Davos mit seiner Forderung nach einer Weltkartellbehörde.

Dritte Karriere

Als „König ohne Reich" bezeichnete ihn *Die Zeit* nach seinem Ausscheiden als BDI-Präsident. Nicht lange. Als 61-Jähriger startete Henkel 2001 eine dritte Karriere. Seine Hobbys Segeln und Schachspielen sind dem energiegeladenen Workaholic zweifellos nicht auslastend genug. Henkel übernahm die Präsidentschaft der Wissenschaftsgemeinschaft Gottfried Wilhelm Leibniz und damit die Aufgabe, der Vereinigung von 79 wissenschaftlichen Einrichtungen und Instituten eine bessere Struktur, eine Stimme und damit mehr Gehör zu verschaffen. Henkel will aus dem zusammengewürfelten Haufen eine zweite Max-Planck-Gesellschaft formen. Schon als BDI-Präsident kämpfte Henkel für bessere Bedingungen für Bildung und Forschung in Deutschland. Der Schritt des Idealisten Henkel ist damit nur konsequent, der Egozentriker hat eine neue Plattform gefunden.

Daneben bekleidet Henkel eine ganze Reihe von Aufsichtsämtern in der Wirtschaft. Nicht zuletzt auch deshalb, weil seine

Aufgabe als Wissenschaftsmanager ein One-Dollar-Job ist. Henkel steht seit Jahren dem Aufsichtsrat dem IBM Deutschland vor, kürzlich bestellte ihn Orange, die Mobilfunktochter der France Telekom, in ihr Aufsichtsgremium. Henkel sitzt im Senat der Max-Planck-Gesellschaft und ist Aufsichtsratschef der Internet-Firma Econia.com. Ganz verzichten muss Henkel auch nicht auf seine Rolle als kritischer Beobachter der Zeitläufe. Als Kommentator der *Bild*-Zeitung erreicht er mit seinen kritischen Ideen nach wie vor ein Millionenpublikum.

Klaus Westermeier

Unternehmerfamilie Henkel

Fritz Henkel

Konrad Henkel

Persil – da weiß man, was man hat!

Welche Unternehmerqualitäten zeichnen eine Firma aus, die seit mehr als 125 Jahren erfolgreich besteht? Neben offenkundiger Kontinuität charakterisierte Unternehmensgründer Fritz Henkel sein Lebenswerk rückblickend mit den Worten, dass „das Beste, das durch mein Werk gemacht wurde, nicht meinen Gedanken ent-

sprungen ist, sondern meinen Mitarbeitern". Das Bekenntnis aus den 30er Jahren, als patriarchalische Unternehmensführung sicher noch eher an der Tagesordnung war als moderne Managementmethoden, trifft den Kern der Henkel-Erfolgsgeschichte.

„Frauen im Visier" – könnte die Headline der mehr als 125-jährigen Firmengeschichte der Düsseldorfer Unternehmensgruppe Henkel lauten. Naturgemäß spielen Frauen in einem Unternehmen, das noch heute knapp ein Viertel seines Milliardenumsatzes mit Wasch- und Reinigungsmitteln erwirtschaftet, eine maßgebliche Rolle. Mit der Markteinführung von Persil als erstes „selbsttätiges Waschmittel" im Jahr 1907 startete Unternehmensgründer Fritz Henkel seine auf Frauen zugeschnittenen Werbekampagnen. Das „Wäschermädel" als Werbefigur zu Beginn des 20. Jahrhunderts löste im Laufe der Jahrzehnte und mit dem Ende der Dienstmädchen-Ära die Hausfrau persönlich ab. Die populären „Weißen Damen" von Persil aus den 20er und 30er Jahren überstanden den Zweiten Weltkrieg und wurden in der Wirtschaftswunderzeit der 50er und 60er Jahre wiederbelebt. Das Originalmotiv, das der Berliner Kunstmaler Kurt Heiligenstaedt 1922 malte, fand sogar im Jahr 2001 nochmals eine Renaissance anlässlich einer Jubiläumsausgabe der Persil Megaperls.

Heute haben Jahrzehnte der Emanzipation insofern Früchte getragen, als dass sich der derzeitige Vorsitzende der Geschäftsführung der Henkel-Gruppe, Ulrich Lehner, nun auch an die Frau als Aktionärin wendet. Angesichts einer Preisverleihung zum besten deutschen Unternehmen unter den 30 Dax-Titeln lobte das Wirtschaftsmagazin *FOCUS* Money vor allem die Transparenz des weltweit tätigen Konzerns. Launig erwiderte Lehner auf dieses Kompliment, dass er bei der Erstellung von Unternehmenspublikationen wie den Geschäftsbericht größten Wert darauf legt, dass die „gebildete Hausfrau“ die Geschäftstätigkeit anhand dieser Lektüre mühelos nachvollziehen könne.

Mit Ulrich Lehner amtiert heute der dritte Leiter der Henkel-Gruppe, der seine Position nicht Familienbanden verdankt. Seit jeher galt bei Henkels die Devise: „Firma geht vor Familie.“ Dieser Leitspruch schließt auch ein, dass persönliche Eitelkeiten hinter der Zukunftssicherung des Unternehmens zurückzustehen haben. Mangels geeigneter Nachfolge aus den eigenen Reihen übergab Konrad Henkel, Enkel des Firmengründers, im Juni 1980 den Geschäftsvorsitz an Helmut Sihler, nicht verwandt und nicht verschwägert.

Seit 1975 zur Kommanditgesellschaft auf Aktien (KGaA) umfirmiert und 1985 an der Börse emittiert, versteht sich Henkel heute als „offene Familiengesellschaft“. Über 50 Prozent der Aktien hält die Familie nach wie vor in ihrem Besitz, sie hat sich auch Einfluss auf die strategische Unternehmensentwicklung über den Gesellschafterausschuss gesichert. Diesem Gremium gehören je fünf Familienmitglieder und externe Manager an. Es ist ein offenes Geheimnis, dass Finanzmarktteilnehmer die Rechtsform und den damit verbundenen Familieneinfluss als Hemmschuh für eine attraktive Kursentwicklung erachten. Aber in den derzeit unsicheren wirtschaftlichen Zeiten, begleitet von Bilanzskandalen und Negativschlagzeilen über die Abkassierer-Mentalität deutscher Top-Manager, erkennt die Finanzgemeinde durchaus den Charme eines verantwortungsvollen, traditionsreichen Familienunternehmens.

Der Beginn einer Seifenoper

Fritz Henkel gründete 1876 in Aachen die Universalwaschmittelfabrik. Schon zwei Jahre später verlegte er den Firmensitz nach Düsseldorf, wo das Unternehmen auch heute noch seinen Stammsitz hat. Zweimal zog der hessische Kaufmann mit seinem Betrieb innerhalb der Rheinmetropole um, bevor er 1899 in Holthausen ein rund 50 000 Quadratmeter großes Industriegrundstück erwarb. Die rasche Expansion ist auf eine grundlegende unternehmerische Entscheidung zurückzuführen, welche die Firmengeschichte Henkels prägte. Schon als Konfektionierungsbetrieb, der angelieferte Grundstoffe zu einem Produkt – eben Waschmittel – verarbeitet, fühlte sich Fritz Henkel von Anfang an einer gleich bleibend hohen Qualität seiner Produkte verpflichtet. Entsprechend war er bestrebt, sich zeitig von externen Zulieferern unabhängig zu machen und von der Rohstoffgewinnung bis zur Verpackung alles unter seinem Firmendach zu vereinen. Als Folgeerscheinung dieser Vertikalisierungsbewegung entstanden zu Beginn des 20. Jahrhunderts die Holthausener Werksanlagen, die Ölgewinnungs- und Ölraffinationsanlagen ebenso beherbergten wie eine Glyzerinfabrik. Glyzerin entstand quasi als Abfallprodukt aus der Ölspaltung und bildete den Ausgangsstoff für kosmetische Produkte.

Die Entscheidung aus dem Jahre 1899 barg Risiken und Fritz Henkel sollen nach der Unterzeichnung des Kaufvertrags arge Bedenken geplagt haben, ob er sich nicht übernommen hat. Letztendlich legte Henkel aber mit genau dieser Entscheidung den Grundstein für den späteren Firmenerfolg. Mit der Markteinführung von Persil im Jahre 1907 stieg die Nachfrage nach Henkelprodukten sprunghaft. Der Weitsicht des Firmengründers ist es zu verdanken, dass Henkel dieser Nachfrage in entsprechender Anzahl und gleich bleibend hoher Qualität gerecht werden und somit eine Marke gründen konnte, die ihren guten Klang bis heute behalten hat.

Die Lehrjahre des „alten Herrn"

In der schwierigen und risikoreichen Anfangszeit von Holthausen fand Fritz Henkel Unterstützung durch seine Familie. Sein ältester Sohn August starb im Alter von fünf Jahren. Die beiden Jüngeren, Fritz jun. mit kaufmännischer Ausbildung und Hugo als promovierter Chemiker, lernten das Geschäft auf Vaters Wunsch „von der Pike auf". 1904 wurde Fritz jun. persönlich haftender Gesellschafter, 1908 Sohn Hugo. Zusammen bildeten sie die ideale Doppelspitze für die Firma. Schwester Emmy, seit 1904 mit Ernst Hugo Lüps verheiratet, erlangte 1911 ebenfalls Gesellschafterstatus – allerdings ohne an der Geschäftsführung der Firma beteiligt zu sein.

Das Henkel-Triumvirat bewies zu Beginn des vorherigen Jahrhunderts nicht nur Stehvermögen, es zahlte auch Lehrgeld. Die rasche Unternehmensexpansion nach dem Persil-Launch machte erstmals Bankkredite erforderlich. Die damit verbundenen strengen Auflagen müssen der jungen Henkel-Dynastie schwer zu schaffen gemacht haben, gaben sie doch anschließend die Parole aus, „nie mehr in irgendeiner Form in die Abhängigkeit von Banken zu geraten".

Freilich ließ sich diese Absichtserklärung in den weiteren 100 Jahren der Firmengeschichte nicht aufrechterhalten. Der Ausbau des Familienbetriebes zu einem „global player" konnte ohne Fremdkapital nicht gelingen. Allerdings versorgte sich das Unternehmen gerne aus Mitteln der Familienmitglieder und strebt zumindest bis zum heutigen Tag nach einer hohen Eigenkapitalbasis.

Das magische Dreieck: Firma – Familie – Mitarbeiter

Nach der Einführung von Persil stieg die Zahl der Beschäftigten von 494 im Jahr 1909 auf 1 799 im Jahr 1918 an. Auch wenn moderne Begriffe der Mitarbeiterführung noch unbekannt waren, bewiesen Henkels durchaus eine gesunde Mischung zwischen Patronatsverhalten und Integrationsbemühungen. Den Wert ihrer Arbeiter erkannten der Firmengründer und seine Söhne in jedem Fall zeitig. Schon zu Beginn des 20. Jahrhunderts gaben sie die Parole aus, mit großzügiger Lohnpolitik und Wohlfahrtsangeboten die „braven Arbeiter" an das Unternehmen zu binden. Beispiele für das Verantwortungsgefühl gegenüber der Belegschaft bietet die Firmengeschichte viele. In der Weltwirtschaftskrise der 20er Jahre führte Henkel „Notstandsarbeiten" ein, um Entlassungen zu vermeiden. Den Notstandsverordnungen Brünings, die zu Beginn der 30er Jahre eine allgemeine Gehaltskürzung von 10 Prozent vorschrieben, begegnete das Unternehmen mit einem freiwilligen Lohnausgleich – der Geburtsstunde der Henkel-Zulage, die bis in die 70er Jahre fortgeführt wurde.

Neben einer attraktiven Vergütung war aber insbesondere die Grundeinstellung des Arbeitgebers zu seinen Arbeitnehmern von Bedeutung: Den Begriff der „Werksfamilie", den Gründer Fritz Henkel gerne im Munde führte, lebten seine Söhne und Enkel im Unternehmen weiter. Gemeinsame Weihnachtsfeiern gehörten ebenso dazu wie betriebliche Gesundheitsvorsorge. Mütterschule und Werkskindergarten ermöglichten den weiblichen Henkel-Angestellten schon vor dem Zweiten Weltkrieg, Beruf und Familie zu vereinbaren. Mit den *Blättern vom Hause* setzte das Unternehmen bereits 1914 eine Firmenzeitschrift für die interne Kommunikation ein, die neben der

Aufklärungsarbeit vor allem für die emotionale Bindung der Mitarbeiter an Unternehmen und Familie sorgen sollte.

Bis in die heutige Zeit betonen Henkels, dass aus dem Zusammenspiel von Firma, Familie und Mitarbeitern eine besondere Identifikation der „Henkelaner" mit dem Unternehmen entstanden sei.

Zwischen Familienbetrieb und „Global Player"

Nachdem mit Konrad Henkel das letzte Familienmitglied 1980 aus dem operativen Geschäft schied, mag durch die Nachfolger Helmut Sihler sowie Hans-Dietrich Winkhaus und die stark vorangetriebene Internationalisierung die Familienidylle etwas gelitten haben. In der Folge warfen Henkel-Mitarbeiter der neuen Führung beispielsweise vor, dass nunmehr „Quereinsteigern bessere Aufstiegschancen eingeräumt werden als Mitarbeitern, die ‚hier aufgewachsen' sind". Den „Kulturschock" vermochten die neuen Unternehmenslenker indes aufzufangen. Notwendig war er ohnehin. Anfang der 80er Jahre konstatierte Helmut Sihler für das Unternehmen eine Rentabilität, die im Vergleich zu ausländischen Wettbewerbern deutlich niedriger war. Kostensenkungen, Konzentration auf Kerngeschäftsfelder und Divestments hießen die Gebote der Stunde. Die 80er Jahre standen im Zeichen der Konsolidierung. Nach der immensen Expansion des Unternehmens seit dem Zweiten Weltkrieg, das sich insbesondere in der Ära Konrad Henkels zu einer internationalen Firmengruppe entwickelte, spielte nun die Integration der zahlreich erworbenen Firmen die entscheidende Rolle. 1987 resultierte der Management-Erfolg Sihlers in einer „blitzsauberen" Bilanz.

Der Kreis schließt sich

Qualität kommt bekanntlich von „Qual". In seiner 125-jährigen Historie haben sich Firma, Familie, Management und Mitarbeiter manches Mal quälen müssen, um das Erfolgsrezept des Firmengründers – die garantierte Qualität der Produkte – als Erfolgsgarant im Auge zu behalten. Nebenkriegsschauplätze galt es als solche zu erkennen und wieder aufzugegeben. Die Produktqualität als Voraussetzung für starke Marken, diese Unternehmensleitlinie verfolgte der alte Fritz Henkel ebenso wie der heutige Firmenlenker Ulrich Lehner. Den Erfolg dieser Strategie beweist der heutige Konzernchef seit Jahren mit einem Rekordergebnis nach dem anderen. Im Geschäftsjahr 2001 erzielte die Gesellschaft 1,2 Milliarden Euro Gewinn vor Steuern und Zinsen. Und auch wenn die Familie Henkel als Großaktionär glaubwürdig betont, dass der langfristige Erfolg der Firma wichtiger sei als kurzfristige Renditen, den Kleinaktionär wird der stetig steigende Gewinn pro Aktie sicher freuen.

Claudia Schumacher

Georg und Georg-Dieter von Holtzbrinck

Georg v. Holtzbrinck

Georg-Dieter v. Holtzbrinck

Verleger von Edelpublikationen

Georg von Holtzbrinck gehörte neben Axel Springer, Reinhard Mohn, Gerd Bucerius und Senator Burda zu den großen deutschen Verlegern der Nachkriegszeit. 1980 reichte er den Stab weiter an seinen Sohn Georg-Dieter, der eine stürmische Expansion einleitete und die Holtzbrinck-Gruppe zum drittgrößten deutschen Medienkonzern ausbaute.

Der Anfang war der reine Zufall. Georg von Holtzbrinck, eigentlich Student der Rechtswissenschaften, warb 1931 im Nebenjob Abonnenten für den Buchclub „Bibliothek der Unterhaltung und des Wissens". Der Sohn eines Gutsbesitzers tat dies so überzeugend, dass er sein Studium kurzerhand an den Nagel hing und stattdessen ins Verlagswesen wechselte.

Mann der ersten Stunde

Georg von Holtzbrincks eigentlicher Aufstieg als Verleger begann nach dem Zweiten Weltkrieg. Buchclubs waren damals die übliche Organisationsform für Menschen, die – im damals noch fernsehfreien Raum – lesen und Kosten sparen wollten. Neben der „Bibliothek", die er 1937 übernommen hatte, gründete der Adelsmann 1954 die „Stuttgarter Hausbücherei", kurz darauf übertrug Holtzbrinck das Konzept auf einen Schallplattenclub, 1957 erwarb er den „Deutschen Bücherbund", später kamen die „Deutsche Hausbücherei" und der „Deutsche Buchclub" hinzu. Der Grundstock des Verlagshauses war gelegt. Sehr früh stellte der schwäbische Unternehmer darüber hinaus seine Firma auf mehrere Standbeine. Die Buchclubs wurden ergänzt durch Zeitungen und Zeitschriften, Buchverlage und Druckereiaktivitäten. Weniger sichtbar als andere Verleger entwickelte Georg von Holtzbrinck so in drei Jahrzehnten einen der führenden Medienverbunde in Deutschland.

Georg-Dieter übernimmt das Steuer

1980 erfolgte im Holtzbrinck-Verlag die Stabübergabe von Georg auf seinen Sohn Georg-Dieter. Eine alte Weisheit bezüglich Familienunternehmen lautet: Die erste Generation baut auf, die zweite verwaltet. Nicht so bei Holtzbrinck. Georg-Dieter führte den Familien-Verlag in eine neue Dimension. Dabei war das Verhältnis zwischen Vater und Sohn nicht immer konfliktfrei. Nie soll Georg-Dieter von Holtzbrinck so glücklich gewesen sein wie in seinen Lehrjahren in den USA – weit weg vom übermächtigen Vater, der zuerst in den Aufsichtsrat wechselte und 1983 verstarb. In den 80er Jahren baute Georg-Dieter den Verlag langsam nach seinen Vorstellungen um. Der vielleicht wichtigste strategische Schritt war der Aufbau eines US-Standbeins. Heute erwirtschaftet der Verlag mehr als ein Drittel seines Umsatzes im Ausland.

„Steuern durch Nichtsteuern."

Obwohl im persönlichen Umgang unterschiedlich, hielt Georg-Dieter an wesentlichen Grundprinzipien seines Vaters fest. Schon 1971 umfasste die Gruppe 50 Einheiten, die weitgehend selbstständig geführt wurden. Diese dezentrale Organisation hat bis heute Bestand. Nur rund 80 Mitarbeiter arbeiten in der modernen Stuttgarter Konzernzentrale. Alle Buch-, Zeitschriften- und Zeitungseinheiten agieren weitgehend unabhängig voneinander. „Steuern durch Nichtsteuern" lautet das unternehmerische Motto. Nur selten mischte sich Georg-Dieter von Holtzbrinck in das redaktionelle Tagesgeschäft ein. So sehen ihn viele auch eher als Geschäftsmann denn als aktiven Verleger. Die zweite Richtschnur des Handelns des Holtzbrinck-Verlags ist der hohe Qualitätsanspruch der Publikationen. Selbst wenn es sich rechnen würde, hätte Georg-Dieter von Holtzbrinck niemals Postillen auf den Markt gebracht, wie sie etwa der Hamburger Bauer-Verlag herstellt und vertreibt. Zwei der hochwertigsten Erwerbungen von Georg-Dieter sind der New Yorker Verlag Farrer, Straus & Giroux Inc., berühmt als die Dichterschmiede amerikanischer Nobelpreisträger, und 1996 die

Wochenzeitschrift *Die Zeit*. Georg-Dieter von Holtzbrinck kam nach dem Tode des Zeit-Verlegers Gerd Bucerius bei der Edelpublikation zum Zuge. Schon sein Vater unterhielt mit Bucerius enge geschäftliche Kontakte und ordnete unter anderem die Handelsblatt-Gruppe Ende der 60er Jahre neu. Heute ist *Die Zeit* das journalistische Schlachtschiff der Holtzbrinck-Gruppe. Das dritte Geschäftsprinzip lautet „Zukauf statt Eigengründung". Der Holtzbrinck-Verlag wuchs in erster Linie durch Akquisitionen. Eine der wenigen gestalterischen Leistungen des Verlags ist die Gründung einer renommierten Journalistenschule, die seit Jahren zu den Kaderschmieden des Berufszweiges Journalismus gehört.

Der Sprung zum Medienkonzern

Der große Sprung zum Medienkonzern gelang Holtzbrinck dann im Laufe des Kommunikations- und Informationsbooms der 90er Jahre. Der Umsatz stieg in diesem Zeitraum von 1,2 auf 4,5 Milliarden Mark. Das Medienunternehmen setzte sich auf Platz drei der deutschen Verlage. Holtzbrinck entwickelte auch ein zusätzliches Standbein im elektronischen Bereich, war zeitweise an SAT 1 beteiligt und hält heute im Fernsehmarkt eine Minderheitsbeteiligung am Nachrichten- und Wirtschaftssender n-tv, der gut zu den Aktivitäten der Handelsblatt-Gruppe mit den Zeitungen und Zeitschriften *Handelsblatt*, *Wirtschaftswoche* und *DM* passt.

Der dritte Holtzbrinck

Nach zwei Jahrzehnten erfolgreicher unternehmerischer Tätigkeit zog sich Georg-Dieter von Holtzbrinck in den Aufsichtsrat zurück, den sein Vater einst leitete und dem schon so illustre Männer wie die beiden ehemaligen Bosch-Lenker Hans Merkle und Marcus Bierich vorstanden. Zu seinem Abschied aus der Konzernleitung mit 60 Jahren bemerkte Georg-Dieter von Holtzbrinck, zu oft habe er gesehen, „wie Familienunternehmer ihr Lebenswerk im hohen Alter zu zerstören begannen, zum Beispiel Grundig und Neckermann". Seit Mai 2001 steht ein weiterer Holtzbrinck in Stuttgart auf der Kommandobrücke. Georg-Dieter folgte sein 37-jähriger Halbbruder Stefan, von dessen Existenz Georg-Dieter und seine Schwester Monika Schoeller, die den Buchverlag S. Fischer leitet, erst in den 80er Jahren erfuhren.

Auch den Holtzbrinck-Verlag traf 2002 die größte deutsche Medienkrise der Nachkriegszeit hart. Das jüngste Kind des Verlags, die auf Aktienbesitzer ausgerichtete *Telebörse*, wurde nach kurzer Lebensdauer flugs wieder eingestellt. So wird Stefan von Holtzbrinck also gleich zu Anfang seiner Zeit an der Spitze des Familienunternehmens ins kalte Wasser geworfen. Er wird das verlegerische Erbe fortsetzen und die Kontrolle im Familienkreis halten.

Börsengang nicht in Sicht

Die Gesellschafterverträge sehen vor, dass das Unternehmen bis 2020 „übernahmesicher" ist, wie einer der Geschäftsführer kürzlich vor der amerikanischen Handelskammer ausführte. Auch ein Börsengang ist nicht geplant. Die Stuttgarter Holtzbrincks wollen die Macht in ihrem Reich auch in Zukunft mit niemandem teilen. Leisten können sich die schwäbischen Edelleute diese Unabhängigkeit. Ihre Vermögen schätzte das *manager magazin* jüngst auf 5,6 Milliarden Euro, dies ist Platz 6 auf der Liste der reichsten Deutschen.

Klaus Westermeier

Friedrich Jahn

„Vom Kellner zum Millionär – und zurück“

Der erste „Wienerwald“ eröffnete am 1. März 1955 in der Münchener Amalienstraße. Bis 1981 baute der einstige Kellner Fritz Jahn ein Gastronomie-Imperium mit 1 551 Betrieben in 18 Ländern, mehr als 25 000 Mitarbeitern und für damalige Verhältnisse gigantischen 2,3 Milliarden Mark Umsatz auf. Obwohl Jahn 1982 den Vergleichsantrag stellen musste, leben zahlreiche

seiner Hendlbratereien, aber auch seine Ideen für die erst heute wirklich populäre Systemgastronomie weiter.

Heute bleibt die Küche kalt ...

Bei der heutzutage von der Gastronomie umworbenen jungen Zielgruppe löst der Slogan „Heute bleibt die Küche kalt, wir gehen in den Wienerwald“ bestenfalls Achselzucken aus. In den Anfängen des Wirtschaftswunders indes bedeutete er für zahllose Familien mehr als eine Werbebotschaft. Er war der Ruf einer besseren Zeit, eine Art Befreiung aus der häuslichen Enge der Nachkriegszeit. Nach mageren Jahren konnten es sich erstmals auch Normalverdiener wieder leisten, im Restaurant zu speisen.

Über die Jahre folgten die Menschen millionenfach der Einladung von Jahn, sich bei bodenständigen Weinen, Grillhendln und Kartoffelsalat – oft garniert mit Schrammlmusik oder Kabarettdarbietungen – verköstigen zu lassen. Schick war es, in den Wienerwald zu gehen. Die Kombination aus Gemütlichkeit von der Stange, bezahlbaren Preisen und omnipräsentem Wirt traf den bürgerlichen Geschmack der Zeit perfekt. Zu perfekt vielleicht: Im Nachhinein betrachtet wurde der „Wienerwald“ vielen zum Synonym verstaubter Bürgerlichkeit. Und obwohl Jahn immer betonte, dass „man in der Gastronomie politisch neutral sein müsse“, führte seine Männerfreundschaft zu Franz Josef Strauss (Jahn über Strauss: „Ein Gast, wie man ihn sich wünscht, er hatte immer Hunger und Durst“) schon damals zu Fragen nach politischer Protektion.

Bis allerdings mit dem Vergleichsantrag (der Vorläufer des heutigen Insolvenzverfahrens) der Münchener Wienerwald GmbH und der Schweizer Wienerwald Holding am

18. August 1982 das Gastronomie-Imperium in der alten Form aufhörte zu existieren, war eine Wachstums-Story par excellence geschrieben worden.

Die Anfänge – Geburt des „Systems"

Am 1.3.1955 eröffnete Friedrich Jahn mit seiner Frau Hermine in der Amalienstraße 23 im damals noch ziemlich zerbombten Alt-Schwabing das „Linzer Stüberl" – mit 40 Sitzplätzen und einem Monatsumsatz von 2 000 Mark. Schon bald tauften die Wirtsleute das Lokal in „Wienerwald" um, ließen die Wände mit Prater, Riesenrad und Stephansdom bemalen und schalteten erste Annoncen für ihr Restaurant. Jahns Geschäft lief – auch Dank des Angebots, die gebratenen Hähnchen mit nach Hause zu nehmen – so gut an, dass er bereits nach sechs Monaten seinen Brauereikredit von 80 000 Mark zurückzahlen und noch im gleichen Jahr das Gebäude erwerben konnte.

Am 1. Oktober 1956 startete der Wienerwald Nummer zwei in der Esslinger Straße in Stuttgart. Im Dezember 1956 öffnete der Wienerwald Augsburg seine Pforten. Es folgte ein Lokal in der Münchener Herzogstraße und eines in Niederpöcking am Starnberger See.

Die Akzeptanz auch der neuen Niederlassungen signalisierte den Gründern: Die Wienerwald-Idee lässt sich auf andere Standorte übertragen und der Erfolg hängt, sofern man gutes Personal beschäftigt, nicht von der dauernden Anwesenheit der Eigentümer ab.

Nun begannen die Jahns, die Arbeitsabläufe zu überprüfen – die Grundpfeiler des „Systems" (Jahn) wurden geboren. Natürlich konnte das Geflügel nicht mehr mit Fahrrad und Rucksack vom Münchener Viktualienmarkt geholt werden. Fortan kaufte der Wienerwald die Hähnchen in der Großmarkthalle oder im Schlachthof. Schon bald wurde der gesamte Einkauf zentralisiert und von einem Angestellten organisiert. Um künftig in allen bestehenden und geplanten Betrieben die gleichen Qualitätsstandards einzuhalten, brachte der Chef die „Wienerwald-Dienstvorschrift" zu Papier. Sie regelte minutiös, wie sauber Gehsteige, Fenster, Möbel, Wäsche und Grills sein müssen, aber auch wie die Vorratshaltung organisiert und die Gerichte zubereitet werden sollen.

Die Einhaltung der Vorgaben in den Filialen kontrollierte der Patron – meist unangemeldet – mit einem gebrauchten VW-Käfer für 2 000 Mark noch vorwiegend selbst.

Der Weg zum Gipfel – Wienerwald worldwide

Stürmisches Wachstum zeichnete sich bereits 1958 ab: Die Gastronomie-Firma hatte den Absatz auf mehr als 800 000 Hendlportionen gesteigert und damit im Vergleich zum Vorjahr verdoppelt. Dazu maßgeblich beigetragen haben vier weitere Lokale in Frankfurt, Köln, Wuppertal und ein zweites in Stuttgart. Die mittlerweile stattlichen Einnahmen steckte Jahn sofort in neue Niederlassungen. Allein im Jahr 1959 eröffneten 17 neue Wienerwald-Lokale, 1960 waren es 25. Bremen, Dortmund, Lübeck, Heidelberg, Wanne-Eickel – alle zehn Tage ein neuer Wienerwald.

Im Jahr 1960 strukturierte Jahn den Außendienst; Bezirksdirektoren, die zehn bis vierzehn Betriebe betreuten, berichteten an einen zentralen Außendienstleiter, später wurden noch die Ebenen Gebiets- und Regionalleiter eingezogen. Seit dem gleichen Jahr wurde der gesamte Einkauf von einem Zentrallager in der Münchener Schleißheimer Straße organisiert.

1961 eröffneten 36 neue Restaurants und 1962 wurde mit Brüssel der erste ausländische Standort eingeweiht.

Den Schritt über den großen Teich hat Jahn 1964 gewagt. Auf der Weltausstellung in New York betrieb der Wienerwald drei Großgaststätten. Die Weltausstellung sollte sich für Jahn auch aus einem anderen Grund lohnen: Er kam mit dem US-Hotelkönig Konrad Hilton in Kontakt, der ihm 1964 nach nur kurzen Verhandlungen die Eröffnung eines Wienerwald-Restaurants im noblen New Yorker Waldorf Astoria ermöglichte.

Die Bilanz nach zehn Jahren des Bestehens: 174 Betriebe, unter anderem in Österreich, der Schweiz und den Niederlanden. Der Umsatz der Gruppe betrug im Jubiläumsjahr 1 965 230 Millionen Mark.

In dieser Zeit ungestümen Wachstums schien alles zu gelingen. Zu den ersten elf, bereits 1962 erworbenen Hotels waren bis 1966 zehn weitere hinzugekommen. Bis 1981 hatte es der Konzern auf 51 Hotels gebracht.

Die damals üppige Liquidität nützte Jahn auch zum Kauf einer Druckerei sowie von Sekt- und Weinkellereien. Auch das Engagement in den USA verstärkte Jahn zu dieser Zeit. Er erwarb 1969 die Schnellimbiss-Kette „Europe Coffee Shops“ und die „Rudley“-Kette – mit allerdings nur sieben Outlets. Richtig hingelangt hat der Hendl-König in Amerika allerdings erst 1978, als er die Familienrestaurant-Kette LUMS mit 273 Betrieben in 28 Bundesstaaten und 200 Millionen Mark Umsatz übernahm. Ein Jahr später kamen auf einen Schlag 486 IHOP-Lokale (International House of Pancakes) hinzu. Vom selben Verkäufer übernahm Jahn 19 „Copper penny“- und 52 „Love's“-Restaurants.

Über das Hotel-Engagement und den „Wienerwald-Reiseservice“, der für Pauschalreise-Anbieter die Verpflegung mittels Lunchboxes und Touristikmenüs organisierte, hatte die Gruppe schon einen Fuß in der boomenden Touristikbranche. Was lag also näher, als ein eigenes Unternehmen zu gründen? Die neue WIWA-Tours wurde zum Reisebüro und Veranstalter in einem. Sie veranstaltete Betriebsausflüge, Busreisen, aber auch Bildungsreisen. Bei den Touren wurden natürlich Wienerwald-Hotels und Gaststätten angesteuert, die Gäste während der Reise mit WIWA-Lunchboxes versorgt. Die aus der WIWA-Tours hervorgegangene Jahn-Reisen verzeichnete in ihrem ersten Jahr (1980) 32 000 Buchungen und setzte 38 Millionen Mark um. 1981 waren aus 69 000 Buchungen 96 Millionen Umsatz entstanden, 1982 wurden mit 94 500 Buchungen 137 Millionen Mark umgesetzt. Nicht nur Jahn-Reisen, sondern die gesamte Gruppe hatte ihren Höhepunkt erreicht. Ende 1981 blickte Friedrich Jahn auf ein Imperium, das unter anderem aus 1 551 Restaurants, Hotels und einem Reiseveranstalter bestand – mit 25 400 Mitarbeitern und einem Umsatz von 2,3 Milliarden Mark.

Das jähe Ende – der Wienerwald-Vergleich

Im März 1982 schreckten Meldungen in den Wirtschaftsteilen der Tageszeitungen die Gläubiger des Hendl-Imperiums auf: Die Wienerwald-Gruppe sitze auf einem Schuldenberg von 300 Millionen Mark. Die Lawine kam ins Rollen. Lieferanten bestanden auf Vorkasse, die Banken sperrten Jahn in fünf Monaten dreimal die Konten und es wurde schwieriger, gute Angestellte – die Basis für Jahns Erfolg – zu halten. Am 18. August 1982 meldeten die Münchener Wienerwald GmbH und die Schweizer Wienerwald Holding den Vergleich an. Am 30. August folgte der Vergleich über Jahns Privatvermögen. Die Tatsachen, dass die Gläubiger nach Abschluss der Verhandlungen fast ihre gesamten Forderungen erstattet bekamen und viele Wienerwald-Betriebe noch heute existieren, spricht für Jahns Version, dass sein Unternehmen mit etwas Zeit hätte gerettet werden können.

In den Folgejahren schaffte es der Sohn einer Linzer Gastronomen-Familie, der sein Metier von der Pike auf gelernt hat, nochmals, Teile seines Lebenswerks – die deutschen Wienerwald-Filialen – zurückzukaufen. Bereits nach zwei Jahren verkaufte er sie jedoch an die britische Grand Metropolitan weiter; seit 1991 ist die gesamte Wienerwald-Gruppe im Besitz der österreichischen Wigast Gaststätten-Betriebsgesellschaft Wien.

Seine persönliche Sicht der Geschehnisse, die zum Untergang seines Imperiums geführt haben, verarbeitete der Wirt aus Überzeugung 1993 in seinem Buch „Ein Leben für den Wienerwald“. Erschienen im Selbstverlag, mit der unprätentiösen Unterzeile „Vom Kellner zum Millionär – und zurück“.

Friedrich Jahn starb zwei Wochen vor seinem 75. Geburtstag am 15.12.1998 in einem Züricher Sanatorium.

André Bernsdorff

Wolfgang Joop

So ganz und gar nicht ruhig

Er ist einer der wenigen, vielleicht der „einzige deutsche Pop-Star", wie er selbst von sich behauptet. Das Multi-Talent Wolfgang Joop fasziniert durch seine Non-Konformität, Rhetorik und Beobachtungen des Zeitgeistes. Daneben ist der polyglotte Kreative auch ein erfolgreicher Geschäftsmann.

Wolfgang Joops TV-Auftritte und Interviews sind legendär, gelegentlich schockierend. Sätze wie „Ich war schon immer lieber mit Nutten vom Hauptbahnhof unterwegs als mit den braven Söhnen von der Elbchaussee" machten den Modeschöpfer zu einem der gefragtesten Talk-Gäste in Deutschland. Die Kraft seiner Worte entwickelte der Designer früh als Journalist. Bevor Joop die Bühne der internationalen Modebranche betrat, war er für die Hamburger Zeitschrift *Neue Mode* tätig. Bis heute schreibt Joop Essays und Beiträge, lehrt als Gastdozent, kommentiert die Zeitläufe und mischt sich als Staatsbürger in politische Debatten ein. Mit dem Roman „Im Wolfspelz" testete Joop jüngst auch das Metier des Schriftstellertums. Einen bemerkenswerten Auftritt als Schauspieler absolvierte Joop in der Gesellschaftssatire „Suck my Dick" von Oskar Roehler. Die Vielschichtigkeit seines Tuns und Seins beschrieb einmal der Autor Axel Hacke treffend: „Joop ist am selben Tag nacheinander: kreischende Tunte; warmherziger, ruhiger, von Schuldgefühlen geplagter, geschiedener Vater zweier Töchter; obszönes Lästermaul, das vor den abgeschmacktesten Witzen nicht zurückschreckt; über die Zeittrends philosophierender Intellektueller; Mann vom Lande mit bodenständigen Ansichten."

Harter Arbeiter in Sachen Mode

Die verbalen, journalistischen und künstlerischen Tätigkeiten sind aber nicht viel mehr als Hobbys und „Ferienspaß" eines genialen Multi-Talents. Joop ist in erster Linie kein Plauderer, kein Beobachter, er ist vornehmlich ein extrem harter Arbeiter in Sachen Mode. Das Pflichtbewusstsein seiner preußischen Herkunft – Joop wuchs einen Steinwurf entfernt vom Potsdamer Schloss Sanssouci auf – treibt ihn seit über drei Jahrzehnten zu immer neuen Höchstleistungen. Neben Karl Lagerfeld und Jil Sander gilt Joop als der dritte große, international bekannte deutsche Modemacher. Seit Joop 1970 bei einem Wettbewerb der Modezeitschrift *Constanze* auf Anhieb drei Preise einheimste, entwirft er ohne lange Unterbrechungen wie ein Besessener Kleidung und Accessoires.

Der Erfolg als Modemacher ist die Basis seines geschäftlichen Aufstiegs. Denn Joop ist nicht nur Kreativer, er ist auch Unternehmer. Seine wirtschaftlichen Aktivitäten und Partnerschaften verlaufen dabei turbulent und manchmal chaotisch. Es dürfte sich bei ihm um einen nicht gerade einfachen Geschäftspartner handeln. Joop ist sich des Stellenwerts seiner persönlichen PR-Maschinerie für den Verkauf seines Labels sehr wohl bewusst. Sein extrovertiertes Leben, seine Medienpräsenz sind ein wesentlicher und unverwechselbarer Bestandteil der Marke, die unter seinem Namen feilgeboten wird.

> **„Ich bin es doch, der allem Geschäftlichen eine Brücke gegeben hat mit meiner Quatscherei, meinen Apartments, meinem Gesicht."**

Früher Beweis von Geschäftstüchtigkeit

Erste unternehmerische Erfahrungen machte Joop Anfang der 80er Jahre, nachdem er in den 70er Jahren vornehmlich als Freelancer gearbeitet und 1978 mit einer Pelz-Kollektion seinen Durchbruch geschafft hatte. Joop tat sich mit dem Konfektionär Artur E. Erlhoff zusammen. Rund 100 Angestellte fertigten alles, was Joop an Damenmode entwarf. Mitte der 80er Jahre erzielte Joop in dieser Konstellation rund 15 Millionen Mark Umsatz. 1985 kam eine Männerlinie hinzu. Die Produkte wurden unter der Marke Joop! vertrieben. Mit dem Gespann Erlhoff-Joop war indes das wachsende Potenzial bei weitem nicht ausgeschöpft. Den großen geschäftlichen Sprung machte Joop durch die Partnerschaft mit Herbert Frommen. Frommen war Chef der Wiesbadener Firma Lancaster. 1987 entwickelte Joop sein erstes Parfüm, das Lancaster äußerst erfolgreich vermarktete. 25 Millionen Mark Umsatz erlöste Joop alleine im ersten Jahr mit seinem Parfüm. Aus diesem Projekt entwickelte sich zwischen Joop und Frommen eine intensive Geschäftsbeziehung, bei der Frommen den Part des Alter Ego einnahm. Frommen leitete Joops kreative Energien in die richtigen Bahnen. Er schuf für den Modemacher Joop die nötigen Strukturen. Joop ordnete sich dem Vater-Ersatz Frommen unter. Manager Frommen verfolgte den Plan, Joop als starke, weltweite Marke auszubauen. Das Duo expandierte rasch, auch durch die Vergabe von Lizenzen. Anfang der 90er Jahre konnten alleine aus Lizenzeinnahmen knapp 20 Millionen Mark jährlich generiert werden. Joop! stand bald auf allen möglichen Produkten. Auf rund 400 Millionen Mark wuchs der Umsatz der Modemarke bis Mitte der 90er Jahre.

Das Geschäftsmodell geriet jedoch 1996 in die Krise. Es kam zum Streit zwischen Joop und Frommen. Joop dürfte gestört haben, dass die Marke, die seinen Namen führte, von Frommen in erster Linie als Cash Cow betrachtet wurde, ohne modischen und kreativen Anspruch. Wortgewaltig warf Joop Frommen vor, kein Gespür für Märkte zu haben und nicht dialogfähig zu sein. Persönlich verletzt hat Joop wohl auch, dass Frommen sein Atelier aus Kostengründen geschlossen hat. Die Liaison mit Frommen wurde Joop zu zahlengetrieben. Joop mag auch gespürt haben, dass seine persönliche Identität für den Vermarktungserfolg nicht mehr alleine ausschlaggebend war. Joop! entwickelte sich zunehmend wie beispielsweise Boss, ein Label, das kein Gesicht, keinen Gründerunternehmer mehr braucht. Über diese Zeit reflektierte Joop später:

„Während unsere Firma groß wurde, sank meine Selbstachtung. Meine Produkte wurden mir fremd.“

Die angestrebte Internationalisierung kam auch nicht wie geplant vom Fleck. Was sich anschloss, war eine schmerzliche und öffentliche Scheidungsschlacht, die sich im Kampf um die Anteile über ein Jahr hinzog. Unter anderem verklagte Joop seinen Noch-Partner Frommen wegen Verstoßes gegen das Wettbewerbsverbot. Frommen hatte zwischenzeitlich mit Estée Lauder die Parfüm-Firma Palladio gegründet. Joop war an der gemeinsamen Firma Joop GmbH mit 40 Prozent beteiligt, Frommen, seine Familie und zwei weitere Gesellschafter verfügten über die restlichen 60 Prozent.

Trumpf im Ärmel

Während der Trennungsphase von Frommen knüpfte Joop erste Kontakte zu dem ehemaligen Boss-Chef Peter Littmann. Der exzellente Marketingmann war gerade neuer Vorstandschef der Hamburger Wünsche AG geworden. Das Unternehmen der Brüder Wünsche war bis dato ein Gemischtwarenladen, der sein Profil durch die Verpflichtung von Littmann schärfen und sich ganz auf die Textilsparte konzentrieren wollte. Was fehlte, war eine starke Marke wie Joop! Das kongeniale Duo Joop-Littmann spann große Pläne. Von Internationalisierung war die Rede, den Märkten USA und Asien, und Joop äußerte öffentlich, er könne sich eigentlich nur Littmann als Geschäftspartner für die Zukunft vorstellen. Im Frühjahr 1998 übernahm die Wünsche AG 95 Prozent der Joop GmbH für 150 Millionen Mark, die restlichen Anteile behielt Joop vorläufig. Doch auch die Konstellation Wünsche-Littmann-Joop war nicht von langer Dauer. Bald kam es zwischen den Beteiligten zu erheblichem Streit. Bereits 1999 äußert Joop den Wunsch, seine Geschäftsanteile zurückzukaufen. In einem Interview bezeichnet er die Konzepte bei Wünsche als „Luftschloss-Architekturen", plaudert über Schuldenberge und deutet eine drohende Pleite an. Das Tischtuch war zerschnitten. Littmann weigerte sich öffentlich, die Anteile an der Joop GmbH zurückzuverkaufen. Littmann selbst musste aber nach kurzer Zeit die Wünsche AG wieder verlassen. Die Wünsche AG legte an der Börse einen Schwindel erregenden Absturz hin. Dennoch kaufte Wünsche im Jahr 2001 die restlichen 5 Prozent der Joop GmbH für geschätzte 10 Millionen Mark von Wolfgang Joop, der sich auch von diesem Geschäftspartner im Zwist löste. Joop wehrte sich nach dem Verkauf gegen die Kündigung seines Beratervertrags als Chefdesigner bei Wünsche gerichtlich.

Comeback des Multi-Talents?

Bis sich der Pulverdampf der jüngsten Auseinandersetzung mit Wünsche verzieht, widmet sich Joop seinen vielfältigen künstlerischen Hobbys, fotografiert, schreibt, zeichnet, malt, sammelt Kunst. Es ist wenig wahrscheinlich, dass er sich unternehmerisch ganz von der Modebühne zurückzieht. So darf man auf das nächste Comeback des Multi-Talents gespannt sein.

Klaus Westermeier

Leo Kirch

Medien-Mogul a. D.

Als einer der ersten in Deutschland erkannte Leo Kirch den immensen Bedarf des Fernsehens an sendbarem Material. Seit 1955 handelte der promovierte Betriebswirt und Mathematiker über die Sirius-Film GmbH mit den begehrten Medienrechten. Der Insolvenzantrag seiner Dachgesellschaft Taurus Holding im Juni 2002 markiert das Ende eines bis dahin

rasant gewachsenen Medien-Imperiums mit Pay-TV und Verlagsbeteiligungen, einem Riesen-Fundus an Sport- und Filmrechten – und mit mehr als 6 Milliarden Euro Schulden.

Medien-Unternehmen spielen eine Sonderrolle in jeder Volkswirtschaft – sie produzieren nicht einfach Produkte wie Autos oder Zahnpasta, sondern sie tragen mit ihren Sendungen, Filmen und Druckerzeugnissen zur politischen Meinungsbildung bei. Deshalb wünschen sich Politiker und Bürger von dieser Branche vor allem eines: Transparenz. Ein Wunsch, den der bei seinen seltenen Auftritten freundlich wirkende ältere Herr kaum erfüllt. Leo Kirch gilt als extrem öffentlichkeitsscheu, sein verschachteltes Firmen-Gebilde erinnert viele an das Schloss aus Franz Kafkas gleichnamigem Roman. Kein Außenstehender weiß, was im Inneren vorgeht – ein idealer Nährboden für Verklärung, simple Deutungen, aber auch Pauschalisierungen. Zahllose Attribute wollen den „Mythos Kirch" einfangen: Sonnenkönig, Machtmensch, Strippenzieher oder Pate. Zu erklären, was Kirch antreibt, wird auch dadurch nicht leichter, dass er sich partout nicht ins Klischee des modernen Medien-Machers einfügen will. Glamour-Galas, imposante Jachten oder spektakuläre Auftritte sind Kirch – Markenzeichen Strickjacke und Sturmfrisur – fremd. Ein Arbeitsessen im Münchener „Bogenhausener Hof" oder im „Ederer", unweit von seinem Stadtbüro in der Kardinal-Faulhaber-Straße, sind eher seine Sache. Kirch scheint früh zu der Überzeugung gelangt zu sein, dass ihm auch ohne ständige Party-Präsenz die Türen der Medien-Wichtigen offen stehen, wenn ein gutes Geschäft winkt.

Die Angst vorm großen schwarzen Mann

Kirch besitzt Medien-Macht, Kirch ist katholisch, Kirch ist konservativ. Er ist mit Kohl und war mit Strauss befreundet und er konnte sich stets darauf verlassen, dass dessen politische Erben – beispielsweise im Kreditausschuss der Bayerischen Landesbank – ihm zumindest keine Knüppel zwischen die Beine werfen. Doch spricht einiges dafür, dass Kirch seine politischen Verbindungen ins konservative Lager eher zur Förderung seines Geschäfts einsetzt, als umgekehrt mit seinem Medien-Einfluss Politik machen zu wollen. Bis auf eine Ausnahme – als er 1995 wegen eines zustimmenden Kommentars zum umstrittenen „Kruzifix-Urteil“ die Ablösung des *Welt*-Chefredakteurs Thomas Löffelholz forderte – verzichtete er auf Polit-Kampagnen im Stil des Bild-Eigners und Verlegers Axel Cäsar Springer.

Von Rom nach Hollywood – und retour

Kirch mag auch zu der Erkenntnis gelangt sein, dass es – um auf dem internationalen Parkett mitzuspielen – nicht nötig ist, sich zu weit von seinen bodenständigen Wurzeln zu entfernen. Diese liegen im fränkischen Würzburg. Dort wurde Kirch am 21.10.1926 geboren; als Sohn eines „Spenglers mit ein paar Rebstöcken“, wie Kirch in einem *FAZ*-Interview klarstellte, und nicht als Winzersohn wie gemeinhin geschrieben. Seine Studien der Betriebswirtschaftslehre und Mathematik in Würzburg und München beendete er 1952 mit der Promotion zum Dr. rer. pol. Während der anschließenden Assistentenzeit an der Universität München beschäftigte er sich vorwiegend mit einem Thema: den elektronischen Medien.

Derart gerüstet ging's 1956 mit der Bahn und geliehenen 20 000 Mark nach Rom. Dort erwarb Kirch für seine im Jahr zuvor gegründete Firma Sirius-Film die Rechte an Federico Fellinis „La Strada" – sein erster Coup. 1958 verkaufte er mit „Freunde fürs Leben" den ersten Streifen an eine Fernsehanstalt und wurde dank des Türöffners in den Folgejahren zum wichtigsten Lieferanten der öffentlich rechtlichen Sender. 1959 schulterte Kirch – nunmehr im Wissen, seine Ware auch absetzen zu können – ein Paket von 400 Hollywood-Filmen (von United Artists/Warner Brothers). Im Jahr 1968 gründete der Franke seine erste Produktionsfirma, die heutige Taurus-Produktion, und schaffte so die Plattform für weitere Produktions- und Verwertungsgesellschaften. Im Folgejahr griff Kirch nach den fast 1 000 Titeln der US-Filmbibliothek von Howard Hughes/RKO, die Klassiker wie „Citizen Kane" und „King Kong" enthält.

Als Mitte der 80er Jahre der Startschuss für das Privatfernsehen fällt, ist Leo Kirch mit dem „Privat-TV SAT.1" live dabei (1984). Ins Verlagsgeschäft steigt Kirch 1985 über eine zehnprozentige Beteiligung am Axel Springer Verlag ein – und kauft verdeckt weitere Anteile hinzu, bis ihm 40 Prozent des Verlags gehören. 1989 baut Kirch sein Imperium mit der Gründung des Spielfilmsenders Pro 7 aus; schon zwei Jahre später startet das Bezahlfernsehen Premiere, an dessen Ursprungskapital Kirch 25 Prozent hält. Um sein Pay-TV interessanter zu machen, sichert sich Kirch 1996 die Übertragungsrechte an den Fußballweltmeisterschaften 2002 und 2006. Aus dem gleichen Grund – noch immer bleiben die Premiere-Abonnentenzahlen hinter den Hoffnungen zurück – erlangt Kirchs Firma im Jahr 2000 über den Einstieg bei der Medienfirma seines einstigen Angestellten und Günstlings Thomas Haffa, EM.TV, die Kontrolle über die Formel 1.

Der Herbst des Patriarchen – „Erfolgsstreifen ohne Happy End“

Als Vorbote künftiger Geldknappheit erwies sich die erste ernsthafte Finanzkrise Kirchs 1989: Damals rettete ihn der Eigentümer des Handelskonzerns Metro, Otto Beisheim, durch die Übernahme eines Filmpakets für 276 Millionen Euro. Ein Klacks im Vergleich zum Schuldenstand von 6,1 Milliarden Euro, den Kirchs Kronprinz Dieter Hahn im Dezember 2001 meldet. Nun, da die Horrorzahl auf dem Tisch liegt, werden die zahlreichen Gläubiger des Konzerns mit rund 50 Unterfirmen unruhig.

Als Erster setzt im Januar 2002 der Springer Verlag die Münchener kräftig unter Druck. Springer-Chef Döpfner besteht darauf, dass Kirch Springers Anteil von 11,5 Prozent an der Pro Sieben SAT.1 Media, entsprechend einer früheren Vereinbarung, für 767 Millionen Euro zurücknimmt. Der Marktwert des Pakets zu diesem Zeitpunkt: magere 110 Millionen Euro.

Auch der australische Medien-Tycoon Rupert Murdoch verfügt über eine derartige, für Kirch potenziell tödliche, Put-Option: Er darf seinen Anteil an Premiere für 1,75 Milliarden Euro an Kirch zurückgeben, weil sich der Kanal nicht wie erhofft entwickelt hat.

Als Dolchstoß betrachten die Kirch-Mannen indes die Äußerung von Rolf Breuer, damals noch Chef der Deutschen Bank, vom Februar 2002: Nach seiner Kenntnis „sei der Finanzsektor nicht bereit, Kirch auf unveränderter Basis weitere Fremd- oder gar Eigenmittel zur Verfügung zu stellen“.

Spätestens jetzt war die Insolvenz, die das Zeug zu einem Klassiker deutscher Konkurs-Geschichte besitzt, angebahnt. Am 8. April 2002 wurde der juristische Schritt vollzogen: Die Kerngesellschaft Kirch Media reicht beim Amtsgericht München den Antrag auf Eröffnung des Insolvenzverfahrens ein. Wenig später folgt der gleiche triste Schritt für die Zwischenholding Kirch Pay TV (8. Mai 2002) sowie der Dachgesellschaft Taurus (12. Juni 2002).

Das wenig erquickliche Ende eines Lebenswerks, das durchaus selbst als Filmvorlage taugt: Tausende von Arbeitsplätzen stehen auf der Kippe; junge Firmen, aber auch Fußballvereine, die an Kirchs Tropf hingen, kämpfen ums Überleben; Kreditinstitute, allen voran die staatliche Bayerische Landesbank, bangen um Milliarden – und der Medienstandort Deutschland steht vor einem gewaltigen Erdbeben.

Derweilen gibt sich Katholik Kirch gelassen: „Der Herr hat's gegeben, der Herr hat's genommen" kommentiert er das nahende Ende seiner Firmen-Schar. Doch weil er weiß, dass der Herr den Tüchtigen hilft, plant der 75-Jährige schon mal den Rückkauf wesentlicher Teile seines Imperiums. Vorsorglich hat Kirch dazu bereits zahlreiche neue Gesellschaften gegründet.

Eine davon hat den programmatischen Namen „Taurus Retro".

André Bernsdorff

Thomas Middelhoff

Der Besuch der alten Dame

„Wer Visionen hat, sollte zum Arzt gehen", erklärte hanseatisch kurz angebunden Altkanzler Helmut Schmidt. Für Bertelsmann-Visionär Thomas Middelhoff kam der Rat zu spät. Er wurde von Eigner-Gattin Liz Mohn in die Wüste geschickt.

Die Nachricht schlug am 28. Juli 2002 wie eine Bombe ein: Dr. Thomas Middelhoff, Vorstandssprecher des Bertelsmann-Konzerns, eines der größten Medienunternehmen der Welt, musste seinen Stuhl räumen. Die Hauruck-Aktion überraschte sogar Branchen-Insider.

Damit ging eine Ära des Aufbruchs im behäbigen westfälischen Gütersloh auf eine Art zu Ende, die noch vor wenigen Wochen niemand erwartet hätte. Was hatte der alerte 49-jährige promovierte Betriebswirt Middelhoff falsch gemacht? Warum haben ihm der 82-jährige Firmenpatriarch Reinhard Mohn und dessen 60-jährige Gattin Liz Mohn, die sich mit Chef Thomas sogar geduzt hatten, ihre Gunst und vor allem das geschäftliche Vertrauen entzogen?

An fachlicher Kompetenz und Arbeitseifer des von amerikanischem Managementstil und Way of Life geprägten Vorstandssprechers kann es nicht gelegen haben. Und auch seine Erfolge der vergangenen Jahre berechtigten lange Zeit zu weiteren großen Hoffnungen im Hinblick auf Akquisitionen sowie Steigerungen von Umsätzen und Gewinnen der Einzelunternehmen des Konzerns. Seit seiner Übernahme des Vorstandssprecherjobs (1998) hatte Middelhoff Umsatz, Gewinn und Eigenkapital vervielfacht.

So wundert es nicht, dass der Spitzenmanager beim Tagesthemen-Interview nur mühsam die Contenance wahrte und wenig glaubwürdig behauptete, sich selbst für seinen Weggang entschieden zu haben. Dass er selbst auf den Tisch gehauen und aus Kritik die Konsequenz gezogen hätte, traute ihm die Öffentlichkeit angesichts seines bisherigen geschmeidigen Auftretens einfach nicht zu.

Prompter Abschied vom amerikanischen Traum

Trotz seiner unbestrittenen Erfolge hatte ihm Liz Mohn, so wurde kolportiert, bereits samstags mit dürren Worten die böse Kunde seiner erzwungenen Demissionierung überbracht: „Thomas, es ist zu Ende." Am Sonntag wurden die Aufsichtsräte nach Gütersloh geladen, um abzusegnen, was beschlossene Sache war. Sie wählten den Wirtschaftsingenieur Gunter Thielen, verantwortlich für den Druckereibereich, zum Nachfolger von Middelhoff; Thielen war, zusammen mit Gerd Schulte-Hillen, dem ehemaligen Chef des Zeitschriftenverlags Gruner + Jahr, angeblich ein Kritiker und Betreiber des Sturzes. Als Erklärung für die Öffentlichkeit musste eine jener beliebten kurzen Formulierungen herhalten, die besonders gerne verwendet werden, wenn sich Unternehmen von ihren Spitzenmanagern trennen. „Unterschiedliche Auffassungen über die künftige Strategie der Bertelsmann AG" seien der Grund für die Trennung von einem der Stars der internationalen Medienlandschaft gewesen, so das offizielle Statement.

Die Wahl des Nachfolgers zeigte deutlich, wohin der Weg jetzt wieder gehen soll: zurück zu mehr Tradition und Beständigkeit. Gunter Thielen ist mit 59 Jahren eigentlich zu alt für die ihm übertragene Aufgabe; nach dem immer noch gültigen Bertelsmann-Statut bedeutet der 60. Geburtstag den automatischen Abschied in den verordneten Ruhestand – eine Unternehmensdoktrin, die man angesichts des Alters des Mehrheitseignerpaares wohl inzwischen nicht mehr so eng sieht. Offensichtlich war ihnen und ihren konservativen Strippenziehern das Tempo der Veränderungen zu schnell, die von Thomas Middelhoff initiierte Revolution der Gütersloher Unternehmenskultur zu heftig. So ist Middelhoff nicht nur das Opfer seiner eigenen ehrgeizigen Pläne geworden, sondern vor allem jener

Revolution, die er zwar vordergründig durchgesetzt hatte, aber innerhalb des Traditionsunternehmens nie mit echtem Leben füllen konnte.

Gütersloh gegen Wallstreet

„Die Großen werden nicht die Kleinen fressen, sondern die Schnellen die Langsamen", war ein beliebtes Argument für sein sich immer schneller drehendes Akquisitionskarussell, das kaum noch Zeit ließ für persönliche Kommunikation im Kommunikationsunternehmen; schnell, schnell per E-Mail, amerikanisch leger ohne lästige Titel und Krawatten sollten sich die Mitarbeiter austauschen; nahezu ein Affront für Altgediente, die sich Titel, Status und Privilegien hart erarbeitet haben. Lange ging das Tempo gut, doch heute sieht die weltweite Medienlandschaft anders aus als vor vier Jahren. Große Wettbewerber wie Kirch und Vivendi sind pleite, renommierte Verlagshäuser wie Holtzbrinck und Springer schreiben rote Zahlen. Der Medienhype, getragen von Börsenboom und Interneteuphorie, ist längst zu Ende. Wer will heute noch die deprimierenden Nachrichten von Wallstreet und Frankfurter Börse hören, wer glaubt noch an eine unmittelbar bevorstehende Boomphase von Internetdiensten und E-Commerce?

In Gütersloh setzte sich nach Jahren der zumindest vordergründig zur Schau getragenen Zuversicht Ernüchterung und Misstrauen durch. Was wollte dieser ewig jugendlich-dynamisch wirkende Thomas Middelhoff eigentlich? Er hatte dank des äußerst glücklich verlaufenen Deals mit dem Internetprovider AOL mehr als 9 Milliarden Euro verdient; da konnten die Gütersloher noch mit, entsprach dies doch der alten Kaufmannsweisheit „billig einkaufen, teuer verkaufen". Doch eigentlich sind „Deals" dort nicht gerne gesehen; fast 170 Jahre nach Gründung des Unternehmens, das mit christlichen Lieder- und Sprüche-Büchern begonnen hat, will man immer noch in erster Linie mit Medien Geld verdienen – und zwar ordentlich, angestrebt werden 15 Prozent Eigenkapitalrendite. Keinesfalls will man, da sind sich die Gremien um die Familie Mohn einig, ein Investmentbanking-Haus mit angeschlossenen Buchclubs sein, fremdbestimmt von jener Art Masters of the Universe, wie sie Tom Wolfe in „Fegefeuer der Eitelkeiten" beschrieben hat. Und vor allem will die Familie um Reinhard Mohn, obwohl sie ihre aktive geschäftsführende Rolle längst an die Bertelsmann-Stiftung übertragen hat, nicht auf ihre Aktienmehrheit verzichten, damit diese an der Börse platziert werden kann.

Dies wiederum wollte Thomas Middelhoff: den jetzt schon weltweit agierenden Konzern zu einem integrierten Medienunternehmen umbauen mit einer lückenlosen Verwertungskette vom ersten geschriebenen Wort bis zur letzten gepressten CD; die kreativ geschaffenen Inhalte, die für ihn eine Ware wie jede andere zu sein schienen und gerne amerikanisiert „content" genannt wurden, in Filmen, Videos und seinem Lieblingsmedium Internet wieder und wieder an die Leute bringen. Doch Inhalte generieren, Konzepte für Zeitschriften oder Fernsehen entwickeln war nicht sein Ding. Irgendwie hatte man immer den Eindruck, dass den Vielarbeiter vor allem die technisch-funktional-betriebswirtschaftliche Seite seines Metiers interessierte: „Content" sollte wie eine Wurst geschnitten, verpackt, verkauft und bei Bedarf schließlich zu Wurstsalat endverwertet werden, ein gerade bei Medienunternehmen fataler Mangel an Instinkt. Auf einer Veranstaltung beschwor er die anwesende Musikbranche, dass es absolut faszinierend sei, heutzutage als Musikmanager zu arbeiten – wegen der Möglichkeiten, die in dem Geschäft steckten, zum Beispiel in der Digitalisierung. Von Künstlern, neuen Musikstilen, einem Lebensgefühl war nicht die Rede.

Integration und Konsens statt Übernahmepoker

Finanziert werden sollte das Bertelsmann-Wachstum mit fremdem Geld. Und fremdes Geld bedeutet Einfluss fremder Leute, bedeutet auch den Abschied von einer ganz eigenen Unternehmenskultur, die immer auf Kommunikation mit den Mitarbeitern, auf Integration und Konsens gesetzt hatte und damit mehr als 100 Jahre gut gefahren war. Damit wollte die alte Riege um Reinhard Mohn nicht brechen. Stattdessen opferte sie ihren technokratischen Obervisionär.

Mit seinen Plänen, aber auch seinem persönlichen Führungs- und Lebensstil hatte Middelhoff nicht nur die Mohns, sondern vor allem einen Großteil der traditionsbewussten Mitarbeiter bis hoch zum Management gegen sich aufgebracht. Er passte nur mit seinem klassischen Familienkonzept – studierte Frau, fünf Kinder – ins Bild. Zum Mittagessen, so eines der wenigen bekannten privaten Details, ließ er sich von Gütersloh ins Familiendomizil nach Bielefeld fahren. Doch meist war er gar nicht in Gütersloh, jettete um die Welt, arbeitete in seinem Büro in New York und wusste, wenn er nachts aufwachte, oft nicht mehr, so sein freimütiges Geständnis, wo er sein Haupt gebettet hatte.

Wo dies zukünftig hauptsächlich sein wird – ob der „Amerikaner mit deutschem Pass", wie er sich selbst bezeichnet, zum Beispiel bei einem großen Medienkonzern in den USA anheuert – ist noch in der Schwebe. Doch sicherlich wird sein Arbeitsplatz „out of Gütersloh" auch zukünftig die Welt sein.

Andrea Hessler

Reinhard Mohn

Wegbereiter der Wissensgesellschaft

Die Medienbranche unterlag schon immer ihren eigenen Gesetzen, mit denen sich anzufreunden und zu arbeiten eine Seite ist, bei denen gestalterisch tätig zu werden aber eine ganz andere. Reinhard Mohn, der Grandseigneur des Verlagswesens, schuf mit Selbstdisziplin, Pragmatismus und Kreativität eine einzigartige Unternehmenskultur, die Wirtschaftlich-

keit und Kultur aufs Beste verband, außerordentliche Leistungen erzielte und dabei nie den Menschen aus dem Blick verlor. Der Bertelsmann-Konzern trägt diesen Idealen bis heute Rechnung.

Am 29. Juni 1921 erblickte Reinhard Mohn als zweitjüngstes von sechs Geschwistern in Gütersloh das Licht der Welt. Nach Schulausbildung und Abitur wurde er direkt zum Wehrdienst einberufen, zum Afrika-Korps versetzt und geriet 1943 in amerikanische Gefangenschaft, aus der er nach drei Jahren entlassen wurde. Unmittelbar danach kehrte er nach Hause zurück.

Der Weg ins Verlagswesen

Der größte Wunsch des jungen Mannes war damals, Ingenieur zu werden, doch sein Vater hatte bereits andere Pläne mit ihm: Nach einer Buchhändlerlehre sollte er das familieneigene Druck- und Verlagshaus übernehmen. Reinhard Mohn fügte sich dem Willen des Vaters und begann 1947 als Repräsentant der fünften Gründergeneration, das Verlagshaus wieder aufzubauen. Auf der Grundlage einer 150-jährigen Familientradition widmete Mohn seine Arbeit von nun an einem Unternehmen, das wieder im Sinne der hohen ethischen Grundwerte seiner Vorfahren arbeiten sollte: Das Wohl des Menschen beziehungsweise der Gesellschaft blieb das erste Ziel.

Während der ersten Jahre entwickelte sich die Mohn'sche Firma zu einem mittelständischen Unternehmen. Der junge Firmenchef kümmerte sich um eine „innere Ordnung“ seiner Firma und prägte deren Struktur nachhaltig, indem er eine dezentrale Organisationsform wählte, für die Delegation von Verantwortung plädierte und Freiräume schuf für die Kreativität seiner Mitarbeiter. Wichtige Prinzipien wie Fairness, Partnerschaft und Gerechtigkeit legte er seiner Unternehmensphilosophie zugrunde.

Neue Zeiten, neue Projekte, neue Erfolge

Die 50er und 60er Jahre waren bei Bertelsmann von neuen Projekten und Expansion geprägt: Am 1. Juni 1950 gründete man den „Bertelsmann Lesering", das damals völlig neue Modell eines Buchversands. Der Erfolg war enorm. Nach einem halben Jahr verzeichnete man 52 000 Mitglieder, nach einem Jahr hatte sich diese Zahl bereits verdoppelt. In den nächsten Jahren stieg die Mitgliederzahl des Leserings geradezu sprunghaft an und erreichte 1954 die Millionen-, 1960 die Dreimillionengrenze. In der Folgezeit wurden die einzelnen Unternehmensbereiche ausgebaut und ein neues Standbein in Gestalt der Lexikonredaktion eröffnet, die sich bald zur wichtigsten Marke des Hauses entwickelte. Im Bereich der Drucktechnik ging der Bertelsmann Druckbetrieb Mohn & Co. damals zum Offset-Druck über. 1958 erweiterte man das Produktportfolio des Hauses um ein Schallplattenangebot.

Reinhard Mohn arbeitete in dieser Zeit kontinuierlich an der Unternehmensstruktur und -kultur. 1959 hatte er bereits eine dezentrale Verwaltung mit selbstständigen Profit-Centern geschaffen, 1960 fixierte er schließlich die Grundsätze des Hauses schriftlich in der „Bertelsmann Grundsatz- und Betriebsordnung". Partnerschaftliche Zusammenarbeit innerhalb des Unternehmens, „Führung aus der Mitte" und Verantwortungsgefühl gegenüber der Gesellschaft wurden darin groß geschrieben.

Zur gleichen Zeit wagte Bertelsmann erste Schritte ins Ausland und gründete 1962 mit dem Círculo de Lectores in Barcelona die erste ausländische Dependance. Rasch erwarb sich die spanische Vertretung einen hervorragenden Ruf und stieg zu einer wichtigen kulturellen Institution der Region auf. Es folgten Niederlassungen in Österreich, Frankreich, Portugal, England, Italien, USA und den Niederlanden. Daneben erschloss sich Mohn einen neuen Markt durch den Erwerb der Berliner Filmgesellschaft Ufa, die sowohl den Film- wie den Fernsehsektor abdeckte. 1969 kaufte Bertelsmann dann eine 25-prozentige Beteiligung an Gruner + Jahr, Hamburg, und öffnete sich damit auch den Weg ins Zeitschriftengeschäft.

Die 70er Jahre brachten einige innerbetriebliche Änderungen mit sich. Als man 1970 eine Gewinnbeteiligung für motivierte Mitarbeiter einführte, geschah das aufgrund der Überzeugung Mohns, dass die Menschen, die hinter einem Unternehmen stehen, ihre Motivation und ihre Arbeit den eigentlichen Erfolgsfaktor einer Firma ausmachten:

> **„Den Aufgaben der Zukunft werden nur Unternehmen gewachsen sein, deren Mitarbeiter sich mit der Firma identifizieren können, und eine solche Einstellung setzt materielle Gerechtigkeit voraus."**

Erweiterungen – neue Gründungen – neue Märkte

1971 wandelte Reinhard Mohn den Familienbetrieb in eine Aktiengesellschaft um, in der er durch seine Aktienmehrheit Vorstandsvorsitzender blieb. Neben dieser rein formalen Statusänderung vollzog sich aber auch ein Wandel in der Unternehmensstruktur: Aus der ehemals mittelständischen Firma war nun endgültig ein Großunternehmen geworden.

Ein Jahr später wurden einige Publikumsverlage und der C. Bertelsmann Verlag nach München verlagert, weitere Fachverlage und Ariola sollten folgen. 1977 initiierte Reinhard Mohn schließlich die Gründung der Bertelsmann-Stiftung, die von nun an gezielt die gesellschaftspolitischen Aufgaben im Bereich der Förderung von Ausbildung, Kultur und Sozialpolitik, denen Mohn und der Bertelsmann-Konzern sich verpflichtet sahen, wahrnahm.

Seit 1977 gehörte auch der Goldmann-Verlag, der sich bald zum größten Taschenbuchverlag Deutschlands entwickeln sollte, zum Hause Bertelsmann, 1979 erwarb der Konzern das Plattenlabel Arista, 1980 Bantam Books, New York, den größten Taschenbuchverlag weltweit, und den spanischen Verlag Plaza & Janés, Barcelona.

Mit diesen Fusionen begann in den 80er Jahren eine Zeit, die bei Bertelsmann ganz auf die internationale Erweiterung, speziell in den USA, ausgerichtet war. Reinhard Mohn gab 1981 seinen Vorstandsvorsitz der Bertelsmann AG ab und wurde Aufsichtsratsvorsitzender. Mit neuen Aktivitäten in den USA im Bereich elektronische Medien, Musik, Film und Fernsehen gelang Mitte des Jahrzehnts der Durchbruch auf dem internationalen Medienmarkt.

Nach der deutschen Wiedervereinigung engagierte sich der Bertelsmann-Konzern in den neuen deutschen Bundesländern mit Buchclubs, Zeitschriften und Druckereien. Ferner suchte man in dieser Zeit durch gezielte Beteiligungen auch den Einstieg ins dortige und ferner ins osteuropäische Tageszeitungsgeschäft.

An seinem 70. Geburtstag legte Reinhard Mohn seinen Aufsichtsratsvorsitz schließlich nieder und übernahm den Vorstandsvorsitz der Bertelsmann-Stiftung, der er zwei Jahre später auch die Mehrheit des Aktienkapitals der Bertelsmann AG übertrug. In den folgenden Jahren erarbeitete Reinhard Mohn eine weit greifende Konzeption zur Sicherung der Unternehmenskontinuität des Bertelsmann-Konzerns.

Insgesamt boten die 90er Jahre dem Bertelsmann-Konzern viele neue Möglichkeiten sowohl durch internationale Expansion und weitere Fusionen als auch durch den Online-Auftritt der Firma und Eröffnung diverser Internet-Portale.

Der Aufstieg des Mohn'schen Familienbetriebs zu einem Konzern von weltweiter Größe und Beachtung ist stark von der Handschrift Reinhard Mohns geprägt. Zwischen 1994 und 1999 erhielt der Unternehmer zahlreiche Ehrungen und Preise für seine großartigen Leistungen und Verdienste, zum Beispiel das Große Verdienstkreuz der Bundesrepublik Deutschland (1994), den Europäischen Stifterpreis (1996), den Bundesverdienstorden mit Stern der Bundesrepublik Deutschland (1998), das Spanische Großkreuz (1999), um nur einige wenige zu nennen.

Von Beginn an sah sich der Unternehmer in der Verantwortung für seine Firma, seine Mitarbeiter, aber auch für Politik und Gesellschaft. Sein erklärtes Ziel war, zu beweisen, dass Lernwille, Arbeit, Engagement, Verantwortungsbewusstsein und die Bereitschaft zur Veränderung sowohl für ein Unternehmen wie auch für ein soziales Gefüge Erfolgsfaktoren sind und eine funktionsfähige und gerechte Demokratie ermöglichen. Besonders die Bertelsmann-Stiftung steht für diese Überzeugung, wenn sie im Dialog mit Wirtschaftsexperten, Wissenschaftlern und Politikern Modelle für ein besseres Miteinander erarbeitet.

Der Bertelsmann-Konzern ist heute eines der weltgrößten und führenden Medienunternehmen, das seine solide Grundlage in einer Unternehmensphilosophie findet, die allen Veränderungen standhielt und sich mit ihrem offenen, menschenfreundlichen Charakter als zukunftsfähig erwies. Der Begründer selbst tritt zumeist bescheiden hinter seine Leistungen zurück und bemerkt lediglich:

> **„Der eine trinkt gern ein Bier, der andere liegt gern in der Sonne – ich denke gern."**

Vera Schneidereit

Josef Neckermann

Neckermann macht's möglich

„Neckermann macht's möglich" – als er das zum ersten Mal hört, ruft Josef Neckermann begeistert: „Genau, das ist es." Genau, das bin ich, wäre richtig gewesen. Denn der Slogan beschreibt ihn selbst, seine Zielstrebigkeit, seine Hartnäckigkeit und seinen Ehrgeiz. Immer etwas besser sein – Neckermann lebt auf der Überholspur.

„Mein Vater brachte mir bei, wie man es zu etwas bringt", glaubt der am 5. Juni 1912 geborene Sohn eines wohlhabenden Kohle-Großhändlers. Neckermann lernt, sich Ziele zu setzen und sie Schritt für Schritt zu verwirklichen. Auch hoch zu Ross erlebt der Junge, dass Ehrgeiz, Disziplin und harte Arbeit mit Erfolg belohnt werden. Am 20. Dezember 1928 stirbt Vater Josef Carl Neckermann an einem Herzschlag. „Ich musste im Schweinsgalopp erwachsen werden und hatte doch keinen, der mir sagen konnte, wie das eigentlich geht." Er geht mit knapp 17 Jahren nach der mittleren Reife von der Schule ab und bei der Hypo Bank in Würzburg in die Lehre. In der Effektenabteilung der Bank entdeckt er, was ihm später als Versandhändler zur Unternehmensmaxime werden soll. „Echte Schnäppchen billig einkaufen, günstig abstoßen. Das war es, was mich reizte. Das Kaufmännische."

Bei den anschließenden Praktika in Stettin und Tätigkeiten bei Firmen in Newcastle und Lüttich lernt der Unternehmer in spe, dass Fachwissen allein nicht reicht und Persönlichkeit gefragt ist. Von erfolgreichen Managern, denen er begegnet, schaut er vieles ab. „Es war zwar wahnsinnig interessant, für ihn zu arbeiten, aber auch wahnsinnig anstrengend", charakterisiert ihn später seine langjährige Sekretärin Gerda Singer. Mit Liebenswürdigkeit und Strenge entlockt er vielen Mitarbeitern eine geradezu euphorische Leistungsbereitschaft. Der Schwung des Chefs ist mitreißend. Neckermann ist nicht zu bremsen.

Beziehungen: Die Firma ist überall

Auch privat weiß „Necko" wie ihn seine Freunde nennen, schon früh, was er will, und setzt es durch. Mit 15 lernt er die 12-jährige Annemarie Brückner kennen und lieben. „Annemie" und „Necko" heiraten im August 1934, nachdem Josef Neckermann die Leitung der väterlichen Kohlenhandlung übernommen hat. 55 Jahre lang bis zu ihrem Tod 1989 ist Annemie die Frau an seiner Seite, die ihm den Rücken freihält, die Kinder erzieht und die Familie zusammenhält. Neben den drei eigenen Kindern Peter, Eva-Maria und Johannes wachsen nach dem Krieg vier Pflegekinder im Neckermann-Clan auf. Seine Kinder erleben ihn im Büro und beim Reiten. Neckermann braucht sich um nichts Privates zu kümmern – und er will es auch gar nicht anders. „Ich kann nicht behaupten, dass ich die Allgegenwart der Firma, des Berufs, je bedauert hätte."

„Wer seine Beziehungen nicht nutzt, ist ein Oberdepp."

Als der Jungunternehmer 1933 nach Deutschland zurückkehrt, haben dort die Nationalsozialisten das Ruder übernommen. Das hält ihn allerdings nicht auf. Im väterlichen Betrieb in Würzburg fegt der neue Besen erst einmal kräftig durch, stellt von Pferdefuhrwerk auf Lastwagen um und verkauft wagenweise Kohle zum Trockenheizen der ringsum neu entstehenden Fliegerhorste. Neckermann hat in den Jahren seiner Ausbildung gelernt: „Ohne Beziehungen ist man in dieser Welt ein Dreck."

Schwere Zeiten: Uniformen und Wolldecken

Der väterliche Kohlenhandel wird ihm bald zu eng. Im Zuge der von den Nationalsozialisten eingeleiteten Arisierung übernimmt Neckermann durch Vermittlung seines Schwiegervaters mehrere Firmen: zuerst die Würzburger Kaufhäuser des Siegmund Ruschkewitz, später auch das drittgrößte nationale Versandhaus der Wäschemanufaktur Carl Joel, das 1937 in Berlin bereits einen Umsatz von rund 28 Millionen Mark erwirtschaftet. Für den Verlust der Firma zahlt Neckermann den Enteigneten Ende der 50er Jahre Abfindungen in Millionenhöhe.

Familie Neckermann siedelt nach Berlin über. Die einträglichen Geschäfte der neu gegründeten Wäsche- und Kleiderfabrik Josef Neckermann bleiben den nationalsozialistischen Machthabern nicht verborgen und Neckermann weiß das zu nutzen. Bei Kriegsbeginn setzt der junge Neckermann alles daran, unabkömmlich gestellt zu werden.

„Mein Gott, ich war 27. Ich hatte keine Lust auf Sterben", erinnert er sich. „Ein paar müssen schließlich noch übrig bleiben, um den Karren hinterher wieder aus dem Dreck zu ziehen", rutscht es ihm im Gespräch mit seinem jüngeren Bruder Walter heraus. Neckermann nutzt seine Kontakte ins Reichswirtschaftsministerium und baut sich neue Tätigkeitsfelder auf. Er liefert Wolldecken für die Organisation Todt, gründet im ersten Kriegsjahr zusammen mit Hertie-Chef Georg Karg die Zentrallagergemeinschaft für Bekleidung GmbH und übernimmt wenig später die Position des stellvertretenden „Reichsbeauftragten für Bekleidung und verwandte Gebiete". Stolz erinnert sich Neckermann an die Winteruniformen für die Ostfront-Soldaten im Winter 1942/43 und die Versorgung von immer mehr ausgebombten Zivilisten mit den notwendigsten Textilien.

Kataloge: Textile Wunder auf 12 Seiten

Nach Kriegsende steckt ein Militärgericht in Würzburg Neckermann für ein Jahr ins Zuchthaus. Die Geschäfte der Großhandlung Textilgesellschaft Neckermann KG, die er bereits im Sommer 1948 in Frankfurt gegründet hatte, muss zunächst seine Frau Annemarie führen. Durch gute Beziehungen bekommt die Firma Waren auf Kredit, die schnell umgesetzt werden. Erst drei Jahre später, als Neckermanns Name wieder im Handelsregister erscheinen darf, kann er offiziell die Leitung der Neckermann Versand KG übernehmen. Neckermann stellt wieder fest, dass „es keinen größeren Freizeitspaß gibt als Arbeit".

Der erste Nachkriegs-Katalog, den er an 100 000 ausgewählte Bundesbürger versendet, offeriert auf zwölf Seiten 133 Textilangebote, fünf verschiedene Schnitte von Damenkleidern, „elegante Damenunterwäsche", Herrenhemden, Schlafanzüge, Babywäsche und Miederwaren. Die Ausschaltung von Zwischenhändlern beschert dem umtriebigen Geschäftsmann zu dieser Zeit „eine Handelsspanne von 20 bis 30 Prozent", einen beachtlichen Umsatz von rund 10 Millionen Mark und viele Anfeindungen von Einzelhändlern. Neckermann eröffnet trotzdem das erste „stationäre Geschäft" in Frankfurt. Weil der Zulauf enorm ist, schlägt Neckermann seine Zelte bald auch in weiteren Städten auf. Damit hat einer der großen Lenker des deutschen Wirtschaftswunders seinen Siegeszug angetreten. Drei Jahre später setzt er bereits das Zehnfache um.

Reiten: Spitzensportler für den Alltag

Die Kraft für den Alltag gibt ihm das Reiten. Anfang der 50er Jahre sitzen er und seine Frau wieder fest im Sattel. „Ohne das Reiten hätte ich den Belastungen, dem Stress im Job vielleicht nicht standgehalten, wäre jedenfalls weniger leistungsfähig gewesen. Das Reiten gab mir Kraft, Ausgleich und meinem Leben Balance", erklärt Neckermann auf die Frage, warum er zusätzlich auch noch nach sportlichen Rekorden strebte. Der Spitzensportler, der erst mit 39 Jahren in die internationale Elite der Dressurreiter aufsteigt, erringt Hunderte von Turniersiegen, nimmt zwischen 1960 und 1972 an vier Olympischen Spielen teil und gewinnt insgesamt zwei Gold-, zwei Silber- und zwei Bronze-Medaillen. Er wird 1966 Weltmeister und viermal Europameister in der Mannschaft. Über das Reiten sagt er: „Eine bessere Schule für den Alltag vermag ich mir nicht vorzustellen.“

Wirtschaftswunder: Große Mengen, kleine Preise

Und dieser Alltag hat es in sich. Nachdem er die Preisbarrieren bei modischer Kleidung niedergewalzt hatte, nimmt Neckermann mit der Firmenphilosophie „Großer Umsatz – kleine Gewinnmarge“ auch technische Geräte ins Programm: Mit einem Radiogerät zum Preis für 187 Mark, mit Kühlschränken und Fernsehgeräten untergräbt er die Preispolitik der Konkurrenz. Neckermann liefert, was die Menschen im Wirtschaftswunderland brauchen. 1955 bietet er Waschmaschinen an und wenig später sogar Mopeds. Getreu seinem Werbeslogan „Neckermann macht's möglich“ bietet der Handelskonzern Anfang der 60er Jahre Flugreisen zu Dumpingpreisen und Eigenheime aus dem Katalog an. In nur fünf Jahren steigt die Neckermann und Reisen GmbH (NUR) zum größten Veranstalter von Flugreisen auf. Neckermann praktiziert den Allfinanzgedanken mit der 1963 gegründeten Neckermann-Baufinanz-GmbH und 1964 mit der Neckura Neckermann Versicherungs-AG.

1963 wandelt Neckermann den Familienbetrieb in eine KGaA um, bei der er der Herr im Haus bleibt und trotzdem wie bei einer reinen AG über den freien Kapitalmarkt Geld beschaffen kann. Denn obwohl Neckermann sich immer wieder neue Märkte erschließt, sehen die Zahlen bald nicht mehr so rosig aus. Der große Nachholbedarf der ersten Wirtschaftswunderjahre ist befriedigt, die Konkurrenz schläft nicht und der Preiskampf wird immer härter. Zwar verdoppeln sich zwischen 1965 und 1971 die Umsätze, doch die Dividende wird im gleichen Zeitraum halbiert.

Bei vielen Produkten hatte er zu knapp kalkuliert. Die unerfüllten Gewinnerwartungen und der Ausstieg des Großindustriellen Friedrich Flick hinterlassen große Finanzlöcher. Im Juni 1976 einigt er sich mit Karstadt über eine Beteiligung. Weil das Kartellamt seine Zustimmung zur Fusion hinauszögert, werden die Kunden verunsichert. Die Firma Neckermann gerät immer mehr in Schwierigkeiten. Ende 1976 wird der Konzern von Karstadt nach Neuverhandlungen mit einem Verlust von 222 Millionen Mark übernommen. Die Familie verliert ihren Besitz. Josef Neckermann und sein Sohn Peter scheiden aus der Geschäftsführung aus.

Vier Jahre nachdem er den Vorsitz der Stiftung Deutsche Sporthilfe in andere Hände gelegt hat, stirbt Joseph Neckermann am 13. Januar 1992 im Alter von 79 Jahren in seinem Heim in Dreieich bei Frankfurt am Main an Krebs. In einen Fernsehinterview sagte er einmal:

„Ich würde sicherlich denselben Weg gehen und die gleichen Erfolge erzielen. Man kann hinterher nicht sagen: ‚Ich hätte alles anders gemacht.' Dann verrät man sich selbst."

Sporthilfe: Bettler der Nation

Der Versandhändler bleibt auch nach seinem Ausscheiden aus der Geschäftsführung gesellschaftlicher Mittelpunkt. Die Stiftung Deutsche Sporthilfe, 1967 von ihm mit gegründet – sie förderte rund 18 000 bundesdeutsche Spitzensportler mit rund 220 Millionen Mark – bezeichnet er später als sein „Lebenswerk" .

Von den Geldern entstammen etwa 90 Millionen aus privaten Spenden, die er als „Bettler der Nation" insbesondere in der Privatwirtschaft sammelt. Benefiz-Veranstaltungen und Gala-Bälle bringen ihm die gesellschaftliche Anerkennung, die er nach dem Verlust eines Unternehmens braucht. Neckermann engagiert sich beim Nationalen Olympischen Komitee, beim Deutschen Olympia Komitee für Reiterei, ist Vizepräsident der Deutschen Reiterlichen Vereinigung, Handelsrichter beim Landgericht Frankfurt, königlich dänischer Konsul in Hessen und Mitglied des Stiftungsrates beim WWF. Für seine sportlichen Erfolge und ehrenamtlichen Verdienste wird er unter anderem mit dem Bundesverdienstkreuz und der Ehrendoktorwürde als Veterinär der Universität Gießen ausgezeichnet.

Karin Schütrumpf

Heinz Nixdorf

Das Wunder von Paderborn

Keine Persönlichkeit prägte mit ihren Erfindungen, ihrer Arbeit und Tatkraft die deutsche Computer- und Informationstechnik-Industrie so sehr wie Heinz Nixdorf. Aller Kritik und der Geringschätzung als „Tüftler" zum Trotz baute der Unternehmer und Erfinder eine Firma auf, die ein wichtiges Stück deutscher Nachkriegs-

geschichte sowohl auf technischem wie auch auf gesellschaftlichem Gebiet geschrieben hat.

Heinz Nixdorf, geboren am 9. April 1925, war das älteste der fünf Kinder von Walter und Anne Nixdorf. Nach seiner Grund- und Hauptschulzeit erhielt Heinz Nixdorf 1941 vom Kultusminister in Berlin die Zulassung für das örtliche Gymnasium. Unmittelbar nach dem Abitur (1943) leistete der junge Mann seinen Wehrdienst im Weserbergland ab und diente während des Zweiten Weltkrieges in der Tschechoslowakei. Ab 1947 studierte der junge Nixdorf mit einem Stipendium Physik und Betriebswirtschaft an der Johann-Wolfgang-Goethe Universität in Frankfurt. Um das Studium weiterhin finanzieren zu können, nahm er eine Stellung als Werkstudent bei der deutschen Tochtergesellschaft von Remington Rand an. Bei seinem Chef Dr. Walter Sprick lernte der technikinteressierte Student alles über die Herstellung von elektronischen Rechenmaschinen und die Computer-Technologie. In der ersten Zeit nach dem Studium arbeitete Heinz Nixdorf zunächst auf freiberuflicher Basis weiter. Er reiste mit seinem Motorrad durch Nordrhein-Westfalen und bot seine Konzepte diversen Firmen an.

„Gründerzeit"

Im Juli 1952 – einer Zeit, in der die deutsche Computerindustrie noch in den Kinderschuhen steckte – gründete Heinz Nixdorf das Labor für Impulstechnik (LFI) in Essen, das sich zum viertgrößten Computerkonzern Europas entwickeln sollte.

Zusammen mit seinem ersten Angestellten, einem Radio- und Fernsehtechniker, arbeitete er am Bau von Elektrorechnern. Bald bekundete RWE, der damals größte Energie-Anbieter Deutschlands, Interesse für einen Nixdorf-Rechner. Mit einem Budget von 30 000 Mark und einem einfachen Arbeitsraum erhielt der junge Ingenieur von der RWE-Leitung den Auftrag, Rechner auf der Basis von Vakuumröhren zu entwickeln.

Daneben baute Nixdorf Zählmaschinen, die zu Lochkarten-Anlagen zusammengeschaltet werden konnten. Das erste Produkt der jungen Firma, das schließlich etwas größeren Erfolg verzeichnen konnte, war dann eine elektronische Rechenmaschine, die mit der Technologie von Radioröhren arbeitete und zu Buchhaltungszwecken bei RWE eingesetzt wurde. In kurzer Zeit gewann der Betrieb mit dieser Entwicklung weitere Kunden wie den Büromaschinen-Hersteller Wanderer Werke AG, die Firma Exacta und die Compagnie des Machines Bull, Paris, hinzu und begann damit den internationalen Vertrieb seiner Innovationen.

Heinz Nixdorf selbst war immer überzeugt, dass die „elektronische Rechenmaschine" nicht nur ein Produkt war, das bestimmte buchhalterische Bedürfnisse eines Unternehmens erfüllte, sondern viel breitere Anwendung in der Gesellschaft finden und den Menschen ein Werkzeug zur Gestaltung einer besseren Zukunft sein würde.

Erfolge und Expansion

1954 hatte der Betrieb aufgrund guter Erfolge und Absätze seiner Geräte bereits zehn technische Mitarbeiter. In der folgenden Zeit arbeitete man bei der LFI kontinuierlich an der Entwicklung des Rechners EM 22 weiter, der alle Grundrechenarten beherrschte. 1957 wurde dieser schließlich fertig gestellt und kam 1960 in einer neuen Version als Gamma 172 auf den Markt. Für seine Geräte konnte Nixdorf damals die Wanderer Werke in Köln als Reseller gewinnen. Sie wurden in den nächsten Jahren zum Hauptkunden von Nixdorf.

Bisher hatte Heinz Nixdorf alle Produkte selbst entwickelt, im Jahr 1958 stellte er schließlich einen eigenen Entwicklungsingenieur ein. Der Unternehmer selbst widmete sich damals der Entwicklung einer neuen elektronischen Multiplikationseinheit für die Exacta-Continental, die unter dem Namen „Multitronic 6000" über 2 000 Mal verkauft wurde.

1960 arbeitete das Unternehmen an den Gamma 172- und Gamma 322-Computern, 1962 beteiligte sich die LFI dann an der Entwicklung und Vermarktung von Desktop-Rechnern mit integrierten Druckern. Mit frei programmierbaren Kleincomputern erschloss sich der Ingenieur 1964 den Markt der kleinen und mittelständischen Betriebe. Die Systeme Wanderer Logatronic/Digitronic – später bekannt als Nixdorf 820 – waren die ersten Kleincomputer, die auf der Grundlage von Halbleitern funktionierten.

Und eben diese Geräte waren es, die eine aktuelle Marktlücke füllten und auch kleineren Firmen den Übergang zur elektronisch gestützten Datenverarbeitung erst ermöglichten. Nixdorfs Firma erlebte einen phantastischen Erfolg und man begann 1967 mit dem Aufbau eines eigenen Vertriebsnetzes.

Im April 1968 kaufte Heinz Nixdorf die Wanderer Werke, seinen bisher größten Kunden, für 17,5 Millionen Mark auf. Noch im selben Jahr wurde das Unternehmen in „Nixdorf Computer AG" (NCAG) umbenannt und der Firmenhauptsitz nach Paderborn verlegt. Gestützt durch das gute Vertriebsnetz der ehemaligen Wanderer Werke verkaufte Nixdorf seine Geräte jetzt unter seinem Eigennamen. In den nächsten Jahren wurden systematisch Vertrieb und Kundendienst am Standort ausgebaut.

„Ein Gefühl für Strukturen"

Einmal nach seinem Erfolgsrezept gefragt, antwortete das viel gelobte „Erfindergenie" wahrheitsgemäß in einem Interview: „Ich habe nur ein Gefühl für Strukturen" (vgl. Klaus Kemper: Nixdorf, S. 177). Und dieses Strukturgefühl und -streben spiegelten auch der Führungsstil und das große private Interesse des Unternehmers für Architektur und kubistische Malerei wider.

In den 70er Jahren griff Heinz Nixdorf gezielt die neuen technischen Möglichkeiten der Zeit auf und brachte 1974/75 gleich mehrere Neuheiten auf den deutschen Markt: das Magnetplattensystem 8870 mit mehreren Terminal-Arbeitsplätzen auf Grundlage der COMET-Anwendersoftware, das Datenbanksystem 620, das Datenerfassung am Bildschirm gestattete, ferner computergestützte Kassen und ein Bankensystem mit einzelnen arbeitsplatz- und anwenderorientierten Schalterterminals. Ab 1978 wurde das Produktportfolio für die Geldinstitute um SB-Systeme wie Kontoauszugsdrucker und Geldautomaten erweitert.

Durch die erfolgreiche Implementierung der äußerst anwenderfreundlichen und einfach strukturierten COMET-Software fasste Nixdorf auch im Software-Bereich Fuß und stieg schnell zu einem der größten Software-Anbieter Deutschlands auf: 100 000 Programmkomponenten und Spezialpakete für über 180 verschiedene Branchen wurden damals bei Nixdorf verkauft.

Man mag darüber lächeln, doch gerade die von dem Firmengründer so favorisierten einfachen Strukturen, nach denen auch sein ganzes Unternehmen funktionierte, bilden letztlich die Grundlage des außergewöhnlichen Erfolgs des Nixdorf-Unternehmens: „Jede Abmessung, ob die der Leiterplatte, des fertigen Computers oder die des ganzen Betriebsgebäudes, ist durch 30 teilbar; jedes Gebäude, jeder Raum in diesem Unternehmen ist auf ein Rastermaß von 1,80 Metern mal 1,80 Metern fixiert. [...] Dieser Raster gilt für alle Büroräume, und er gilt im übertragenen Sinne für alles andere auch. Er ist Ausdruck für den Standard, der für jeden Mitarbeiter die absolut gleichen Grundvoraussetzungen schafft." (Klaus Kemper: Nixdorf, S. 180). Diese durchgängige Struktur setzte sich auch in der Unternehmensphilosophie fort, auf die Nixdorf seine Mitarbeiter verpflichtete – eine Politik, die man heute mit „Corporate Identity" beschreibt. Der Vertriebschef Arno Bohn beschrieb die Nixdorf'sche Corporate Identitiy folgendermaßen:

> **„Jeder darf in diesem Unternehmen wachsen, darf sich entfalten, wie es ihm seine Fähigkeiten und die speziellen Umstände erlauben, aber wir sind alle eine Tanne."**
> **(Klaus Kemper: Heinz Nixdorf, 2001, S. 182)**

Ab den 80er Jahren gelten auf dem Computermarkt weltweit offene Standards. Bei Nixdorf kam man dieser Anforderung im Software-Bereich 1985 mit dem Universal-System TARGON nach, das auf dem unabhängigen UNIX-System basierte.

Im selben Jahr gehörten zum Konzern Tochtergesellschaften in 44 Ländern weltweit, die 23 000 Mitarbeiter beschäftigten und einen Umsatz von 4 Milliarden Mark erwirtschafteten. Die Hauptproduktionsorte waren derzeit Deutschland, Irland, Spanien, USA und Singapur.

Als 1984 die Vorzugsaktien der Nixdorf AG an der Börse eingeführt wurden, stand das Unternehmen auf finanziell gesicherter Basis. Daneben wurde zu diesem Zeitpunkt auch die Übernahme der Stammaktien und damit der Kapitalmehrheit in den Besitz des Firmengründers entschieden. Man wurde sich an der Firmenspitze damals einig, zwei gemeinnützige Stiftungen zu gründen: Noch im November 1985 wurde die Friedrich-von-Spee-Stiftung in München, die sich der beruflichen Aus- und Fortbildung, der Förderung der Wissenschaft und Technik sowie dem freiheitlich sozialen Staatswesen und der Gesundheit der Bevölkerung widmen sollte, ins Leben gerufen. Nur einen Monat später wurde Antrag für die Stiftung Westfalen gestellt, die speziell in ihrer Region beruflichen Nachwuchs, Wissenschaft, regionale Infrastruktur und – sofern verfassungsrechtlich möglich – die Schaffung eines eigenen Bundeslandes Westfalen fördern und vorantreiben sollte.

Als Heinz Nixdorf am 17. März 1986 während einer Veranstaltung auf der CeBIT in Hannover – der damals ersten Messe für Büro-, Informations- und Kommunikationstechnik – einem Herzversagen erlag, hinterließ er ein florierendes Unternehmen, das er einmal nur auf der Grundlage seiner Vision, den Menschen durch Computertechnik ein besseres Leben zu ermöglichen, aufgebaut hatte.

Heinz Nixdorf war einer der erfolgreichsten deutschen Technologie-Unternehmer der Nachkriegsgeschichte und sein Erfolg wirkt weiter. Mit seiner Maxime „Man soll Computer so einfach lassen, wie der liebe Gott die mathematischen Gesetze einfach erfunden hat“ gab er seinen Produkten und seinem Unternehmen eine Philosophie an die Hand, die sowohl zu seinen Lebzeiten wie auch darüber hinaus zu außerordentlichen Geschäftserfolgen führen sollte.

Vera Schneidereit

Rudolf August Oetker

Der Puddingprinz

Mit dem Backpulver fing es an. Das weiße Pülverchen, das der Großvater August Oetker in seiner Apotheke zusammenmischte, garantierte einen gelungenen Kuchen. Doch erst sein Enkel, Rudolf August Oetker, schuf aus der mittelständischen Dr. Oetker Nährmittelfabrik ein Imperium.

Rudolf August Oetker war 28 und erst seit drei Jahren im Familienunternehmen tätig, als er die Firmengeschicke der Oetkerschen Nährmittelfabrik sozusagen über Nacht ganz alleine in die Hand nehmen musste. Seine Familie – Mutter, Schwester und der Stiefvater Richard Kaselowsky – waren nämlich 1944 bei einem Bombenangriff ums Leben gekommen. Bereits sein Vater, Rudolf Oetker, war dem Krieg zum Opfer gefallen, im Ersten Weltkrieg. Er starb 1916 bei Verdun, wenige Monate vor Rudolf August Oetkers Geburt. Die Mutter Ida heiratete zum zweiten Mal: den besten Freund von Oetkers Vater, Richard Kaselowsky, der die Geschäfte für Rudolf August treuhänderisch führte.

Kaselowsky, von dem Oetker einmal sagte: „Einen besseren Vater könnte ich mir nicht vorstellen und einen besseren Lehrherrn für mich auch nicht“, hinterließ dem jungen Oetker außerdem ein Aktienpaket der Hamburg-Südamerikanischen Dampfschifffahrtsgesellschaft. Damit öffnete er ihm das Tor zum erfolgreichsten Familienunternehmen in Deutschland.

Die ersten Nachkriegsjahre ließen sich für den Puddingprinzen gut an, die Firma erwirtschaftete nach der Währungsreform respektable Gewinne. Jedoch die damals geltenden enormen konfiskatorischen Steuersätze fraßen bis zu 90 Prozent der Erträge auf. Oetker konnte mit seiner Firma nur überleben, indem er die ausgetretenen Pfade verließ. Er nutzte die Gunst der Stunde: Gewerbezweige, allen voran die Seeschifffahrt, die zu dieser Zeit besonders großzügig gefördert wurden, rückten in sein Visier. Mit Kaselowskys Vermächtnis hatte er hier bereits den Fuß in der Tür.

> **„Geschäfte muss man aus dem Bauch heraus entwickeln – und dann seinen Kopf gebrauchen.“**

Oetker baute innerhalb weniger Jahre die größte deutsche See-Reedereigruppe auf, zu der die Hamburg-Südamerikanische Dampfschifffahrtsgesellschaft und die Deutsche Levante Linie gehörten – zum Entsetzen der alt eingesessenen Reederfamilien. Auf einer anderen Ebene verließ er sich auch nicht alleine auf sein Stammgeschäft. Was er brauchte, kaufte er sich dazu: eine Bank, die Lampe Bank in Düsseldorf, und eine Versicherung (Condor). Was er nicht brauchte, aber Gewinn versprach, kaufte er ebenso. Getreu seinem Motto:

„Man soll nicht alle Eier in einen Korb legen."

Zum Unternehmen gehören heute Brauereien (Radeberger, Clausthaler, Binding), Spirituosen (Gorbatschow-Wodka, Henkell-Sekt), Nahrungsmittel (Tiefkühlfertiggerichte von Langnese, Jobst, Dr. Oetker) und sogar Luxushotels wie das Brenners Park in Baden-Baden. Trotz aller Innovation und dem Gespür für Märkte und Gelegenheiten: Ein Börsengang kam in Oetkers unternehmerischen Universum nicht vor.

„Solange ich lebe, bleibt Oetker ein Familienunternehmen."

Banken, Analysten und Journalisten sollten wohl ihre Finger vom Oetkerschen Kuchen lassen.

Kein Rückzug mit Vorsicht

Anfang der 80er Jahre zog sich Oetker aus dem Unternehmen zurück und widmet sich seither den schönen Dingen des Lebens: der Kunst, alten Häusern und seiner Pfeifenleidenschaft. Und da dem mittlerweile 86-Jährigen die Arbeit nach wie vor Spaß macht, kümmert er sich noch um die Luxushotels im Portfolio des Clans.

Den Ruhestand trat er allerdings nicht an, ohne den Fortbestand des Konzerns zu sichern. Auch dies geschah umsichtig und vorausschauend, ohne durch Erbschafts- und Thronfolgerstreitigkeiten das Familienunternehmen zu gefährden. Seinen acht Kindern aus drei Ehen, fünf Söhne und drei Töchter, hat er steuerschonend das Unternehmen übertragen. Mit jeweils 12,5 Prozent ist jeder Stamm am Konzern beteiligt und R.A.O., wie Oetker im Unternehmen respekt- und liebevoll genannt wird, übertrug auch die unternehmerische Verantwortung am Konzern, sofern das die Nachkommen wünschten. Sollte aber einer seinen Anteil verkaufen wollen, müssten alle anderen zustimmen. Zudem haben sie zu gleichen Teilen ein Vorkaufsrecht. Übrigens: Das Wort Konzern schätzt Oetker nicht besonders, denn die Chefs der verschiedenen Gesellschaften können selbstständig handeln.

Analysten bezweifeln immer wieder, ob ein Konglomerat wie die Oetkergruppe sich bei ihren vielen verschiedenen Beteiligungen nicht verzettelt. Wäre Dr. Oetker eine börsennotierte Gesellschaft, käme sicherlich auf den Unternehmenswert der „Gemischtwarenabschlag“. Doch Oetker hält an seiner Strategie fest. Kriselt es in einer Sparte, können andere Unternehmensbereiche den Einbruch abfedern. Ob das funktioniert, darüber kann die Finanzbranche nur Vermutungen anstellen. Denn die Oetkers mimen hier ganz die zurückhaltende Kaufmannsfamilie: Sie veröffentlichen lediglich die Umsatzzahlen der einzelnen Sparten. Über die Ertragssituation schweigen sich die Beteiligten aus. Insgesamt setzte die Gruppe 2001 knapp 9 Milliarden Euro um.

Backe, backe Kuchen

Die richtige Menge Sodapulver, gemischt mit sauren Salzen, abgestimmt auf ein Pfund Mehl – und der Kuchen gelingt. Das weiße Pulver, das der Apotheker Dr. August Oetker im Labor seiner Bielefelder Apotheke 1891 zusammenmischte, war die Grundlage des Oetker-Imperiums. Der Garant für einen gelungenen Kuchen entwickelte sich schnell zu einem Verkaufsschlager, so dass Oetker 1900 die erste Fabrik in Betrieb nahm, um der Nachfrage nach Backpulver gerecht zu werden. Schon 1906 rührten die Hausfrauen jährlich 50 Millionen Päckchen in ihre Kuchen. 1908 eröffnete August Oetker seine erste ausländische Produktionsstätte in der Nähe von Wien. Weitere Produkte, die die Erfolgsquote der Köchinnen steigerten, folgten: Puddingpulver, Vanillinzucker und die Speisestärke. Kein Buch, außer der Bibel, wurde in Deutschland so oft verkauft wie Oetkers Backbuch *Backen macht Freude.*

Dorothee Liebing

Georg von Opel

Sportler und Autohändler

Wenn man den Namen Georg von Opel hört, liegt die Assoziation zum gleichnamigen Autoproduzenten nahe. Tatsächlich war Georg von Opel aber der Händler von Opel-Automobilen und – was viele nicht wissen – zugleich einer der größten deutschen Universalsportler.

„Ich bin dazu erzogen worden, einmal Mitinhaber der Adam Opel AG zu werden“, hat Georg von Opel 1967 der *Frankfurter Allgemeinen Zeitung* gesagt. Dass das nicht klappte, daran waren die vier Brüder seines Vaters Carl von Opel verantwortlich. Nachdem die drei älteren Carl, Wilhelm und Heinrich noch das Glück hatten, kurz vor dem Zusammenbruch des Kaiserreichs für ihre Verdienste um die Industrialisierung des Landes vom hessischen Großherzog Ludwig geadelt zu werden, verkauften sie das Opel-Werk 1928 für 120 Millionen Reichsmark an General Motors (GM) in Detroit. Georg von Opel war zu diesem Zeitpunkt bereits Waise, weil sein Vater 1926 gestorben war. Er machte gerade eine Ausbildung als technischer Kaufmann bei Opel.

Nach der Lehre ging er zuerst auf Wanderschaft nach England, später nach Amerika, wo er vorwiegend in der Autoindustrie tätig war. Weil Opel nun keine Autos mehr fertigen konnte, verlegte sich Georg auf den Handel: 1936 übernahm er die Opel-Vertretung in Frankfurt am Main und damit im gesamten südhessischen Raum. Parallel dazu baute er ein Netz von so genannten Volkskraftstofftankstellen (VK) im gesamten Reichsgebiet auf, von denen dann auch alle freien Zapfsäulen profitieren konnten. Er beteiligte sich an den Continental Gummi-Werken AG in Hannover und der Techno-Chemie & Co. in Frankfurt; daneben gehörten ihm die Opelit-Kunststoff in Offenbach und die Opelit-Ruderbootwerft in Frankfurt-Griesheim.

Vor allem aber war Georg von Opel – wie alle Mitglieder der Opel-Familie – sportlich interessiert.

„Wer Sport treibt, wird was.“

Von Boxen bis Tennis konnte und praktizierte er so ziemlich jede Sportart. Das Rudern lag ihm besonders. Mit

15 Jahren startete er erstmals in einem Einer-Rennen und überfuhr die Ziellinie als Letzter. Eine schmerzliche Erfahrung, die er in den folgenden zwölf Rennen immer wieder machen musste, wie er viel später einmal erzählte. Das konnte ihn aber nicht entmutigen: 30 Jahre später war er stolz darauf, in 120 Rennen siegreich gewesen zu sein. Er hat sieben deutsche, eine kanadische und eine amerikanische Meisterschaft gewonnen. Dass er seine Ruderer-Karriere nicht noch mit olympischem Metall krönen konnte, daran war allein der Krieg schuld; als danach 1948 in Helsinki die Olympiade stattfand, durften die Deutschen noch nicht wieder mitmachen. Opel war seinerzeit einer der besten Skuller der Welt. Und stets galt für ihn die Devise: „Wer Sport treibt, wird was".

Sportfunktionär und Großwildjäger

Nach seiner aktiven Zeit widmete er sich dem Sport weiter als Funktionär – kümmerte sich um den Sportstättenbau, die Sporthilfe und war Präsident der Deutschen Olympischen Gesellschaft, Mitglied im Internationalen Olympischen Komitee (IOC), des Deutschen Schützenbundes und Präsidiumsmitglied der Internationalen Schützenunion. Er förderte manchmal auch gute Ideen für Sportgeräte. So gründete er 1947 seine Opelit-Bootswerft, um schnellere Ruderboote zu entwickeln; 1952 begeisterte ihn die Idee von Hannes Marker – eine Sicherheitsbindung für Ski – und er gab ihm 20 000 Mark für den Start. Weil er das Merkantile nicht vergaß, kassierte er über Jahrzehnte hinweg von jeder einzelnen Marker-Bindung Tantiemen. Die wenige Freizeit vertrieb er sich als Großwildjäger und Afrika-Reisender. Er stiftete noch den viel beachteten Opel-Zoo im Taunus. Obwohl er im Sport einen Garanten für Gesundheit sah und wohl als einziger Autohändler das Zufußgehen propagierte, konnte er selbst von dieser Lebensphilosophie tragischerweise nicht profitieren. Er starb am 14. August 1971 mit nur 59 Lebensjahren an seinem zweiten Herzinfarkt in Bad Soden.

Georg von Opels vier Kinder machten weniger von sich reden: Sie übernahmen das große Autohaus und den Zoo, der Zweitgeborene, Heinz von Opel, bekam das Gestüt, weil er sich in den 60er Jahren als Reiter hervortat. Der Älteste, Carlo von Opel, ist Vizepräsident der Deutschen Olympischen Gesellschaft. Im Sommer 2002 ging Gregor von Opel – der Jüngste – durch die Presse, als der Zoll an der Grenze zur Schweiz bei ihm Unterlagen über einen angeblichen steuerschonenden Transfer des Familienvermögens beschlagnahmte.

Biografische Daten

Georg von Opel ist am 18. Mai 1912 in Frankfurt am Main als Sohn des Kommerzienrats Carl von Opel und Enkel des Unternehmensgründers Adam Opel zur Welt gekommen. Der Vater wird noch während des Ersten Weltkriegs – zusammen mit noch zwei von insgesamt fünf Brüder – vom hessischen Großherzog Ludwig geadelt. Georg besucht das Gymnasium. Er ist 14, als sein Vater stirbt; er wird in der Familie seines Onkels Heinrich aufgenommen, wo er intensiv mit dem Rudern beginnt. Daneben absolviert er eine Lehre als technischer Kaufmann in den Opel-Werken. 1928 wird das Werk an General Motors (GM) in Detroit für 120 Millionen Reichsmark verkauft – genügend Kapital, damit die weitverzweigte Familie sich weiterhin industriell engagieren, auskömmlich leben und nicht nur nebenbei ihre vielfältigen Sportarten pflegen kann. Georg gehört bald zu den weltbesten Ruderern, gewinnt diverse, auch internationale, Meisterschaften. Aber er fährt auch Alpinskirennen, ist Eishockeyspieler, hervorragender Schütze, Reiter, Motorradrennfahrer, Flugsportler, Unterwasserfischer, Autorennfahrer, Tennisspieler, Boxer und Bergsteiger. Opel ist Mitglied in 70 Sportvereinen. Zwischen 1951 und 1953 stellt er fünf Geschwindigkeitsweltrekorde mit dem Auto auf. Er ist rastlos als Sportfunktionär unterwegs – be-

sonders als Mitglied des olympischen Komitees. Sein Geschäft – die größte Opel-Vertretung der Welt – scheint nebenbei zu laufen wie auch seine anderen Engagements. Aufsehen erregt er, als er 1969 seine Tankstellenorganisation und seinen Anteil an Conti Gummi verkauft. Sein Tod am 14. August 1971 kommt für alle überraschend.

Gerd Gregor Feth

Michael Otto

Ethiker mit strategischem Weitblick

Die Bandbreite der Gratulanten war beeindruckend. Zum 50-jährigen Bestehen des Unternehmens im August 1999 kamen u. a. Glückwünsche von Altkanzler Helmut Schmidt und vom Künstler Christo, von der Verlegerin Friede Springer und dem Präsidenten des Naturschutzbundes, Jochen Flasbarth.

Glaubwürdigkeit und Wertorientierung

Wer die Sympathien so unterschiedlicher Menschen auf sich vereint, muss schon etwas Besonderes sein. In der Tat stehen Michael Otto und sein Unternehmen für etwas, was in der Wirtschaft selten geworden ist: Glaubwürdigkeit und Wertorientierung. Der 1,90 Meter große Konzernlenker, Jahrgang 1943, definiert sich als Unternehmer, der auch gesellschaftspolitische Verantwortung übernimmt. Seine persönliche Integrität prägt die Kultur des Unternehmens, dessen Image so lupenrein ist wie das kaum eines anderen Weltkonzerns. Dazu passt Ottos bescheidener Auftritt: Er trägt Anzüge von der Stange, hört geduldig zu, wenn andere sprechen, und antwortet auf Fragen von Journalisten schon mal mit einem braven „Jawohl".

Globalisierung

Kein Grund, ihn zu unterschätzen. Michael Otto ist ein Stratege mit Weitblick.

> **„Wer immer nur auf alten Pfaden wandelt, ist schnell zu spät dran."**

Mit einer konsequenten Internationalisierungspolitik hat er die Firma seines Vaters Werner Otto in neue Dimensionen geführt, lange bevor das Schlagwort von der Globalisierung die Runde machte. Es begann 1982 mit der Übernahme des amerikanischen Versandhauses Spiegel. 1986 gründete Otto das erste Joint Venture in Japan, 1988 übernahm er die amerikanische Marke Eddie Bauer. Mitte der 90er Jahre folgte die Expansion nach China, Korea und Taiwan, dann setzte er zum Sprung nach Brasilien und Chile an.

Der Erfolg spricht für sich: 1981, als Michael Otto den Vorstandsvorsitz übernahm, umfasste die Handelsgruppe 24 Unternehmen in 11 Ländern. Heute sind es 90 in 23 Ländern. Der Umsatz lag vor 20 Jahren bei 2,8 Milliarden Euro, im Geschäftsjahr 2001 waren es 23,5 Milliarden. Die Mitarbeiterzahl stieg von 18 000 auf rund 76 000. Zu Otto gehören Unternehmen wie Baur, Schwab, Heine, Sport-Scheck und Alba Moda. Der Konzern gilt heute als der größte Versandhändler weltweit.

Alles für alle?

Zum Erfolg trug auch die kluge Sortimentspolitik bei. Früh setzt Michael Otto auf eine Spezialisierung im Kerngeschäft Versandhandel. „Die Angebotsform ‚Alles für alle‘ funktioniert nicht mehr“, realisiert er. Mit Spezialkatalogen für Teenager-Mode, für Sportartikel, für hochwertige Möbel nimmt er vorweg, was später unter dem Schlagwort „Individualisierung des Kaufverhaltens“ die Runde macht. Wie so oft sitzt Otto damit bereits in einem Zug, auf den später viele mühsam aufspringen müssen.

Die Nutzung neuer Technologien

Auch bei der Nutzung neuer Technologien ist Otto immer ganz vorn dabei: In den 70er Jahren mit dem Computerbestellsystem Telefix, in den 80ern mit BTX, Anfang der 90er mit Teleshopping, seit 1996 im Internet. Zuweilen zahlt er Lehrgeld, wie Anfang der 90er bei einem aufwändigen Experiment zum interaktiven Fernsehen, doch insgesamt fällt die Bilanz positiv aus.

Dadurch, dass Otto immer bei den Ersten ist, etwa schon 1994 eine Katalog-CD herausgibt, gewinnt er zwei wichtige Kundensegmente für sich: die Jugend und die Early Adopter, diejenigen also, die neue Trends immer begierig aufgreifen.

Wie schafft er es, über Jahrzehnte hinweg zu den Pionieren zu gehören? Seine prinzipielle Aufgeschlossenheit gegenüber Innovationen ist das eine. Das andere ist, dass er alle zwei Jahre mit seinem IT-Vorstand in die USA fliegt und tagelang durch die Unternehmen pilgert. „Ich will wissen: Was passiert in den Laboren? Welche Produkte kommen in fünf Jahren auf den Markt?"

Wertkonservatives Management und Engagement für die Umwelt

Was Management-Methoden angeht, agiert Otto hingegen ausgesprochen wertkonservativ. Er sourct in, wenn andere outsourcen, setzt auf Mitarbeiterorientierung, wenn andere im Zuge des Lean Management radikal Personal abbauen. Und: Er subventioniert ökologisch wertvolle Produkte, wo andere längst die Kostenschere angesetzt hätten.

Michael Ottos Engagement für die Umwelt ist legendär. Stark beeinflusst hat ihn Eduard Pestel, Gründungsmitglied des Club of Rome. Bereits Mitte der 80er Jahre lässt Otto den Umweltschutz als Unternehmensziel festschreiben. Er verbannt FCKW-haltige Kühlschränke, Tropenholz-Produkte und Echtpelze aus dem Sortiment, legt seine Lieferanten vertraglich auf die Einhaltung von sozialen und ökologischen Mindeststandards fest. Der Anteil der schadstoffgeprüften Textilien am Gesamtsortiment liegt mittlerweile bei über 60 Prozent.

Börse? Nein danke!

Der Versuchung, den Konzern an die Börse zu bringen, widersteht Michael Otto bis heute aus der berechtigten Befürchtung heraus, der Shareholder-Value könne ihn zu Maßnahmen zwingen, die er für unvereinbar mit der Unternehmenskultur hält. Kurzfristiges Gewinnstreben ist Michael Otto verhasst. Was für ihn zählt, sind die mittel- und langfristigen Perspektiven.

Michael Otto und die New Economy

So weigert er sich auch, in den allgemeinen Abgesang der New Economy einzustimmen: „Trotz der kritischen Entwicklung vieler Internet-Startups schätze ich die Chancen des E-Commerce weiterhin positiv ein."

Ottos Prognose: In 10 Jahren wird der Konzern 20 Prozent seines Umsatzes im Netz tätigen. Zurzeit sind es immerhin schon 10 Prozent, das entspricht 1,7 Milliarden Euro. Und obwohl der Konzern bei Engagements wie dem defizitären Internet-Führer Goldguide viel Geld verloren hat, hält Otto an seiner Beteiligung an dem Online-Spielzeuganbieter Mytoys fest.

Die New Economy ist ihm, dem Alt-68er, auch deshalb sympathisch, weil die Gründergeneration mit dem Anspruch einer partnerschaftlichen Zusammenarbeit in den Unternehmen antrat. Was Mitarbeiterführung angeht, gibt es durchaus Parallelen zwischen Startups und dem Konzern: In der Verwaltung in Hamburg-Bramfeld gibt es keine festen Arbeitszeiten, die Mitarbeiter sind seit Ende der 80er Jahre am Gewinn des Unternehmens beteiligt. Michael Otto legt Wert darauf, dass sich die Angestellten mit dem Unternehmen identifizieren, und gibt Rückendeckung, wenn etwas schief läuft.

„Jeder muss die Chance bekommen, Fehler zu machen. Ängstliche Vorgesetzte sind ineffektive Vorgesetzte, weil sie ständig nur damit beschäftigt sind, sich abzusichern.“

Privat ist Michael Otto ein Familienmensch, seit über 30 Jahren verheiratet mit seiner Frau Christl, die einst die Meisterschule für Mode in München besuchte. Seine beiden Kinder haben Wirtschaftswissenschaften studiert. Ob sie die Familientradition fortsetzen und die einzigartige Unternehmenskultur bewahren? „Ich hoffe es“, sagt Michael Otto.

Die Aufbauleistung des Seniors

Sein Lebensmotto stammt von Heraklit: Panta rhei – alles fließt, alles verändert sich. Mit dieser Philosophie führt Werner Otto auch den kleinen Schuhversand, den der damals 40-Jährige am 17. August 1949 gründet. Der erste Katalog, Auflage 300 Exemplare, umfasst 14 Seiten. Das Angebot kommt so gut an, dass Werner Otto das Sortiment aufstockt, zunächst um Regenmäntel, Hosen und Aktentaschen. Schon 1951 erzielt er die erste Umsatzmillion. Das Unternehmen wächst rasant: 1958 beträgt der Umsatz 100 Millionen Mark, 1970 ist die Milliarden-Grenze überschritten. Zu dem Aufschwung trägt das Sammelbestell-System bei, das Otto schon in den 50er Jahren eingeführt hat.

Auch intern ist der Firmengründer innovativ, richtet als einer der ersten Unternehmer eine Sozialabteilung und eine betriebliche Altersversorgung für die Mitarbeiter ein und kauft schon 1961 eine EDV. In den 70er Jahren, Werner Otto ist unterdessen in den Aufsichtsrat gewechselt, setzt das Unternehmen auf Expansion: Otto übernimmt die Schwab AG und beteiligt sich am Geschenkversand Heine. Ein Kurs, den Sohn Michael Otto, den sein Vater 1971 mit der Zuständigkeit für den Einkauf Textil in den Vorstand berufen hat, später fortsetzen wird. Neidlos sagt Werner Otto: „Ich habe das Unternehmen aufgebaut, und das war nicht leicht. Aber den Durchbruch zum weltweit führenden Unternehmen, den hat mein Sohn erzielt. Ich betrachte es als meine größte Leistung, das Unternehmen rechtzeitig an ihn abgegeben zu haben.“

Christine Mattauch

Ferdinand Piëch

Sanierer mit harter Hand

Der geniale Automann Ferdinand Piëch erwarb sich als VW-Chef hohes Ansehen, Respekt und Anerkennung. Als Sanierer an der VW-Spitze gestartet, richtete Piëch Volkswagen neu aus und hinterließ seinem Nachfolger einen starken Konzern.

Kürzlich wollte die Unternehmensberatung Marketing Corporation von den Bundesbürgern wissen, wem sie es zutrauen würden, die deutsche Wirtschaft aus ihrer strukturellen Krise zu führen, und wen sie für einen geeigneten Wirtschaftsminister hielten. Hinter Lothar Späth kam Ferdinand Piëch auf den zweiten Platz. Man darf daraus schließen, dass der geborene Österreicher den Deutschen nicht nur besser als andere Wirtschaftsführer bekannt ist, sondern auch große Anerkennung genießt. Dies war nicht immer so. Bis der Enkel des legendären Porsche-Gründers Ferdinand Porsche im Januar 1993 an die Spitze des Volkswagen-Konzerns rückte, galt er vielen als eckig und kantig, zwar als exzellenter Autofachmann, menschlich jedoch als autistischer Technokrat. In den Medien wurde das Bild des meistgehassten Managers der Republik gezeichnet, der „beim Umgang mit Nockenwellen mehr Feingefühl als bei der Auswahl und Führung von Mitarbeitern" *(Spiegel)* zeige. Piëch hat das nie angefochten, er ging seinen Weg. Und der drehte sich Zeit seines Lebens ums Automobil. Schon die Diplomarbeit an der Technischen Hochschule in Zürich befasste sich mit der Entwicklung eines Formel-1-Motors.

Der Ingenieur und Autonarr Piëch machte in der Familienfirma Porsche rasch Karriere und schaffte es bis zum technischen Geschäftsführer. Doch seine introvertierte Art verbaute ihm den Weg an die Unternehmensspitze. Die Porsche-Piëch-Familie und der Betriebsrat sträubten sich gegen den weiteren Aufstieg. Aus jener Zeit stammt auch die Geschichte, Ferdinand Piëch wäre damals mit der Stoppuhr vor den Werkstoiletten gestanden und hätte dabei die Fehlzeiten einzelner Mitarbeiter in Erfahrung gebracht. Auch wenn diese Story nur eine Mär sein dürfte, sie gibt auf interessante Weise wieder, wie Piëch von seiner Umwelt wahrgenommen wurde. Nach dem Karriereknick in der Familienfirma, in der Piëch heute als Beirat großen

Einfluss besitzt, wechselte der Autokonstrukteur zum Konkurrenten Auto Union, dem heutigen Audi. Auch hier verlief seine Karriere nicht reibungslos. Als die Nachfolge des langjährigen Audi-Chefs Wolfgang Habbel anstand, wurden externe Kandidaten unter die Lupe genommen. Piëch war inzwischen aufgrund seiner herausragenden Leistungen stellvertretender Vorstandsvorsitzender. Als Chef wollten ihn viele nicht. Habbel verlängerte sogar unplanmäßig seinen Vertrag, um Piëch zu verhindern. 1988 war es dann doch so weit, Ferdiand Piëch erklomm den Thron in Ingolstadt. Bekannt aus dieser Zeit ist auch, dass er einen permanenten Stellungskrieg gegen die Audi-Mutter Volkswagen führte. Piëch wollte für die Premiummarke des Konzerns mehr Eigenständigkeit erreichen.

Der Kostensenker

Die Entscheidung für Piëch als Vorstandsvorsitzender bei VW war Folge der Autokrise. Volkswagen brauchte einen Sanierer mit harter Hand. So war die Anfangszeit als VW-Chef geprägt von Friktionen. Piëch wechselte den kompletten Vorstand aus. Daniel Gouedevert, Martin Posth und die anderen Spitzenmanager der Ära des Vorgängers Carl H. Hahn überlebten den Wechsel auf Piëch in der Wolfsburger Chefetage nicht. Piëch entsprach mit diesem einmaligen „Blutbad" dem Bild des gnadenlosen Vollstreckers. In Wirklichkeit verfuhr er nur nach seiner Devise: „Wer viel Geld verdient, muss auch eine entsprechende Leistung bringen." Nach dem Revirement begleiteten Piëch die meisten seiner wichtigsten Mitstreiter dann über viele Jahre und sie prägen auch heute noch das Unternehmen: Zu Martin Winterkorn, inzwischen Chef bei Audi, Strategie- und Rechtsexperte Jens Neumann, Personalvorstand Peter Hartz oder Vertriebschef Robert Büchelhofer stand Piëch immer in Treue fest.

Die Wellen schlugen anfänglich auch wegen des Wechsels des spanischen Managers José Ignacio López zu Volkswagen hoch. Anfang der 90er Jahre befand sich die europäische Autoindustrie in einer schweren Krise. Die Nachfrage lahmte, die Kosten waren zu hoch und japanische Konkurrenten wie Toyota oder Honda entrissen den deutschen Massenherstellern Marktanteile. Die Antworten auf diese Herausforderung lauteten schlanke Fertigung und Einsparungen beim Einkauf. López hatte sich bei Opel als Einkaufschef einen Ruf als Kostensenker erworben. Er sollte auch bei Volkswagen an der Seite des Sanierers Piëch helfen, die Produktivität zu steigern. Aus dem López-Wechsel erwuchs dann der größte Fall von Industriespionage in Deutschland der vergangenen Jahrzehnte. López' früherer Arbeitgeber General Motors warf dem Spanier vor, systematisch vertrauliches Material bei seinem Abschied mitgenommen zu haben. Die Affäre zog sich über Jahre hin und endete mit dem unfreiwilligen Abgang des Kostenexperten López bei Volkswagen. Im Laufe der Auseinandersetzung wackelte auch Piëchs Stuhl mehrmals erheblich. Obwohl seine Fähigkeiten als Automann und Manager nie in Frage standen, hatte Ferdinand Piëch als Person weiterhin erhebliche Imageprobleme.

Innovative Arbeitszeitmodelle

Anerkennung außerhalb der Autobranche erwarb sich Piëch erst später. Einen Wendepunkt markierte unter anderem ein innovatives Arbeitszeitmodell, die Vier-Tage-Woche. Volkswagen reagierte damit auf die zunehmende Freisetzung von Mitarbeitern. Statt Arbeitsplätze abzubauen, verteilte der Konzern die bestehende Arbeit in der konjunkturellen Krise auf die vorhandenen Mitarbeiter. Dieses Modell hatte zwei Vorteile. Ziehen die Verkaufszahlen wieder an, müssen Unternehmen nach der Entlassungswelle anschließend wieder Mitarbeiter einstellen, sie neu qualifizieren etc. Volkswagen hingegen konnte mit der eingespielten Belegschaft in den Boomjahren weiterarbeiten. Daneben sandte das Wolfsburger Unternehmen eine wichtige gesellschafts- und regionalpolitische Botschaft aus, die Sozialverantwortung des größten Arbeitgebers der Gegend wurde ernst genommen. Für eine flexible Lösung in Arbeitnehmerangelegenheiten unter Mitwirkung der Betriebsräte steht auch das Modell „5 000 mal 5 000". Piëch, im Schulterschluss mit seinem Arbeitsdirektor Peter Hartz, konnte damit eindrucksvoll belegen, dass er sich nicht nur für Autos, sondern auch für die Mitarbeiter von Volkswagen engagierte.

Die Sanierung von VW gelingt

Wichtiger aber noch als diese arbeitnehmerfreundlichen Entscheidungen sind Piëchs unbestrittenen Erfolge als Manager. Schon bei Audi gelang dem Porsche-Enkel ein Meisterstück. Unter dem Slogan „Vorsprung durch Technik" entwickelte Piëch Fahrzeuge, die in der automobilen Oberklasse zu den Marktführern Mercedes und BMW erst technisch und später dann auch imagemäßig aufschlossen. Viele Innovationen bei Audi stammen aus der Piëch-Zeit: 5-Zylinder-Motor, Allradantrieb und vollverzinkte Karosserien sind nur einige Neuerungen, die Piëch zur Marktreife brachte.

Respekt und Ansehen als Wirtschaftkapitän erwarb sich Piëch vor allem durch seinen Turnaround bei Volkswagen. Als der leidenschaftliche Segler und Japankenner in Wolfsburg antrat, war die Lage desolat. Volkswagen galt als heruntergewirtschaftet. Mit dem Verkauf von jedem Auto des Erfolgsmodells Golf verlor der Konzern Geld, weil Produktion, Vertrieb und Verwaltung ineffizient organisiert waren. Piëch räumte nicht nur im Management auf, brachte den Sanierungsfall Seat wieder in Ordnung und hob mit seiner Plattformstrategie schlummernde Synergien, sondern er gab dem gesamten Konzern eine unternehmerische Vision. Piëch baute den Massenhersteller VW zu einem Automobilunternehmen um, das vom Kleinstwagen bis zum Luxusfahrzeug Phaeton alle Kundenbedürfnisse abdeckt. Um in die automobile Oberliga vorzustoßen, kaufte Piëch die Edelmarken Bugatti, Lamborghini und Bentley. Die roten Zahlen zum Amtsantritt verwandelte Piëch im Laufe der Zeit zu immer neuen Rekordgewinnen. Der Vater von 12 Kindern verließ die Kommandobrücke bei VW im April 2002 und hinterließ eine gesunde, bestens aufgestellte Firma. Im Geschäftsjahr 2001 erzielte Volkswagen 2,9 Milliarden Euro Gewinn bei 88 Milliarden Euro Umsatz und 320 000 Beschäftigten. Anlässlich der Aufnahme von Ferdinand Piëch in die Hall of Fame des *manager magazins* sagte Laudator und Manager-Kollege Heinrich von Pierer:

> **„Was ihn auszeichnet, sind Kompetenz, Genius, Hingabe, Hartnäckigkeit und Leidenschaft ... Everybody´s Darling zu sein ist allerdings nie etwas gewesen, auf das Herr Piëch für sich Wert gelegt hätte."**

Auch die Art und Weise, wie Piëch den Übergang zu seinem Nachfolger Bernd Pischetsrieder als VW-Chef vollzogen hat, gilt als vorbildlich. Seine Idee, erst einmal die Welt zu umsegeln und seinem Nachfolger nicht in die tägliche Arbeit zu reden, wurde mit Applaus bedacht. Piëch ist immerhin Aufsichtsratschef des Volkswagenkonzerns. So steht Piëch mit seinem Abschied von der operativen Bühne am Höhepunkt seines öffentlichen Ansehens als prägender Wirtschaftsführer der vergangenen Jahre.

Klaus Westermeier

Heinrich von Pierer

Stark mit leisen Tönen

Heinrich von Pierer ist eine feste Größe unter den Granden der deutschen Wirtschaft. Beharrlich baute der Siemens-Chef den Elektrokonzern zu einem deutschen Vorzeigeunternehmen um. Dabei hat er sich den Respekt von Manager-Kollegen, Politikern und Öffentlichkeit gleichermaßen erworben.

Gerne erzählt Heinrich v. Pierer diese Anekdote: Es war im Jahr 1993. Er hatte gerade vor einigen Monaten sein neues Amt als Siemens-Chef angetreten. Ein junger Manager rief ihn um die Weihnachtszeit im Skiurlaub im Engadin an. Es wurde eng bei einem großen Auftrag und der junge Mann scherte sich nicht um Hierachien, er brauchte den Boss, um einen dicken Fisch an Land zu ziehen. Die Aufträge für zwei Kraftwerke in Malaysia im Wert von über 1 Milliarde Mark standen auf dem Spiel. Die Manager-Legende Jack Welch, Primus beim Konkurrenten General Electric, hatte sich beim malaysischen Kraftwerksbetreiber VTL Corporation angesagt, um höchstpersönlich für die Produkte von GE zu werben. Siemens-Lenker Pierer zögerte keine Sekunde, setzte sich in die nächste Maschine Richtung Fernost, traf den Kunden vor Welch und machte das Geschäft.

Der richtige Mann für die Kulturrevolution

Die Geschichte offenbart viel vom Managementstil des Erzählers. Pierer schätzt kurze Informationswege, Schnelligkeit und die Nähe zu Mitarbeitern und Kunden. Der Franke ist ein zugänglicher Mensch, der menschliche Barrieren rasch abbaut. Er erzählt gerne von seiner Bayerischen Jugendmeisterschaft im Tennis und seiner Tätigkeit als freiberuflicher Mitarbeiter des *Erlanger Tagblatts* in seiner Studentenzeit. Pierer suggeriert seinem Umfeld: „Meine Person und meine Persönlichkeit sind ganz normal." So hievten ihn sein diplomatisches Geschick, seine Unverkrampftheit und seine Kommunikations- und Integrationsfähigkeit 1992 an die Spitze von Siemens, er wurde Chef von rund 400 000 Beschäftigten. Siemens stand damals am Scheideweg. Der traditionsreiche Elektrokonzern galt als zu deutsch, zu spröde, zu technisch und zu bürokratisch. Bereits Vorgänger Karlheinz Kaske, ein integrer, sachlicher und verlässlicher Techniker, und Strategievorstand Hermann Frantz leiteten die Kulturrevolution bei Siemens ein. Jeder Konzernteil, und deren gab es rund 300, sollte sein eigenes Geld verdienen und nicht unbemerkt im Riesenreich vor sich hindümpeln. Internationalität, Innovationskraft und Unternehmertum waren gefragt. Kaske und Frantz fanden in Pierer den Mann, der den Masterplan, Siemens auch mental in die Weltspitze zu führen, umsetzen sollte. Seine Lockerheit, seine verbindliche und humorvolle Art schien ihnen bei dem Unterfangen hilfreich.

Dabei war Pierer bis zu seiner Berufung an die Konzernspitze von Siemens öffentlich kaum wirklich aufgefallen. Im Grunde war Pierer hinsichtlich seiner Karriere ein Spätstarter. Er reifte langsam in seiner Heimatstadt Erlangen heran. Der promovierte Jurist kam über die Rechtsabteilung zur Siemens-Tochter KWU, die Kraftwerke baute und weltweit vertrieb. Der dortige Chef, Klaus Bartelt, einer der großen Bereichsfürsten des Konzerns, nahm Pierer unter seine Fittiche. Pierer war bei der KWU unter anderem für Großprojekte zuständig und lernte dabei die Welt kennen. Insbesondere im Iran musste Pierer in einem schwierigen Umfeld einmal seine ganzen Talente und sein Einfühlungsvermögen aktivieren, um die Geschäftsbeziehungen voranzutreiben. Ins oberste Siemens-Management rückte er aber erst spät auf. Pierer wurde 1989 KWU-Chef, nachdem sein Förderer Bartelt in den Ruhestand gegangen war. Bei seinem Sprung an die Konzernspitze kam Pierer drei Jahre später zugute, dass er auf der lokalen Bühne der Siemens-Hochburg Erlangen Mitarbeitern, Managern und Entscheidern bestens bekannt war.

Vorschusslorbeeren und harte Zeiten

Seine Berufung zum Chef von Deutschlands drittgrößtem Konzern wurde intern und in den Medien äußerst positiv kommentiert. Pierer galt rasch als der richtige Kandidat, der den Spagat zwischen Tradition und notwendiger Öffnung von Siemens bewerkstelligen könne. Dabei begleitete Pierer lange Zeit die notwendige Portion Fortüne. Mit der so genannten Top-Bewegung, an deren Spitze sich Pierer persönlich stellte, steigerte Siemens über Jahre Produktivität und Effizienz. Pierer sorgte für eine klarere Organisation, mehr Eigenverantwortung der Mitarbeiter, eine stärkere Kundenorientierung und einen Innovationsschub bei Siemens. Inhaltliches Profil gewann Pierer mit den Themen Kernkraft- und Reaktorsicherheit in Osteuropa und mit der Öffnung des asiatischen Markts für Siemens. Als das Missmanagement bei der Computertochter Siemens Nixdorf offenkundig wurde, verlor der Bereichsvorstand seinen Job und der ABB-Manager Gerhard Schumeyer ersetzte ihn. Auch mit diesem Managementwechsel setzte Pierer in der starren Siemens-Welt ein Zeichen des Aufbruchs.

Vielen gingen Pierers Reformen und Aktionen dennoch nicht weit genug. Ab 1996 verlor sein Stern zusehends an Strahlkraft. Im aufziehenden Zeitalter des Shareholder-Value drohte Siemens von aggressiveren Firmen an den Rand gedrängt zu werden. Ertragsprobleme bei einzelnen Siemens-Sparten bestätigten die Kritiker, die Pierer vorhielten, er hätte nicht radikal genug das Unternehmen auf Profit getrimmt. Das Siemens-Konsensmodell, wonach Aktionäre, Kunden und Mitarbeiter in einem Boot sitzen, widersprach dem Mainstream der zweiten Hälfte der 90er Jahre. 1998 wurde ein Bild des Siemens-Chefs gezeichnet, der die notwendigen Veränderungen zwar erkennt, sie immer wieder verspricht, aber nicht die Kraft zur Umsetzung besitzt. Da zu jener Zeit mit der Medizintechnik, KWU, Handys und Chips gleich mehrere Siemens-Sparten fast zeitgleich in die roten Zahlen abstürzten, geriet Pierer ernsthaft unter Druck. Sein Charme verblasste zwischenzeitlich, viele sahen in ihm den smarten, aber durchsetzungsschwachen Schönwetterkapitän. Stimmen wurden sogar laut, die die Ablösung Pierers forderten, er schien ein Chef auf Abruf zu sein.

„Der Elektroladen wird renoviert"

Pierer zog die Notbremse. Im Sommer 1998 verkündete er ein schnell zusammengestelltes 10-Punkte-Programm. Was ihm kaum noch jemand zutraute: Er realisierte es rasch und konsequent. Unter anderem wurden die Verlustbringer nachhaltig saniert, Mitarbeiter entlassen, mit Infineon und Epcos zwei Siemens-Sparten an die Börse gebracht und Manager wesentlich stärker als in der Vergangenheit ergebnisabhängig bezahlt. Durch die heile Siemens-Welt zog ein kalter Wind. Weil Pierer Ernst machte, stieg er 1999 geradezu phönixartig aus der Asche. Die schwerste Krise seiner Karriere war gemeistert. Aus dem Zauderer wurde wieder der Schrittmacher. Führende Medien lobten Ende 1999 Pierer unisono: „Vom Buhmann zum Börsenliebling" und „Der verwandelte Chef" *(Süddeutsche Zeitung)*, „Siemens wandelt sich zum Börsenliebling" *(Handelsblatt)*, „Siemens dinosaurier learns law of evolution" *(Financial Times)*, „Siemens lässt beim Umbau des gesamten Konzerns nicht nach" und „Der Elektroladen wird renoviert" *(Die Zeit)* lauteten einige der nun wohlwollenden Schlagzeilen.

Inzwischen ist Heinrich von Pierers Ansehen abgekoppelt vom Auf und Ab des Siemens-Geschäftsverlaufs. Pierer gilt als einer der profiliertesten deutschen Top-Manager, der auch über den Tellerand des eigenen Unternehmens zu blicken weiß. Pierer steht für eine weitsichtige, verantwortungsbewusste und konsensorientierte Unternehmensführung. Es kommt jetzt positiv zum Tragen, dass Pierer immer für die soziale Verantwortung der Unternehmen plädiert hat und diese Position mit seinem Handeln bei Siemens glaubwürdig unterstrich. Pierers Absage an amerikanische kurzfristige und rein aktionärsorientierte Strategien ist nach dem Ende des Börsenhypes wieder salonfähig.

Politisches Geschick

Kein Manager der Beletage der deutschen Wirtschaft pflegt so viel Nähe zu Spitzenpolitikern wie Pierer. Ihm wird diplomatisches Geschick nachgesagt. Seine heißen Drähte zur politischen Elite nutzt Pierer auch geschickt für seinen Job als Siemens-Chef. Dabei agiert der ehemalige Kommunalpolitiker, der nur um wenige Stimmen am Einzug in den Deutschen Bundestag gescheitert ist, parteiunabhängig („Ich habe keine Prioritäten"). Obwohl CSU-Mitglied, verbindet Pierer eine enge Beziehung zu Gerhard Schröder. Auch mit Helmut Kohl und Edmund Stoiber kann Pierer. Selbst mit Gregor Gysi führte Pierer regelmäßig Gespräche, als dieser Berliner Wirtschaftssenator war. Bei Auslandsreisen von Kohl und Schröder war Pierer immer ein gern gesehener Gast. Immerhin besitzt er in Asien und Südamerika beste Kontakte und verfügt in Bezug auf viele Länder über exzellentes Wissen.

Hasso Plattner

Auf Sieg programmiert

Gemeinsam mit vier Kollegen gründete Hasso Plattner 1972 die Systemanalyse Programmentwicklung GbR. Heute ist SAP Deutschlands führendes Softwarehaus mit einem Umsatz von 7,3 Milliarden Euro (2001) und 29 000 Beschäftigten in 50 Ländern. Mit unbändiger Energie und Sportsgeist formte der studierte Ingenieur ein Unternehmen, das bis heute die Kraft besitzt, sich neu zu erfinden.

„Ich liebe den Wettbewerb“: Kaum eine Bemerkung charakterisiert Hasso Plattner so sehr wie diese. Er mag den Wettkampf, er liebt den Sieg und er empfindet Druck von außen als produktiv. Merkwürdig eigentlich für einen Unternehmer, der darauf bedacht sein müsste, eine Nische fernab des preisdrückenden Wettbewerbs zu finden und seine Monopolrente abzuschöpfen. Nachvollziehbar ist dieses Credo auf den ersten Blick für den Chef eines Konzerns mit einer außergewöhnlich starken Marktposition – man mag Herausforderungen lieben, wenn man sicher ist, dass man sie meistern kann. Und die Marktposition von SAP ist stark: Das Gros der 500 größten Unternehmen weltweit steht auf der Kundenliste, kaum ein Konzern zwischen Tokio und Los Angeles verzichtet in Produktion, Beschaffung oder Buchhaltung auf Softwarepakete aus dem badischen Walldorf.

Doch wer Hasso Plattner kennt, weiß, dass er sein Bekenntnis zum Wettbewerb ernst meint. Er ist ein Sportsmann klassischer Prägung und will gewinnen. Dies kann er nur gegen Wettbewerber, alleine wäre jede Leistung wertlos. Der Wille zum Sieg prägt Hasso Plattner und sein Unternehmen, die SAP AG.

Vom Start weg ein Team

Gleich eine halbe Fußballmannschaft verließ 1972 IBM und gründete eine eigene Softwarefirma – in einer Zeit, als die meisten eine Karriere in der Beratung oder in großen Konzernen anstrebten: Hans-Werner Hector, Dietmar Hopp, Hasso Plattner, Klaus Tschira und Claus Wellenreuther.

Ihr Geschäftsmodell: Sie wollten eine Standardsoftware entwickeln, und das in einer Zeit, als man Software üblicherweise noch als Dreingabe beim Computerkauf erhielt.

Hopp und Plattner hatten an dieser Idee bereits in ihrem gemeinsamen Büro in der Mannheimer Niederlassung von IBM gearbeitet. Angestellt waren sie aber, um Rechner zu verkaufen, entwickeln sollten andere. Heute gibt Plattner zu: „Ich bin übrigens auch nicht so sicher, ob die SAP es heute zulassen würde, dass Mitarbeiter in einem Büro in Marseille eine Version des SAP-Systems entwickeln."

Nach 18 Monaten gab es R/1. Das R sollte Kunden an den größten Vorzug der neuen Software erinnern: Sie arbeitete Real-Time. 30 Jahre später läuft die Software aus Walldorf in den meisten Konzernen dieser Welt und steuert Gehaltsabrechnungen, Produktionsabläufe oder die Abwicklung von Aufträgen – das Programm entwickelte sich zum Nervenzentrum des Welt-Kapitalismus mit 50 000 Installationen und 10 Millionen Nutzern.

Ein Gründer hielt durch

30 Jahre nach der Firmengründung ist nur noch einer aus dem Gründerteam aktiv: Hasso Plattner. Claus Wellenreuther zog sich bereits 1980 aus gesundheitlichen Gründen zurück, 1995 schied Hans-Werner Hector im Streit. 1998 wechselten schließlich Dietmar Hopp und Klaus Tschira in den Aufsichtsrat. Erst jetzt trat Mitgründer Plattner ins Rampenlicht, allerdings nicht allein. Neben ihm steht der Physiker Henning Kagermann – eine ideale Ergänzung für den impulsiven Antreiber und Macher Plattner. Dieser kann sein Berliner Temperament am besten im persönlichen Dialog mit Kunden, Entwicklern oder Partnern ausleben, die Präsenz im Aufsichtsrat einer Deutschen Bank oder strategische Projekte passen besser zum Kollegen Kagermann.

Temperament – nur wer über Energie für fünf verfügt, schwärmt wie Plattner von einer „apokalyptischen Arbeitsatmosphäre". Dabei bezieht sich der Chef-Technologe im Konzern auf eine der kritischsten Phasen in der SAP-Geschichte Anfang der 90er Jahre: die Einführung von R/3 und die gleichzeitige Umstellung der Software von der Welt der IBM-Großrechner auf die Unix-basierte Client-Server-Architektur. Ursprünglich hatte man auch R/3 für Großrechner entwickelt – doch richtig laufen wollte sie dort nicht: Sie erwies sich als zu komplex für die Rechner-Dinosaurier. Binnen sechs Wochen setzte SAP das gesamte System auf Unix-Workstations neu auf und präsentierte wie angekündigt pünktlich zur CeBIT 1991. Mit dieser Blitzaktion legte SAP die Basis für den weltweiten Siegeszug von R/3, gehörten die 90er doch der Client-Server-Architektur, und auf ihr lief R/3 ... und lief und lief.

Wer verkaufen will, muss präsentieren

Entwickeln und Verkaufen: Zwischen diesen beiden Polen bewegt sich Hasso Plattner bei SAP seit 30 Jahren. Dabei hängt sein Herz an der Entwicklung: „Die Zeit von 1988 bis 1992 war wunderbar", bekannte er später. „Ich reiste überhaupt nicht. Ich saß nur hier im Entwicklungszentrum und entwickelte. Ich hatte jeden Tag Meetings und ging umher. Das machte mir Spaß. Es war eine tolle Zeit."

Dies klingt nach einem Mann, der nicht ins Rampenlicht drängt. Doch wenn es auf ihn fällt, scheut er es nicht. Der Chef-Verkäufer nutzt die Firmenmesse Sapphire für Auftritte vor Tausenden von Kunden, Mitarbeitern und Multiplikatoren. Seine Reden werden umrahmt von brasilianischen Tänzerinnen oder Showacts à la Stevie Wonder. Und einmal griff er gleich selber zur Gitarre und legte einen Auftritt à la Keith Richards hin.

Zu dieser Leidenschaft für Gitarren passt sein Äußeres. Von der konservativen deutschen Geschäftswelt hob er sich bis in die 80er Jahre durch lässige Kleidung und längere Haare ab und auch in den 90er Jahren nahm er sich die Freiheit, beim Weltwirtschaftsforum in Davos im Pullover zu erscheinen. Aber da war dieser Stil dank Bill Gates längst gesellschaftsfähig.

Aus Überzeugung lässig

Den lässigen Stil hält Hasso Plattner konsequent durch, für die Mitarbeiter ist er Hasso. Eine Kleinigkeit nur, aber eine Kleinigkeit, die zeigt, wie sehr SAP auf Teamwork setzt. Plattner: „Das ist eigentlich das Gute an der Teamarbeit bei SAP, dass ohne jeden Karrieregedanken, ohne Hierarchiegedanken im Team gearbeitet wird. Die Karriere ist eigentlich, dass man den Spaß hat, ein tolles Produkt in einem guten Unternehmen zu entwickeln, und dass man auch je nach Leistung mehr Geld bekommt." Vielleicht hat das Gründerteam um Hasso Plattner auch nur früh gemerkt, dass zufriedene, gut bezahlte Mitarbeiter erheblich produktiver arbeiten als Stechuhr-Kandidaten nach Tariflohn. Bereits bei einem kurzen Besuch in der Walldorfer Zentrale fällt die entspannte Atmosphäre auf: Mitarbeiter stehen in Kaffeeküchen zusammen und diskutieren, vor Rechnern drängen sich drei oder vier Menschen im Gespräch. Selbst nach 19 Uhr sind viele Büros besetzt, manch einer macht die Nacht zum Tage, völlig flexibilisierte Arbeitszeiten ermöglichen dies.

Die SAP-Kultur, häufig nur mit Äußerlichkeiten wie der kostenlosen Kantine verbunden, ist im Inneren durch das Konzept eines lernenden Unternehmens geprägt. Online oder offline bilden sich permanent Tausende Mitarbeiter weiter – bis hin zum Vorstand. Seine positive Einstellung zum Lernen verdankt Plattner einem Lehrer: „Wenn man dahin kommt, dass man seine Ansichten nicht mehr ändert, dann weiß man, dass man alt ist", zitiert er diesen gern.

Vor Fehleinschätzungen schützt diese Flexibilität im Kopf jedoch nicht, auch nicht vor existenzbedrohenden Fehlern. Ein solcher unterlief SAP in den 90er Jahren bei der Einschätzung des Internets. „Das Internet habe ich nicht kommen sehen", bekennt Plattner heute freimütig. „Und plötzlich war es da."

Aufholjagd als sportliche Herausforderung

Mit ähnlicher Vehemenz wie Anfang der 90er Jahre bei der Umstellung auf den Client-Server-Betrieb forcierte das Unternehmen Ende der 90er Jahre den späten Einstieg in das Web-Zeitalter. Zeitweilig schwärmte man, dass man zum führenden Portal für Geschäftskunden werden könne, vergleichbar der Stellung von AOL im Endkunden-Segment. MySAP.com hieß die Vision, doch ihre Umsetzung in die Realität verlief zäh.

An diesem Punkt zeigte sich die Stärke der SAP-Kultur. Lernen heißt Fehler zugeben und Verhalten ändern – nach dieser Devise ließ das Management seinen ursprünglichen Plan fallen und suchte sich Verbündete in der Online-Welt. Das deutsche Vorzeige-Unternehmen, das bislang fast alles selbst entwickelt hatte, öffnete sich für Start-ups wie CommerceOne und gewann erstaunlich schnell verloren geglaubtes Terrain zurück.

Der Konkurrenz einen Schritt voraus

Plattner selbst fühlt sich bei dieser Aufholjagd wohl: Der Segel-Profi und begeisterte Snowboarder liebt den Wettkampf – am stärksten, wenn er ihn gewinnt, und davon geht er auch beim Rennen um das Internet aus. Schlagzeilen machte der Sportsmann Plattner 1996, als er beim Sydney-Hobart-Rennen mit seinem Team in Rekordgeschwindigkeit siegte. Die Leidenschaft für den Bootssport erbte er vom Vater, der auch während der Berlin-Blockade mit seinem Sohn segeln ging. Heute nutzt Plattner die Passion, um Druck abzubauen: „Ich glaube, in den Jahren, in denen ich am meisten gearbeitet habe, habe ich auch an den meisten Regatten teilgenommen." Hinter der Leidenschaft für den Sport verbirgt sich wohl auch eine Portion Ruhelosigkeit: „Ich kann einfach nicht nur dasitzen", gibt er unumwunden zu. Am liebsten bewegt er sich wohl, um zu gewinnen – jeden Tag, bei jeder Entscheidung.

Stefan Schwartz

Ferdinand jun. „Ferry" und Ferdinand Alexander Porsche

Ferdinand jun. „Ferry" Porsche

Ferdinand Alexander Porsche

Vom Käfer zum „Elfer"

Zu den einmaligen Legenden der Automobilbranche gehört, wie Porsche nach dem Krieg aus einem biederen Volkswagen einen Sportwagen machte und mit diesem Konstruktionsprinzip immer noch erfolgreich sein kann.

Immer nur für Fremde arbeiten kann für einen Konstrukteur nicht wirklich befriedigend sein. Das musste sich Ferdinand Porsche, der Vater von Ferdinand jun. „Ferry“, bereits in den 40er Jahren gesagt haben, als die beiden in Stuttgart-Zuffenhausen ein Konstruktionsbüro mit Prototypenbau betrieben, vor allem für das Volkswagen-Werk arbeiteten und auch den „Käfer“ entwickelten. Porsche senior war in der automobilen Welt seit Anfang des letzten Jahrhunderts eine feste Größe: Er stammte aus Maffersdorf (Vratislavice nad Nisou) in Nordböhmen und fiel schon als junger Mann wegen seiner ungewöhnlichen technischen Begabung auf. Obwohl er eigentlich nur die Gewerbeschule im benachbarten Reichenberg besuchte, rissen sich viele Fabrikanten um ihn; mit erst 22 Jahren leitete er bereits eine Versuchswerkstatt. Er erfand einen elektrischen Radnabenmotor, den Strom dafür erzeugte ein Dieselmotor – ein Prinzip, das 100 Jahre später noch modern wirkt. Porsche war Konstrukteur und Rennfahrer, der später zu Austro-Daimler nach Wien und 1923 als Entwicklungschef, später sogar als Vorstandsmitglied zu Daimler nach Stuttgart wechselte und dort die legendären Rennwagen SS, SSK und SSKL schuf. Ende 1928 schied Porsche aus. Sein kreativer Kopf war nicht leicht in die komplizierte Verwaltungsstruktur eines eben fusionierten Konzerns zu integrieren.

Der Schritt in die Selbstständigkeit

Er machte sich 1930 in Stuttgart mit der Dr.-Ing. h.c. F. Porsche GmbH (sie wurde 1938 in eine KG umgewandelt) selbstständig. Er erfand die Drehstabfederung, entwickelte – später zusammen mit Sohn Ferry, einem studierten Ingenieur – Traktoren und immer wieder siegreiche Rennwagen wie den Silberpfeil für die Auto-Union. Porsches Philosophie war immer die Gleiche: Leichtbau und Heckmotor.

Aber der Traum von einem Fahrzeug unter dem eigenen Namen blieb erstmals in den Köpfen von Vater und Sohn, einiges auch schon auf Papier. Das gelang erst nach dem Krieg. Büro und Werkstatt waren längst ins beschauliche Gmünd im österreichischen Kärnten ausgelagert, Porsche senior in Frankreich interniert und Sohn Ferry tatenlos. Das ist freilich ein Zustand, den ein richtiger Porsche nicht lange aushält, weshalb der Junior den Prototypen 60K10 bauen ließ: ein Sportwagen mit Großserienteilen des VW-Käfer, von dem Ende 1945 bereits wieder 917 Fahrzeuge gefertigt wurden.

Ein Sportwagen mit Käfer-Teilen

Porsche benannte seine Entwicklung in Typ 356 um, ließ einen Gitterrohrrahmen schweißen, eine Aluminiumhaut darüber dengeln und im Heck den – auf 35 PS Leistung getunten – luftgekühlten Vierzylindermotor mit bescheidenem Hubraum von 1,1 Liter einbauen. Der fertige Wagen wog nur 600 Kilogramm, weshalb er gut beschleunigte und eine Spitzengeschwindigkeit von immerhin 130 km/h erreichte. Schweizer Kapitalgeber – sie sollten unter der Firma AMAG später Generalimporteure für die Eidgenossenschaft werden – sorgten für die finanziellen Mittel, denn die Konten der Gesellschaft waren noch beschlagnahmt. Ferry Porsche fand immer eine Lösung für die nicht geringen Probleme in der Nachkriegszeit: Materialversorgung, Produktionsprobleme, Vertrieb. In seinen Lebenserinnerungen wunderte sich Ferry Porsche, dass es „uns gelungen ist, bei all den Problemen 50 Autos herzustellen".

Weil man ja viele Teile von VW brauchte, musste Porsche sich mit dem Werk einigen. Als 1948 Heinz Nordhoff die Leitung bei VW übernahm, fand Ferry Porsche mit ihm zu einer kodifizierten Zusammenarbeit: VW liefert die benötigten Teile und der Porsche darf sogar über das VW-Vertriebsnetz verkauft und gewartet werden. Darüber hinaus handelte Porsche noch eine Entwicklungszusammenarbeit aus und ließ sich von Nordhoff für die Familie die Generalvertretung für Volkswagen für Österreich zusichern. Weil der VW-Generaldirektor bei den Aufträgen wenig konkret wurde, trotzte Porsche ihm noch eine Lizenzgebühr für jeden Käfer von 5 Mark ab. „Der Käfer war ja nun einmal unser geistiges Eigentum", erklärte Porsche auf die Frage nach der eigenen Gegenleistung.

Zurück nach Stuttgart

Weil in Gmünd natürlich nur eine größere Werkstatt bestand, betrieb Porsche sukzessive die Rücksiedelung nach Stuttgart, wo aber das ursprüngliche Werk noch von den Amerikanern beschlagnahmt war. Man mietete einfach gegenüber Flächen bei der Karosseriefabrik Reutter, wo künftig die 356er entstehen sollten; das Büro richtete man im alten Haus des Vaters am Feuerbacher Weg ein. Bei Reutter wurden von nun an die Fahrzeuge gebaut – nicht mehr in Alu, sondern in Stahlblech. Der Grund dafür war recht einfach: Die Leute hatten nur Erfahrungen mit Stahlblech, nicht aber mit Aluminium.

„Mein Vater war mit meiner Arbeit zufrieden", schrieb Ferry Porsche in seinen Memoiren über diese Nachkriegszeit. Das musste ein außerordentliches Lob gewesen sein, denn der Senior neigte darin nicht zum Überschwang: Nichts gesagt ist genug gelobt. Aber tatsächlich konnte sein Vater ihm in dieser Zeit nicht mehr viel helfen, denn Ferdinand Porsche war nach seiner Gefangenschaft in Frankreich nicht mehr der Alte, obwohl er – so berichtet sein Sohn – seinen untrüglichen Blick fürs Auto nicht verloren hatte. Als Anfang 1950 die ersten Reutter-Karossen abgenommen werden mussten, war der Senior dabei. Er ging wortlos herum, schnappte sich einen Hocker und setzte sich genau vor den Wagen. „Die Karosserie muss zurück in die Werkstatt“, beschied er, denn sie sei nicht symmetrisch. Tatsächlich stellte sich beim Nachmessen heraus, dass sie um 20 Millimeter aus der Mittelachse nach rechts verschoben war. Der Typ 356 wurde 1950 zu einem Preis von genau 9 950 Mark angeboten. Als in Wolfsburg die VW-Händler erstmals tagten, bestellten sie 20 für Deutschland, 17 für das europäische Ausland.

Der 356er – der typische deutsche Sportwagen

Damals schon war der Porsche 356 der typische deutsche Sportwagen, der natürlich im Laufe der Jahre an Motorkraft wuchs – im Image durchaus ebenbürtig mit dem viel stärkeren und teureren Mercedes-Benz 300 SL oder diversen Modellen von Maserati oder Ferrari. „Es ist ein Auto“, sagte Porsche einmal, „mit dem man schnell ums Eck kommt.“ Seine Leichtigkeit und das spezielle Fahrgefühl eines Hecktrieblers vergrößerten schnell die Fangemeinde. Das galt besonders für die Vereinigten Staaten, wohin in manchen Jahren 70 Prozent der Produktion verkauft wurden. Der Verkaufsmotor dort war natürlich Maximilian („Maxie“) Hoffman, ein deutschstämmiger Amerikaner, den damals jeder kannte und der von New York aus alle deutschen Automarken für das wohlhabende Publikum importierte. Auf seine Anregung ist zurückzuführen, dass der Speedster – ein offener schneller Roadster – gebaut wurde, in dem 1955 die Kino-Legende James Dean umkam.

Alle liebten den 356er. Dass aber irgendwann ein neues Auto dem Publikum geboten werden musste, war dem Unternehmer Porsche auch klar. Dieser Aufgabe durfte sich Ferrys ältester Sohn Ferdinand Alexander Porsche (genannt „Butzi“) annehmen, der 1957 ins Unternehmen kam und sich für Styling interessierte. Er entwickelte mit dem Typ 901 ein etwas größeres und flächigeres Coupé als der 356, der in seiner knubbeligen Art eindeutig seine Käfer-Herkunft verriet. Als es um den Prototypen ging, musste Ferry Porsche einen Konflikt entschärfen, denn sein altgedienter Mitarbeiter Erwin Komenda, der schon das erfolgreiche Coupé 356 geschaffen hatte, wollte jetzt einen großen Viersitzer und änderte gerne Butzis ursprüngliche Entwürfe nach seinem eigenen Gusto ab. „Ich lernte“, sagte Ferry später, „dass ein guter Autokonstrukteur nicht unbedingt auch ein guter Stylist ist.“ Er ließ Butzis Prototyp einfach bei Reutter fertigen.

Der Typ 911

Der Typ 911 – Peugeot pochte wegen seiner Markenrechte auf Typenbezeichnungen mit einer Null zwischen zwei Zahlen auf eine Änderung – wurde 1963 auf der Internationalen Automobilausstellung (IAA) in Frankfurt am Main mit einem Sechszylinder mit zwei Liter Hubraum und 130 PS Leistung gezeigt und nicht auf Anhieb für gut befunden. Manch einer fand ihn „ein bisschen zu eckig“, wie Ferry berichtete. Andere wiederum fanden, das sei kein Porsche mehr. Er sollte sich trotzdem durchsetzen und zur Ikone des deutschen Sportwagens werden.

Die Nachfolgeregelung

Anfang der 70er Jahre musste Porsche-Chef Ferry Porsche – mittlerweile über 60 Jahre alt – nicht nur ein Absatzminus hinnehmen, weil das Geschäft in den USA lahmte, er musste sich über Grundsätzliches ernsthaft Gedanken machen. Das Sagen hatten in dem Familienunternehmen zwei Personen: Ferry Porsche und seine um fünf Jahre ältere Schwester Louise Piëch. Er leitete das Werk in Stuttgart, sie den VW-Import in Salzburg (heute als Porsche-Holding das größte Unternehmen Österreichs). Beide hatten vier Kinder, die alle bereits an dem Unternehmen beteiligt waren und von denen einige bereits führende Funktionen bekleideten.

„Er sah den Crash kommen“, sagt heute Ferrys Enkel und Butzis Sohn, Ferdinand-Oliver Porsche. Denn der Streit wurde bereits offenkundig zwischen dem kreativen Kopf Ferdinand Alexander Porsche – Chefdesigner und Schöpfer des 911 – und seinem ehrgeizigen Cousin Ferdinand Piëch, der bereits die Entwicklungsabteilung leitete, den Sechszylinder im 911 verantwortete und mit Siegen in Le Mans das Image von Porsche stärkte. Um es nicht zu langwierigen internen Schlachten um den Chefsessel kommen zu lassen, die bestimmt dem Unternehmen geschadet hätten, einigten sich die Familienstämme Porsche-Piëch, dass ab 1972 nur familienfremdes Management Porsche leiten soll und das Unternehmen eine Aktiengesellschaft wird.

Obwohl man mit der Auswahl der richtigen Köpfe anfangs nicht immer so glücklich agierte, erweist sich diese Entscheidung, Familienmitglieder von Führungsaufgaben auszuschließen, als eine der klügsten in der ganzen Geschichte von Porsche – besonders nach dem Tod der Geschwister – Ferry (1998) und Louise (1999).

Biografische Daten

Ferdinand Porsche wird am 19. September 1909 in Wiener Neustadt als zweites Kind von Ferdinand und Aloisia Porsche in einer Zeit geboren, „die noch in Ordnung war", wie er später einmal schreiben wird. Kaiser Franz Josef regiert bereits 60 Jahre und Wien ist Mittelpunkt einer Großmacht. Der Vater ist gerade technischer Direktor bei Austro-Daimler geworden, einem wichtigen Automobilhersteller dieses Reiches; er folgte Paul Daimler, der nach dem Tod seines Vaters Gottlieb zurück nach Stuttgart musste. Der Vater, der auch sonntags ins Konstruktionsbüro geht, nimmt seinen Sohn immer mit. Dieser freut sich darauf wie auf das Spielen, denn er lernt viel, ohne anfangs das zu verstehen, worüber die Erwachsenen diskutieren. Mit 11 Jahren bekommt der „Ferry", wie sie ihn damals bereits nennen, zu Weihnachten 1920 ein kleines Auto mit Zweizylinder-Viertaktmotor. Als die Familie zwei Jahre später nach Stuttgart umzieht, hat der Ferry Probleme, mit seinem Auto dort fahren zu dürfen. Er geht in Stuttgart weiter zur Schule, wo er auf einmal Englisch lernen muss; auf einer Privatschule in Wien, wo seine große Schwester gerade hingeheiratet hat, macht er sein Abitur. An der Technischen Hochschule in Wien studiert er Maschinenbau – was sonst. Später arbeitet er beim Vater im Büro, konstruiert den „Käfer" mit, der damals freilich KdF-Wagen („Kraft durch Freude") heißt. Er wird 1939 Leiter des Entwicklungswerks Zuffenhausen, das im Krieg nach Gmünd verlegt wird. Während der Vater in seinen Anzügen immer etwas verbeult aussieht, achtet Ferry Porsche stets auf tadellose Kleidung: dunkle Anzüge, gute Maßhemden, feine Krawatten und immer tadellos geputzte Schuhe. Danach – so heißt es – hat er später einmal seine Führungskräfte ausgewählt. Nach dem Tod des Vaters 1951 tritt Ferry zusammen mit Schwester Louise das Erbe an. 1972 wird die Dr.-Ing. h.c. F. Porsche KG eine AG und alle Familienmitglieder scheiden aus. 1990 gibt auch Ferry Porsche den Vorsitz im Aufsichtsrat an seinen Sohn Ferdinand Alexander ab und zieht sich auf den Familiensitz – das Schüttgut in Zell am See – zurück, wo er am 27. März 1998 stirbt.

Ferdinand Alexander Porsche wird am 12. Dezember 1935 in Stuttgart geboren, wo er auch zur Schule geht und Abitur macht. „Butzi", wie ihn Vertraute nennen, geht auf die Hochschule für Gestaltung nach Ulm, beendet diese Ausbildung aber schon nach einem Semester. Er tritt bei Porsche 1957 ein, übernimmt einige Jahre später das Designstudio und entwirft den Porsche 911 und einige andere Rennwagen. 1972 verlässt F.A. – wie ihn andere nennen – das Unternehmen und macht sich in Zell am See in einem eigenen Studio selbstständig. Dort entwirft er – viel beachtet – Brillen, Uhren, Kaffeemaschinen und sogar Sparschweine. Er sitzt im Aufsichtsrat der Porsche AG, lässt sich 1990 zu ihrem Vorsitzenden wählen und legt dieses Amt 1992 nach einem Streit nieder. Den „Elfer", wie die Fans den Typ 911 nennen, mag er in seiner aktuellen Version 996 nicht so sehr. Für den strengen Formenkünstler ist er von seinem Nachfolger Harm Lagaay zu verspielt gestaltet worden. Welche Meinung wird er zum Cayenne haben?

Gerd Gregor Feth

Herbert Quandt

Der letzte große Industrielle

Sein Name ist untrennbar mit BMW verbunden. Doch das Lebenswerk dieses Unternehmers der dritten Generation ist mannigfaltiger: Als klassischer Industrieller baute er das Familienerbe zielstrebig aus und schuf ein beeindruckendes Firmenkonglomerat. Die Basis bildeten ein dezentraler, moderner Führungsstil sowie eine geschickte Personalpolitik.

Die erste Generation baut auf, die zweite bewahrt und die dritte studiert Kunstgeschichte: Spätestens seit den Buddenbrooks zählt diese Beobachtung von Unternehmerfamilien zum Allgemeingut. Der Enkel-Generation fehlt danach die Disziplin, um sich der Mühsal eines Unternehmerlebens zu unterziehen, stattdessen widmet sie sich den schönen Dingen des Lebens, sei es Kunst oder der Jet-Set. Soweit die Theorie.

Die Praxis in der Familie Quandt beweist, dass es auch anders geht. Auf den brandenburgischen Tuchfabrikanten Emil Quandt folgte der Industrielle Günther Quandt, der 1923 mit der Übernahme der Aktienmehrheit an der Berliner Accumulatorenfabrik AG (AFA) den Grundstein für das branchenübergreifende und internationale Wachstum der unternehmerischen Aktivitäten seiner Familie legte. Sein Sohn Herbert, 1910 geboren, trat wiederum nach Abitur und einer umfassenden technisch-kaufmännischen Ausbildung 1940 in den Vorstand der AFA ein und bewies nach Ende des Zweiten Weltkriegs seine unternehmerischen Qualitäten. In der Nachkriegszeit erneuerte er die geschäftlichen Beziehungen im In- und Ausland und gruppierte um den väterlichen Besitz weitere Beteiligungen. So entstand eines der größten und erfolgreichsten Industriekonglomerate im Familienbesitz in Deutschland.

Herbert Quandt, der Enkel des Textilunternehmers Emil Quandt, zählt zu den letzten großen Industriellen im klassischen Sinn. Frühzeitig erkannte der gebürtige Pritzwalker, dass die „Zeit der Mammutkonzerne“ vorbei sei, und schuf aus seinem Industrie-Imperium selbstständige und schlagkräftige Einheiten wie den Pharmakonzern Altana oder den Batterie-Hersteller Varta. Herbert Quandt besaß noch die Freiheiten eines Industriellen – er investierte auf eigenes Risiko hin, er traf weit reichende strategische Entscheidungen im kleinen Kreis und brach in seiner Freizeit beim Motorbootrennen schon einmal einen Weltrekord. Zugleich zeichnete ihn die Disziplin und das Pflichtbewusstsein eines preußischen Unternehmers alten Schlages aus.

Verblüffend modern dagegen verhielt sich Herbert Quandt in Führungsfragen: Der Firmenpatriarch räumte den Managern vor Ort große Entscheidungsfreiräume ein und forderte eine hohe Wertschätzung für jeden einzelnen Mitarbeiter.

> **„Ein Mensch allein ist nicht in der Lage, etwas Besonderes zu vollbringen – auf das Teamwork allein kommt es an."**

So bereitete er seine Firmengruppe mit Weitblick auf die Anforderungen des 21. Jahrhunderts vor, auch wenn er selbst fest in seiner Zeit verwurzelt blieb.

Hohes Risiko, großer Erfolg – die BMW-Geschichte

Leistung und Charakter von Herbert Quandt lassen sich gut an einem einzigen Fall darstellen: seinem Einstieg bei der schwer angeschlagenen BMW AG Ende der 50er Jahre. BMW vor dem Konkurs? Wer heute den kraftstrotzenden Münchner Autobauer sieht, mag kaum glauben, dass dieser nach dem Zweiten Weltkrieg vor sich hin dümpelte. Einerseits produzierte BMW mit der Isetta, dem häufig zitierten Fortbewegungsmittel der Aufbauzeit, einen populären Kleinwagen. Andererseits strapazierte die prestigeträchtige Produktion schwerer Limousinen und Sportwagen die Kassen. Es fehlten attraktive Modelle zu vernünftigen Preisen. Deutschland fuhr Volkswagen, und wer es sich leisten konnte, fuhr Daimler-Benz. BMW steckte in der Nische fest.

Der Kaufmann Quandt erkannte dennoch das gewaltige technische Know-how der BMW-Ingenieure. Bereits im Juli 1954 hatten sie mit dem BMW 502 den ersten deutschen, mit einem V-8-Zylinder ausgerüsteten Wagen auf den Markt gebracht. Herbert Quandt fuhr ihn selber, als viertüriges Cabriolet. Instinktiv erkannte er, dass Managementfehler eine vernünftige Nutzung dieser Ingenieurkapazitäten verhinderten – und handelte. Still erwarb er kleinere Aktienpakete sowie Wandelschuldverschreibungen und eruierte Möglichkeiten der Sanierung.

Erste Überlegungen galten einer Fusion mit dem kraftstrotzenden Daimler-Benz-Konzern, dessen Aufsichtsrat Herbert Quandt dank eines größeren Aktienpakets ebenfalls angehörte. In einer dramatischen Hauptversammlung Ende 1959 scheiterte der Plan jedoch noch vor der Abstimmung an einem Formfehler. Für Herbert Quandt ein ambivalentes Ereignis, hätte der Kapitalschnitt doch seine Vermögensposition erheblich verschlechtert. „Es gab nur zwei Möglichkeiten: entweder mit einem blauen Auge stillschweigend mich aus dem BMW-Engagement zu lösen oder mich finster entschlossen aktienmäßig so weit im Unternehmen zu engagieren, dass die HV-Mehrheit in meinen Händen lag", lautete seine Überlegung danach. Herbert Quandt traf eine weit reichende Entscheidung: Da er den guten Ruf und die hervorragenden Produkte kannte, ging er daran, BMW allein, ohne einen strategischen Partner, zu sanieren.

„Ich habe mich nicht mit einem blauen Auge aus dem Engagement zurückgezogen, weil ich wusste, dass die Reputation des Unternehmens noch nicht zerstört war, dass der Name noch einen guten Klang hatte, und weil ich auch glaubte, die Fehler zu erkennen, die BMW in diese wirtschaftliche Situation gebracht hatten."

Analyse oder Intuition? Die Schlussfolgerung erwies sich in jedem Fall als goldrichtig: Bereits ab 1961 brummte der Absatz der Münchner – der BMW 1500 der so genannten „neuen Klasse“ stieß in eine Marktlücke. Die Sanierung hatte Herbert Quandt mit hohem persönlichem Risiko vorangetrieben: So nahm er bei der notwendigen Kapitalerhöhung den Banken alle nicht gezeichneten Anteile ab und stellte dem Unternehmen insgesamt in den Sanierungsjahren 1960 und 1961 rund 125 Millionen Mark zur Verfügung.

Der Unternehmer Quandt war klug genug, das Tagesgeschäft versierten Ingenieuren und Kaufleuten zu überlassen; eine Maxime, die er bei allen seinen Unternehmen befolgte. Er behielt sich allerdings das Recht vor, in der betrieblichen Ausbildung wie im Management Talente zu fördern und für Spitzenpositionen vorzuschlagen. Industrielle Führungsaufgaben bedeuteten für ihn Menschenauswahl und Menschenführung. So verstörte Quandt Anfang der 70er Jahre die konservative, dem Senioritätsprinzip gehorchende deutsche Geschäftswelt, als er den erst 42-jährigen Eberhard von Kuenheim als neuen BMW-Chef in München installierte. Genau diesem Mann gelang dann das Meisterstück, aus einem bayerischen Automobilbauer eines der exportstärksten deutschen Unternehmen zu formen.

Weit mehr als BMW

Zu wissen, dass eine Idee gut ist und ein Produkt seinen Absatzmarkt findet: Solche Eigenschaften machen einen guten Unternehmer aus – und der war Herbert Quandt von Kopf bis Fuß. Gelernt hat er sein Handwerk, so weit man dies ein Handwerk nennen kann, von der Pike auf. Sein Vater organisierte die Grand Tour eines Kaufmanns:

eine breit gefächerte Ausbildung in den Quandt-Unternehmen und bei befreundeten Betrieben im In- und Ausland. Ein längerer London-Aufenthalt gehörte ebenso zum Programm wie eine Reise durch die Vereinigten Staaten, inklusive Werksbesichtigungen.

Als Unternehmer bewährte er sich dann in vielen Unternehmen. Herzstück des Familien-Imperiums blieb die vom Vater erworbene Varta, in der Herbert Quandt seine ersten industriellen Erfahrungen sammelte und die er sukzessive zu einem weltweit aktiven Batterie-Hersteller ausbaute. In den Varta-Konzern brachte er auch das Pharma- und Chemieunternehmen Byk Gulden sowie andere Industriebeteiligungen ein und entwickelte sie unter dem Dach der Holding weiter. Er integrierte den Babykost-Hersteller Milupa in sein Portfolio – und tat dann Mitte der 70er Jahre etwas, was erst in den 90er Jahren zum populären Thema wurde: In einer tief greifenden Strukturreform führte er die einzelnen Geschäftsfelder auf ihre Kernkompetenzen zurück und schuf aus der Varta-Gruppe auf dem Wege der Realteilung drei schlagkräftige Einheiten: Altana, CEAG und Varta.

Diese Zerlegung eines Konzerns in seine Bestandteile war völlig ohne Vorbild und daher auch wirtschaftsgeschichtlich etwas Revolutionäres: Die Entflechtung erfolgte ohne politischen Druck, sie war freiwillig und setzte Kräfte frei, die den Aufstieg der einzelnen Unternehmen erst möglich machten.

Schicksal eines Industriellen – auch vor Fehlschlägen war Herbert Quandt nicht gefeit. So verband ihn über viele Jahre eine geschäftliche Beziehung mit der Familie Gerling und ihrem Versicherungskonzern. Auf ihr Anraten hin übernahm er eine 5-prozentige Beteiligung an der Herstatt-Bank und sah sich dann 1974 in den spektakulärsten Banken-Zusammenbruch der Nachkriegszeit verwickelt.

Menschenführung als Schlüsselqualifikation

Jedes Unternehmen kann nur so gut sein wie die Menschen, die dort arbeiten – diese Maxime prägt den Werdegang des Unternehmers Quandt. Er setzte auf eine dezentrale Organisation und forcierte eine Beteiligung der Mitarbeiter am Unternehmenserfolg. Ausbildung von Lehrlingen, Weiterbildung, Nachwuchsförderung – diese Themen standen bei Quandt-Unternehmen immer weit oben auf der Management-Agenda. Heute zählen diese Themen zum kleinen Einmaleins des Managements, doch in den Wirtschaftswunderzeiten regierten häufig selbstherrliche Patriarchen. Ihnen blieb auch der von Kommunikation geprägte Führungsstil Herbert Quandts fremd.

Dieser hatte kaum eine andere Wahl als intensive Kommunikation, beeinträchtigte doch seit seiner Jugend ein Sehfehler seine Lesefähigkeit stark. Um sich zu informieren, musste Herbert Quandt reden und zuhören. Aus der Stimme konnte er häufig bereits die Persönlichkeit eines Menschen erschließen. Vielleicht förderte auch die Notwendigkeit, sich von Kindheit an auf andere Menschen verlassen zu müssen, sein hervorragendes Gespür für Mitarbeiter – immer wieder zog er hoch talentierte Nachwuchskräfte in seine Umgebung. Kommunikation und Delegation, diese modernen Führungsqualitäten, prägten den Stil des Nachkriegs-Unternehmers Quandt.

Das Ende der Ära des Industriellen

Der Tod von Herbert Quandt 1982 symbolisiert das Ende der Ära der selbstständigen Konzernherren; Manager nahmen ihren Platz ein. Für 20 Jahre prägte der Shareholder-Value die Werteskala in Unternehmen, bevor diese den Stakeholder-Value alter Schule

wieder entdeckten. Selbstverständlich war auch Herbert Quandt ein Shareholder und erwartete solide Renditen bei seinen Investments. Doch zugleich behielt er immer das Ganze im Blick und betonte die Verantwortung eines Unternehmers über das Ökonomische hinaus.

Diese Geisteshaltung prägt bis heute die Unternehmen, die mit dem Namen Herbert Quandt verbunden sind – sei es BMW, sei es Altana. Sie agieren häufig ein wenig ruhiger und in größeren Zeiträumen denkend, geschützt durch die unverändert starke Aktionärsposition der Quandt-Familie. Diese belegte im Übrigen in den vergangenen 20 Jahren, dass auch eine vierte Generation ein unternehmerisches Erbe bewahren und behutsam ausbauen kann. Die Generation der Kunsthistoriker lässt bei Quandts weiter auf sich warten.

Stefan Schwartz

Hans Riegel

Der Herr der Bärchen

Von der Produktentwicklung über das Marketing bis zum Vertrieb – der Mann regelt am liebsten alles selbst. Hans Riegel lenkt den Bonner Süßwarenhersteller Haribo seit mehr als einem halben Jahrhundert als unangefochtener Firmenpatriarch, und das auch noch überaus erfolgreich. Bei Fruchtgummi und Lakritz ist Haribo in Deutschland und Europa seit langem Marktführer.

Im Reich der Gummibärchen

Laut einer Markenstudie denken 29 Prozent der Deutschen spontan zuerst an Haribo, wenn es um Süßigkeiten geht. Ein Großteil der Befragten hatte bei der Umfrage vermutlich kleine, knubbelige Bärchen im Sinn. Auch im 80. Jahr verkaufen sich die glänzenden Goldbären immer noch hervorragend. Täglich verlassen 80 Millionen Exemplare die Haribo-Werke. Sogar Fanartikel von Bären-T-Shirts über Socken, Handtücher bis zum Plüschbären sind inzwischen im Handel. Die kleinen Kassenschlager verdankt Haribo-Chef Hans Riegel seinem Vater.

Mit einem Sack Zucker als Startkapital gründete Hans Riegel senior (1893-1945) 1920 in einer Hinterhof-Waschküche in einem Bonner Vorort die Firma Haribo – ein Akronym aus *Ha*ns *Ri*egel *Bo*nn. Inspiriert von dressierten Bären auf Jahrmärkten kam er zwei Jahre später auf die glorreiche Idee, einen „Tanzbär" aus Fruchtgummi in Formen zu gießen. Die Tagesproduktion von immerhin einem Zentner der etwas schlankeren und größeren Vorläufer der heutigen Goldbären lieferte Riegels Frau Gertrud täglich mit dem Betriebsfahrrad an die Kunden aus. Schon nach kurzer Zeit reichte das Fahrrad nicht mehr aus, die Firma musste ein Auto anschaffen. Kaiser Wilhelm II. ließ sich die Goldbären angeblich kistenweise ins niederländische Exil schicken und erklärte die Gummibärchen zum Besten, was die Weimarer Republik hervorgebracht habe. Bald erweiterte der Senior das Sortiment um neue Fruchtgummi-Varianten und Lakritz-Produkte. Unmittelbar vor dem Zweiten Weltkrieg beschäftigte das Unternehmen bereits rund 400 Mitarbeiter, die täglich etwa 10 Tonnen Süßigkeiten produzierten. 1946 aus der Kriegsgefangenschaft zurückgekehrt, stiegen die beiden Söhne des Gründers in die inzwischen arg geschrumpfte Firma ein. Der Vater war bereits 1945 gestorben.

Klug stecken die Geschwister gleich zu Beginn ihre Aufgabenbereiche klar ab. Während Hans Riegel Produktentwicklung, Werbung und Vertrieb übernimmt, kümmert sich der drei Jahre jüngere Paul von Anfang an um den Aufbau der Technik. Er prüft, ob sich die manchmal kühnen Vorschläge seines Bruders auch in der harten Produktionsrealität verwirklichen lassen, und erfindet zur Not die notwendigen Anlagen selbst. Besonders stolz ist Haribo heute auf die Lakritz-Schnecken-Maschine. Ihr ist es zu verdanken, dass die schwarzen Kringel nicht mehr von Hand aufgerollt werden müssen. Die Brüder, die jeweils 50 Prozent an Haribo halten, ergänzen sich über die folgenden Jahrzehnte hinweg perfekt.

Aus Prinzip treu

Beharrlich hält Hans Riegel an Bewährtem fest. Deutschlands bekanntester Werbeslogan „Haribo macht Kinder froh" stammt bereits aus den 30er Jahren. Selbst der Zusatz „... und Erwachsene ebenso" ist schon mehr als 40 Jahre alt. Und Thomas Gottschalk nascht mittlerweile bereits seit 10 Jahren werbewirksam Haribo-Konfekt.

Die Ein-Mann-Show

Mit dem begabten Tüftler im Hintergrund erhält Hans den nötigen Freiraum, um sein Unternehmertalent voll entfalten zu können. Die rund 5 000 Mitarbeiter haben sich längst daran gewöhnt, dass in ihrem Betrieb manches anders ist, als es gängige Managementtheorien empfehlen. Das Führungsprinzip des studierten Volkswirts Hans Riegel, der über die Bedeutung des Zuckers für die Weltwirtschaft promovierte, ist einfach: (Fast) alles läuft über seinen Schreibtisch. Nicht umsonst residiert der 1923 geborene Firmenlenker genau in der Mitte des zweiflügeligen Haribo-Verwaltungsgebäudes, wo er alles im Blick hat. Von dort dirigiert er seine Beschäftigten wie ein Patron alten Schlages. Abteilungsleiter müssen regelmäßig im Chefbüro antreten. Dort erhalten sie ihre Post, die sie dann auch gleich mit Riegel besprechen. Der Boss setzt auf Kontrolle. „Sonst würden die unangenehmen Briefe in der Schublade verschwinden und ich würde den Überblick verlieren.“ Um bei seinem Pensum fit zu bleiben, joggt Hans Riegel lange im Wald seines 130 000 Quadratmeter großen Villengrundstücks. Natürlich verfügt sein Anwesen auch über eine eigene Schwimmhalle und einen Squash-Court. Früher trat Riegel auch schon einmal gegen den deutschen Badminton-Meister im Herrendoppel an. Die Liebe zum Sport liegt übrigens in der Familie. Bruder Paul war deutscher Vizemeister beim Pistolenschießen und errang fünfmal den Titel eines deutschen Meisters im Bootsrennen.

Bei der Entwicklung neuer Leckereien verlässt sich Hans Riegel lieber auf seine eigenen Eindrücke als auf teure Marktforschung. Um den Kontakt zur jüngeren Zielgruppe nicht zu verlieren, guckt der Patriarch Kinder-TV, hört Techno und blättert in Jugendmagazinen und Comics:

> **„Ich liebe Kinder, ich beobachte sie gern. Sie sind meine Kunden. Ich muss darüber informiert sein, was sie naschen wollen, was sie denken, welche Sprache sie sprechen.“**

Seine phantasievollen Kreationen schießen dabei schon einmal über das Ziel hinaus. So wollte Riegel 1986 zu Weihnachten die Heilige Familie in Fruchtgummi gießen lassen. Maria und Josef mit dem Christuskind zum Naschen auf dem Adventsteller? Die Kirchen reagierten mit Protest, das Projekt verschwand schnell wieder in der Versenkung. Bei manchen Produkten vertraut der Chef nur auf seinen eigenen Geschmack: Da er Gummibärchen am liebsten zusammen mit einer Lakritzschlange kaut, bietet Haribo die Kombination auch in einem Stück an – in Form kleiner Vampire: der Rumpf aus Lakritz, die Flügel aus Fruchtgummi. Aus dem Bauchgefühl des Chefs heraus entstehen so jährlich etwa zehn neue Haribo-Leckereien, andere werden dafür aussortiert. Insgesamt umfasst das Sortiment rund 200 Produkte.

Als Fabrikdirektor alten Schlages fühlt sich Hans Riegel für das Wohl seiner Mitarbeiter verantwortlich. Mit Hingabe richtet die rheinische Frohnatur für seine Leute Betriebsfeste aus. Schon 1960 erwarb er ein altes Klostergut bei Boppard, um Kartoffeln für seine Mitarbeiter anzubauen. Als das nicht klappte, sattelte er auf die Zucht von Rindern, Schafen und Pilzen um. Inzwischen ist aus dem Klostergut ein Kur- und Sporthotel mit Golfplatz geworden. Gewerkschaften finden in diesem Weltbild naturgemäß wenig Platz. Die erste Betriebsversammlung der Firmengeschichte musste 1998 in der Tiefgarage stattfinden – an einem Freitag nach Schichtende. Auch ein eigenes Controlling führte Riegel erst spät und dann auch nur höchst unwillig ein.

Energiewunder mit Weitblick

Früher als andere Unternehmer erkannte Hans Riegel die Wachstumschancen des internationalen Marktes. Bereits in den 60er Jahren übernahm Haribo Firmen in den Niederlanden und Frankreich, kurz darauf expandierte er nach Großbritannien, Schweden und Österreich.

In den 90er Jahren eröffnete Haribo fast jedes Jahr eine neue Auslandsdependance. Die 15 Werke in Europa besucht Riegel am liebsten im eigenen Hubschrauber – den Pilotenschein hat er bereits 1956 erworben. Heute liefert

Haribo seine Süßigkeiten in 105 Länder von den Faröer-Inseln bis nach Australien. Das Unternehmen besitzt ein starkes Standbein im Auslandsgeschäft, das gut 60 Prozent zum Umsatz beiträgt.

Einen schmerzhaften Einbruch musste Haribo 2001 verkraften. Im Jahr der BSE -Krise ließen die Verbraucher aus Angst vor verseuchter Rindergelatine Fruchtgummis in den Regalen liegen. Vor allem der Goldbär litt erheblich unter der Enthaltsamkeit. „Inzwischen hat sich die Lage aber stabilisiert", beruhigt Hans Riegel. Dennoch erwägt er, die gesamte Produktion auf Geflügelgelatine umzustellen. Zudem will der Unternehmer „Maoam" zur zweiten starken Marke ausbauen. Das Kaubonbon soll bald nicht mehr nur in Deutschland, sondern in ganz Europa zu haben sein. Ein ehrgeiziges Projekt, denn das Geschäft für Markenhersteller ist in den vergangenen Jahren nicht gerade leichter geworden. Auf den Markt drängen zunehmend billige Handelsmarken, die ihren Umsatz 2001 im Süßwarenmarkt um 20 Prozent ausbauen konnten. Diese No-Names hat Hans Riegel denn auch als größten Widersacher für die kommenden Jahre ausgemacht.

Der Herausforderung will sich der betagte Patriarch auch weiterhin selbst stellen.

„Die Arbeit ist mir das Wichtigste. Ohne sie würde ich krank."

Ein Kronprinz, der einmal die Firmengeschicke übernehmen soll, ist noch nicht gekürt – auch wenn die drei Söhne von Paul Riegel im Familienbetrieb arbeiten. Seinen eigenen Firmenanteil hat der nur einmal zwei Jahre lang verheiratete Hans Riegel längst in eine Stiftung eingebracht, die den Branchennachwuchs fördern soll.

Das Unternehmen

Haribo erwirtschaftete 2001 mit rund 5 000 Mitarbeitern einen Umsatz von 1,35 Milliarden Euro, gut 60 Prozent davon im Ausland. Um den Verkaufsschlager Goldbär hat das Unternehmen eine ganze Bären-Familie geschart von „Vitaminen-Nasch-Bären" bis hin zu „Sauren Bärenzungen". Platz zwei im Erfolgranking nimmt die Lakritz-Mischung „Colorado" ein. Zur Unternehmensgruppe gehören außerdem die Marken „Maoam" (Kaubonbons), „Vademecum" (Kaugummi), „Dulcia" (Speck-Erzeugnisse) und „Bärenschmidt" (Lebkuchen).

Jutta Schultheiss

Randolf Rodenstock

Brillen-Imperium in vierter Generation

Wer sich auf die Suche nach traditionsreichen Familienunternehmen begibt, stößt eher früher als später auf den Namen Rodenstock. Er steht für das deutsche Brillen-Imperium – Marktführer sowohl bei Gläsern als auch bei Fassungen mit einem Bekanntheitsgrad von satten 70 Prozent. Und er steht für eine große Ausnahme in der deutschen Wirtschaftsgeschichte: Bereits in

der vierten Generation behauptet sich das 1877 gegründete Unternehmen erfolgreich am Markt.

Der Mann an der Spitze heißt heute Randolf Rodenstock. Der persönlich haftende Gesellschafter der Optischen Werke G. Rodenstock KG in München ist Herr über knapp 6 000 Mitarbeiter, die 2001 einen Umsatz von 422 Millionen Euro erzielten.

Der hoch gewachsene, stattlich wirkende 54-Jährige residiert in einem Büro von schlichter Eleganz und trägt – natürlich – Brille. Seine ist leicht, kantig und transparent, die Lachfalten bleiben sichtbar. Die unauffällige, aber nicht unsichtbare Fassung passt zu ihm: Der Mann mit dem bekannten Namen meidet das Rampenlicht, das Etikett „Brillenkönig" ist ihm unangenehm. Unbekannten begegnet er freundlich, aber distanziert. Statt sich in der Münchener Gesellschaft blicken zu lassen, braust er lieber mit einer alten BMW R50/2 durch das bayerische Oberland oder diskutiert mit Freunden und Frau Uschi, einer diplomierten Psychologin, den Lauf der Welt.

Mitten in den wilden 60er Jahren hat er Physik studiert, denn: „Ich wollte wissen, wie viel von der Welt durch physikalische Gesetze zu erklären ist." Der Geist der Gesellschaftskritik hat auch ihn angeweht, freilich ohne einen erklärten 68er aus ihm zu machen. Indes liebäugelte er mit einer wissenschaftlichen Karriere und sah sich nicht im Unternehmen. Doch Vater Rolf drängte: Seinerseits erfolgreicher Unternehmer in dritter Generation, hoffte er auf den Nachfolger aus der Familie. Und der Sohn ließ sich in die Pflicht nehmen, absolvierte nach dem Studium eine Management-Ausbildung am renommierten Insead in Fontainebleau. Im Alter von 28 Jahren bezog er ein Büro im Münchner Hauptwerk in der Isartalstrasse.

Schwierige Jahre der Doppelregentschaft

Über die heute so häufig beschworene Problematik der Unternehmensnachfolge weiß Randolf Rodenstock ein eigenes Lied zu singen. Rund 14 Jahre führte er das Unternehmen gemeinsam mit seinem Vater. Zwar verfügte er bei seinem Eintritt bereits über eine Kapitalbeteiligung am Unternehmen und auch die Nachfolge war im Gesellschaftervertrag geregelt. Doch trotz zunehmend eigener Verantwortungsbereiche war klar: Am Ende des Tages hatte „einer das Sagen". Wie schwierig diese Zeit für ihn gewesen sein muss, lässt sich zumindest in Ansätzen erahnen, wenn er in einem Beitrag zur Unternehmensnachfolge das Dilemma des Kronprinzen beschreibt: „Er sucht Selbstverwirklichung, seinen eigenen Weg. Sein Dilemma bei der Selbstfindung besteht darin, ausschließlich deswegen Prinz zu sein, weil sein Vater König ist. Der Prinz ist also Produkt des Systems und darin eingebettet."

Und der Vater war ein starker (Brillen-)König – und überdies eine feste Größe in der Münchener Gesellschaft. Der breiteren Öffentlichkeit vor allem als Präsident des Bundesverbandes der deutschen Industrie (1978-1984) bekannt, hatte Rolf Rodenstock zunächst selbst eine akademische Laufbahn verfolgt und lehrte als außerordentlicher Professor für Betriebswirtschafslehre in München. Daneben unterstützte er seinen Vater Alexander beim Wiederaufbau des vom Krieg schwer gebeutelten Unternehmens, dessen Ruder er nach dem Tod von Alexander 1953 als alleiniger Gesellschafter übernahm. In ihrem Nachruf schrieb die *FAZ* 1997: „Rolf Rodenstock hat das Ererbte nicht verwaltet, sondern mit Weitblick, Zielstrebigkeit, organisatorischem Geschick und Fortüne aus den Rodenstock-Werken ein Weltunternehmen gemacht."

Vom „optischen Institut" zum Brillen-Imperium

Im Jahr 1877 vom Kleinhändler und Hobby-Physiker Josef Rodenstock als „optisches Institut Rodenstock" zunächst in Würzburg gegründet, war das Unternehmen anfangs nicht mehr als eine Werkstatt für Barometer, Messinstrumente, Brillengläser und Fassungen. Doch zu Beginn des Ersten Weltkriegs hatte es Josef schon zu mehreren Fabriken mit mehr als 1 000 Mitarbeitern gebracht. Nach dem Krieg manövrierte sein Sohn Alexander das Unternehmen durch die Untiefen von Nachkriegszeit und Weltwirtschaftskrise und richtete 1930 die erste serienmäßige Großproduktion von Brillengläsern ein. Der Zweite Weltkrieg hinterließ ein schwer zerstörtes Hauptwerk an der Isar und einen zusammengebrochenen Markt, doch Alexander Rodenstock machte sich sofort und mit Erfolg an den Wiederaufbau.

Der Nachfolger zeigt Profil

Es gehört zu den Erfolgsgeheimnissen dieser Industriellen-Dynastie, dass es jeder ihrer bislang vier Repräsentanten verstanden hat, auf die speziellen Herausforderungen seiner Zeit richtig zu reagieren. Auch der Urenkel des Firmengründers stand Ende der 80er Jahre vor schwer wiegenden Problemen: Der Wettbewerb hatte sich verschärft und das Kostendämpfungsgesetz im Gesundheitswesen machte dem Unternehmen und seiner Branche, die zuvor kaum auf Kosten achten musste, schwer zu schaffen. 1989 schrammte Rodenstock nur knapp am Konkurs vorbei. Zudem galt das Image der Brillenfassungen aus München als zwar solide, aber angestaubt.

Da traf es sich gut, dass Randolf Rodenstock als Nachfolger seines ebenso bekannten wie erfolgreichen Vaters ein natürliches Interesse hatte, ein eigenes Profil zu zeigen, neue Akzente zu setzen, sich quasi „freizuschwimmen". Nicht von ungefähr war eine seiner ersten Aktionen die Entwicklung eines neuen Erscheinungsbildes und eines neuen Firmenlogos – mit einem für damalige Verhältnisse geradezu futuristisch anmutenden Design. Damit war auch optisch das Signal gesetzt: Es brechen neue Zeiten an.

Es folgte eine Zeit der grundlegenden Umstrukturierung. Dabei nutzte Rodenstock erstmals auch externe Erfahrung: Um der Probleme in der verlustreichen Sparte Brillenfassungen Herr zu werden, engagierte er eine Unternehmensberatung – entgegen der Überzeugung seines Vaters, der sich jedoch an die getroffene Vereinbarung hielt und seinem Sohn nicht hineinregierte. Der Unternehmensumbau machte auch vor Personalabbau und Werksschließungen nicht Halt: Von ehemals 12 deutschen Werken Mitte der 80er Jahre existierten Mitte der 90er Jahre noch ganze vier.

1994 arbeitete das Unternehmen wieder profitabel, 1995 erwirtschaftete Rodenstock seinen bis dahin höchsten veröffentlichten Jahresüberschuss in Höhe von fast 20 Millionen Mark. Und Randolf hatte sich endgültig freigeschwommen: „Sechs Jahre nach der Amtsübergabe wirkt der Sohn in der Chefposition unumstritten wie früher sein Vater", schreibt ein Autor der *FAZ*.

Konsument im Fokus

Bereits Ende der 90er Jahre verordnet sich das Unternehmen erneut eine Verjüngungskur. Unter dem Stichwort „Think spectacles" besinnt sich Rodenstock auf seine Kernkompetenz „Brille". Randaktivitäten wie das Geschäft mit medizinischen Instrumenten, Maschinen für die Augenoptik und auch Teile der Präzisionsoptik werden verkauft, nur 13 Prozent des Gesamtumsatzes der Gruppe entfallen heute noch auf den Invesitionsgüterbereich. Das Unternehmen konzentriert sich seitdem auf Brillengläser und Fassungen sowie Sonnenbrillen. Eben diese Kombination von

Hightech und Mode beziehungsweise Design macht seine Einzigartigkeit aus. Die Wettbewerber setzen entweder ganz auf das Glas oder auf die Fassung; der Brillenträger indes nimmt das Produkt in seiner Gesamtheit wahr.

Noch im Jahr 2000 merkt Randolf Rodenstock in einem Interview selbstkritisch an:

> **„Wir sind noch sehr stark ein technikgetriebenes Unternehmen und müssen ein wirklich marktgetriebenes Unternehmen werden. Wir müssen uns umstellen auf die Wünsche des Brillenträgers. Wir müssen uns fragen, was beschäftigt die Brillenträger?"**

Entsprechend verläuft auch die interne Neuausrichtung, die in Teilen einer echten Revolution gleichkommt: So verliert die Forschung und Entwicklung ihre Fertigungsausrichtung („Was technisch machbar ist, wird auch gemacht.") und wird stattdessen dem Marketing zugeordnet. Eine eigene Marktforschung ergründet systematisch die Bedürfnisse und Wünsche der tatsächlichen und der potenziellen Brillenträger.

Ihnen will Rodenstock helfen, besser zu sehen und zugleich besser auszusehen. Er nennt es „das Gesicht wahren": die Sehhilfe als Chance, die eigene Persönlichkeit zu gestalten und zu unterstreichen – wie er es selbst vormacht. Modischer „Karneval auf der Nase" ist Rodenstocks Sache nicht. Um dennoch den unterschiedlichen Ansprüchen gerecht zu werden, verfolgt das Unternehmen eine Mehrmarken-Strategie, die es ermöglicht, differenzierte Zielgruppen und Märkte anzusprechen. So kooperiert das Unternehmen mit namhaften Designern wie Ferdinand Alexander Porsche (Porsche Design) und Nino Cerruti (Cerruti 1881).

Gewahrte Tradition trotz gewandelten Stils

Randolf Rodenstocks Führungsstil hat wenig gemein mit dem eines Firmenpatriarchen alter Prägung, auch wenn auch er eindeutig „der Chef“ ist. Er erwartet eigenverantwortlich handelnde Mitarbeiter, Teamarbeit und offene Kommunikation. Das signalisiert schon sein Büro mit den gläsernen Türen: Hier sitzt keiner, der sich abkapselt und in seiner Welt nicht gestört werden will.

Und doch ist Randolf Rodenstock der Familientradition in vielfacher Hinsicht treu geblieben. Das gilt nicht zuletzt auch für sein gesellschaftspolitisches Engagement. Nicht nur der Vater hatte sich hier hervorgetan, auch schon der Großvater hatte nach dem Ersten Weltkrieg die Idee der sozialen Partnerschaft gefördert. Seit Anfang 2000 ist der Unternehmenslenker in vierter Generation Präsident der Vereinigung der Bayerischen Wirtschaft, schon seit 1998 steht er an der Spitzte des Verbandes der Bayerischen Metall- und Elektroindustrie und bei den großen Berliner Wirtschafts- und Arbeitgeberverbänden ist er Präsidiumsmitglied.

Auch hier hat sich Randolf in die Pflicht nehmen lassen, wie Jahrzehnte vorher Rolf Rodenstock. Und so gibt es bei allen Unterschieden durchaus auch Parallelen zum Lebenslauf des Vaters.

Lehren für die Nachfolge

Freilich will er seine Nachfolge anders regeln als seine Vorgänger: „Meine Kinder sollen nicht automatisch ins Unternehmen hineingezogen werden, sondern wir wollen uns fragen, unter welchen Bedingungen das für alle sinnvoll ist.“ Immerhin scheinen beide Kinder nicht ungeeignet. Auch ist nicht ausgeschlossen, dass mit Tochter Beatrice – die gerade dabei ist, sich wie der Vater ihr Rüstzeug am Insead zu holen – erstmals eine Frau den Chefsessel bei Rodenstock erklimmen könnte.

Dass Randolf Rodenstock seine Lektion in Sachen Nachfolgeregelung auf jeden Fall gelernt hat, wird in einem Aufsatz zum Thema deutlich: Da plädiert er nicht nur für das Mehr-Augen-Prinzip bei Auswahl und Beurteilung von Nachfolgekandidaten, „weil man dem Senior aus nahe liegenden Gründen die Objektivität absprechen muss“. Die Erfahrung lehre zudem, dass er oder sie die geforderten Qualitäten auch andernorts nachgewiesen haben müsse. „Diesen Nachweis sollte er jedoch nicht im väterlichen Betrieb führen, sondern sich seine Sporen außerhalb desselben definitiv verdient haben. Es ist nämlich besser, wenn er seine unvermeidlichen Anfangsfehler woanders macht.“

Regine Petzsch

Jil Sander

Purer Perfektionismus und eine Marke mit Gesicht

Eine Frau macht Mode und zieht dabei noch ein international agierendes Unternehmen auf. Ihre Kleidung, Accessoires und Kosmetik sind weltweit ein Begriff. Jil Sander hat ihren eigenen Stil geschaffen und verkörpert ihn wie vorher nur die große Coco Chanel in Frankreich. In Deutschland ist die gleichermaßen erfolgreiche

Unternehmerin und Designerin ohne Vorbild – und damit selbst zum bewunderten Vorbild geworden.

Das Foto aus der Werbekampagne dürfte zu den bekanntesten und meistgedruckten der frühen 80er Jahre gehören: Aus dem tiefschwarzen Hintergrund leuchtet das zarte Gesicht einer blonden Frau, die den Betrachter aus großen hellen Augen ernst und direkt anblickt. Daneben nur der Produktname einer neuen Kosmetikserie und der Namenszug des Herstellers – zugleich der Name der Abgebildeten. Jil Sander wirbt mit diesem perfekten Porträt für die erste eigene Kosmetikserie und gibt damit ihrer Marke und ihrem Unternehmen ein unverwechselbares Gesicht. Zusammen mit dem Namen „Woman Pure" – so heißt das derart eingeführte Parfüm – versammelt dieses Foto wesentliche Elemente des Phänomens „Jil Sander", und damit auch die Konstanten eines in Deutschland bis dahin beispiellosen Erfolgs.

Die „eigentliche" Person hinter der glänzend inszenierten Oberfläche des Porträts zu finden, erübrigt sich – untrennbar sind bei ihr Person, Image und Produkt zu einer Einheit verschmolzen, zur Marke Jil Sander. Die Frau, die sich scheinbar ungeschützt und gleichzeitig offensiv selbst darstellt, lässt sich nur über ihr Lebenswerk definieren. Damit ist sie zur doppelten Ausnahmeerscheinung geworden: als wichtigste deutsche Modeschöpferin und höchst erfolgreiche Unternehmerin.

Der Mut zum eigenen Weg führt in die Selbstständigkeit

Von Anfang an verfolgt sie konsequent und zielstrebig bis zur Hartnäckigkeit ihren eigenen Weg, obwohl oder gerade weil sie sich alles selbst erarbeiten muss. 1943 in Wesselburen/Dithmarschen als Heidemarie Jiline Sander geboren, wächst sie bei ihrer geschiedenen Mutter in Hamburg auf und macht nach der mittleren Reife in Krefeld eine dreijährige Ausbildung zur Textilingenieurin. Danach studiert sie zwei Jahre an einem College in Los Angeles und arbeitet nebenher bei der Modezeitschrift *McCalls*. Zurück in Deutschland wird sie Moderedakteurin bei *Constanze*, dann Leiterin der Promotion-Abteilung von *Petra*. Aber sie will Mode nicht nur kommentieren und vermarkten, sondern selbst gestalten und befasst sich deshalb mit Design und Stoffentwicklung. Unter anderem entwickelt sie im Auftrag des Hoechst-Konzerns eine Kollektion aus der neuen Trevira-Faser und schafft sich damit das Kapital für eine eigene Boutique. 1968 eröffnet sie ihren Laden in der Milchstraße in Hamburg-Pöseldorf, wo sie eigene und aus Paris importierte Modelle verkauft. Daneben berät sie einen Kaufhaus-Konzern.

Die vielen unterschiedlichen Tätigkeiten und Erfahrungen in der Modebranche münden schließlich in ihre erste eigene Damenkollektion. Unter dem elegant reduzierten Namen „Jil Sander“ – so nennt sie sich jetzt – präsentiert sie 1973 ihre Entwürfe, darunter als absolute Neuheit ungefütterte Blazer. Das Debüt gerät für die Modeschöpferin zum Desaster: Aufgrund von Produktionsproblemen muss sie sämtliche Kleidungsstücke zurückziehen.

Aber Jil Sander lässt sich nicht entmutigen, sondern stellt seither Verarbeitungsqualität über alles. Diese Konsequenz trägt Früchte: Schon mit der nächsten Kollektion ein Jahr später beginnt ihr Erfolg. Und die Entwicklung ihres unverwechselbaren Stils, den sie seit den Anfängen kultiviert hat. Die Formel scheint einfach: nur beste Materialien, klares Design und hervorragende Verarbeitung. Ihr Programm heißt Purismus, aber in absoluter Perfektion. Ihre Mode soll Frauen nicht verkleiden, sondern deren Persönlichkeit „rein" und „authentisch" zum Ausdruck bringen. Nicht Schnelllebigkeit kennzeichnet die teuren Stücke, sondern Zeitlosigkeit. Die bevorzugten Formen sind daher zunächst die klassischen: Blazer, Kostüme und Hosenanzüge. Sie interpretiert diese Formen neu, nimmt ihnen den letzten Rest von Steifheit und Konventionalität und erneuert sie mit ihrem handwerklichen und technischen Wissen. Ihr besonderes Interesse gilt immer neuen Materialien und Stoffen, die sie im Ideenaustausch mit den Herstellern entwickeln lässt.

Die Pionierin der Designer-Mode

Der Jil-Sander-Look lebt vom noblen Understatement: Eindeutige, aber zurückhaltende Farben wie Schwarz, Braun, Marine, Grau und Weiß dominieren, Muster kommen kaum vor, ebensowenig reine Dekorationselemente oder historische Reminiszenzen. Ihre Stilrichtung ist die konsequente Moderne, inspiriert am ehesten vom Bauhaus oder dem Konstruktivismus in der Mode der 60er Jahre. An ihren Entwürfen ist alles klar, gerade, funktional. Die durchkonstruierten Schnitte bringen das kostbare Material zur Geltung: Kaschmir, feinstes Leder und zunehmend Hightech-Fasern. Ihre hoch entwickelte Kunst, „Überflüssiges wegzulassen" macht Jil Sander zur anerkannten „Queen of less" der Modeszene – und zur ersten international gefeierten deutschen Designerin.

Deutschland besitzt keine eigene Tradition der Haute Couture wie Frankreich, kein modisches Zentrum wie Italien mit Mailand. Doch Jil Sander gelingt es, den weißen Fleck Deutschland auf der modischen Weltkarte zu füllen. Sie bereitet so auch den Boden für andere: Mit Wolfgang Joop, Boss oder Escada entwickelt sich eine renommierte deutsche Modeszene, die sich sehr schnell international ausrichtet.

Denn der Markt für das modische Luxussegment ist in einzelnen Ländern zu klein, seine Zielgruppen ähneln sich überall auf der Welt in ihren Bedürfnissen und Ansprüchen: „Ich habe da so eine Vision", so Jil Sander über ihre idealtypische Kundin, „eine starke Frau, unabhängig, mobil, international. Eine moderne Frau – egal ob sie in Berlin, München, Tokio oder New York lebt."

Der einzige stabile Trend in der Modewelt ist die Globalisierung

In den 80er Jahren treibt Jil Sander zielstrebig die Internationalisierung ihres Unternehmens voran, eröffnet in schneller Folge eigene Läden in Paris, New York oder Tokio und präsentiert ab 1985 ihre Kollektionen ausschließlich in Mailand. Die deutsche Fachwelt quittiert dies mit Ärger und Enttäuschung, doch auch die Modeindustrie kann sich der Globalisierung nicht mehr entziehen – der Erfolg gibt der Unternehmerin Recht. Ihr Firmensitz bleibt dagegen in Hamburg, 1989 kauft sie ein Textilunternehmen in der Nähe und richtet es als eigene Produktionsstätte ein.

Sehr überlegt und nach sorgfältiger Planung erweitert sie Sortiment und Marke: Zur Damenkleidung kommt nach jahrelanger Vorbereitung eine Herrenkollektion, die erstmals 1997 über den Laufsteg geht. Da Jil Sanders puristisch-perfektionistischer Ansatz besonders gut zu Herrenmode passt, wird auch sie schnell zum Erfolg und macht bald 20 Prozent des Umsatzes aus.

Immer bleibt Jil Sander bei ihrer einen exklusiven Linie, anders als viele der großen Designer will sie ihre Marke nicht mit preiswerteren Zweitkollektionen verwässern, ihr eindeutiges Image nicht abschwächen – Konsequenz also auch hier, selbst wenn eine solche Diversifikation vielleicht manch schnellen Gewinn abgeworfen hätte.

Sie wählt einen anderen Weg und kreiert Accessoires wie Brillen, Taschen, Schuhe und Gürtel. Dabei sucht sie ihre Kooperationspartner, Goldpfeil oder den französischen Brillenhersteller Mikli, stets so sorgfältig aus, dass ihr Qualitätsanspruch gewahrt bleibt. Im Kosmetikbereich geht sie mit Lancaster zusammen, ihre Kosmetiklinien für Damen und Herren etablieren die Marke Jil Sander ab 1978 auch in einem Massenmarkt.

Im Deutschland der 80er Jahre ist noch relativ neu, was die schöpferische Unternehmerin mit der ihr eigenen Konsequenz und Stilsicherheit durchexerziert: Ihre ausgefeilte Corporate Identity macht sie auch in Kreisen bekannt, die nicht zu ihren Kunden zählen. Scheinbar einfach, edel und klar zeigt sich alles, was ihren berühmten Schriftzug trägt: die Einrichtung der Exklusiv- und Franchise-Läden, die Parfümflakons, die Inszenierung der Schauen, die Zeitschriftenkampagnen. Ihre zierliche, aber energische und geradezu arbeitswütige Person bleibt dabei ihre beste Repräsentantin, sie ist im wahrsten Sinn des Wortes die „Seele des Geschäfts“ – eines inzwischen millionenschweren, global agierenden Konzerns. Der ist seit 1989 als Jil Sander AG an der Börse notiert. Die Marke ist in den USA bekannter als Armani oder Chanel, auch in den Wirtschaftszentren Asiens ist der „dress for success“ aus Deutschland höchst begehrt. Umsatz und Erträge behaupten sich nach den erfolgsberauschten 80er Jahren auch gegen die konjunkturellen Krisen der 90er. Regelmäßig schreibt das Unternehmen ansehnliche Gewinne.

Die Übernahme: vorläufiges Ende einer Erfolgsgeschichte?

1998 erzielt die Jil Sander AG mit 425 Mitarbeitern einen Umsatz von 214 Millionen Mark, rund 60 Prozent davon außerhalb Deutschlands. Der Einstieg in die Herrenkollektion und die Eröffnung neuer „Flagshipstores" in Metropolen wie Mailand, London und New York schlagen sich in der Bilanz nieder und halbieren 1997 fast den Jahresüberschuss auf 6,5 Millionen Mark (1996 11,1 Mio. Mark).

Die Gründerin sucht jetzt einen „starken Partner" für die Weiterentwicklung und findet ihn in Patrizio Bertelli, Chef des italienischen Luxus-Modekonzerns Prada. 1999 verkauft Jil Sander 75 Prozent ihrer Stammaktien für rund 100 Millionen Euro an die weitaus größere Prada-Gruppe, die unter ihrem Konzerndach immer weitere europäische Luxusmarken sammelt. Über mehr Freiraum für ihre Kreativität freut sich Jil Sander zunächst und bleibt erst einmal zuständig für Design und Styling ihrer Kollektionen.

Doch das Arrangement trägt nicht lange. Als sie im Februar 2000 in Mailand, von der Fachwelt zugleich umjubelt und betrauert, ihre letzte Herbst-/Winterkollektion vorstellt, ist ihr Abgang bei Prada bereits klar. Im Juni 2002 verkauft Jil Sander, was als Option ohnehin vorgesehen war, auch die restlichen 25 Prozent ihrer Anteile an die Mailänder Gruppe. Sie selbst hat sich inzwischen offenbar völlig aus dem Modegeschäft zurückgezogen. Wieder einmal war sie konsequent, auch wenn kaum vorstellbar ist, dass sich die fast 60-Jährige nun in einem frühen Ruhestand ausschließlich ihren Leidenschaften für Golf und Gartenarchitektur widmen wird.

Die Marke Jil Sander ist weiter in den Läden erhältlich, wie sie sich verändern wird, ist noch nicht abzusehen. Die Frau Jil Sander hat Mode- und Unternehmensgeschichte geschrieben, ihr Stil und Einfluss sind ohnehin nicht mehr wegzudenken. Aber der Modeszene fehlt jetzt ein wichtiges Gesicht.

Bettina Mainberger

Grete und Gustav Schickedanz

„... praktisch soll es sein, preiswert und schön natürlich auch!"

Gustav und Grete Schickedanz, den Pionieren des deutschen Versandhandels, war der Weg zur Gründung eines Weltkonzerns keineswegs in die Wiege gelegt. Vielmehr erkannten die Unternehmer schon in den 20er Jahren die weit reichende Bedeutung von Kundenorientierung und -freundlichkeit im Handel und mach-

ten sich diese zum Grundsatz. Auf der Basis ihrer festen Überzeugung, dass sich sowohl die Bedürfnisse wie auch die Träume der Menschen vom „bezahlbaren Luxus" erfüllen ließen, schufen die Unternehmer Schritt für Schritt ein weltweit konkurrenzfähiges Firmenimperium.

Gustav Schickedanz – ein Unternehmer mit Innovationskraft und Pragmatismus

Aus den einfachen Verhältnissen einer Handwerkerfamilie in Fürth stammend, ergriff Gustav Schickedanz im Anschluss an Ausbildung und Wehrdienst die Initiative und eröffnete 1923 eine Großhandlung für Kurz-, Weiß- und Wollwaren, die er bereits vier Jahre später, am 26. Oktober 1927, in ein Versandhaus nach amerikanischem Vorbild umwandelte. Peu à peu passte er in der Folgezeit das System den deutschen Verhältnissen an und perfektionierte es weiter: Mit gedruckten Handzetteln, die an die Menschen außerhalb der Ballungszentren verschickt wurden, gelang Schickedanz eine damals völlig neue Marktdurchdringung. Die Bedürfnisse der Menschen, speziell die der Landbevölkerung, schätzte er mit seinem anfänglichen Produktportfolio an Wolle, Knöpfen, Hosenträgern, Schürzenbändern, Wäsche, Messern und Schreibwaren hervorragend ein. Die direkte Lieferung der Artikel bis ins Haus machte den Einkauf „an der Quelle", wie der Firmengründer es nannte, für seine Kunden besonders attraktiv. Gute Resonanz und hohe Absätze ermöglichten bald eine Erweiterung der Angebotspalette und Großhandelsrabatte, die das Unternehmen gemäß seinem Leitsatz „garantierte Qualität zu günstigen Preisen" direkt an den Endkunden weitergab – ein Geschäftsmodell, das allerdings bei der Industrie nicht nur auf Zustimmung stieß.

Die Firma Quelle florierte rasch: 1928/29 löste der erste Katalog die Handzettel ab, die erste Quelle-Handelsmarke, die „Dukaten-Wolle“ wurde eingeführt, die Mitarbeiterzahlen stiegen. 1932 versandte man erstmals Neueste Quelle-Nachrichten, die die bisherigen Preislisten ersetzten. Bereits 1933 galt Quelle als das erfolgreichste deutsche Versandhaus. Neben dem kontinuierlichen Ausbau des Versandangebots vergrößerte Gustav Schickedanz in der Folgezeit auch das Unternehmen selbst, indem er 1935 die Vereinigten Papierwerke (später bekannt als „Tempo“) und die Brauerei Patrizier kaufte. 1936, 13 Jahre nach Firmengründung, aber nur neun Jahre nach der Umwandlung in ein Versandhaus, überschritt die Kundenzahl die Millionengrenze. Mit einem Umsatz von 40 Millionen Reichsmark konnte der Quelle-Konzern 1938 den höchsten Vorkriegsumsatz für sich verbuchen. Nur ein Jahr später, 1939, zählte man bei Quelle 2 Millionen Kunden.

1942 heirateten Gustav Schickedanz und Grete Lachner (geb. am 20. Oktober 1911 in Fürth). Die zweite Frau des Unternehmers hatte 1927 als Lehrmädchen beim Versandhaus Quelle angefangen und gestaltete von nun an als engste Vertraute und Mitarbeiterin ihres Mannes den Weg des Unternehmens maßgeblich mit.

Kriegsjahre und neuer Aufschwung

Während des Krieges konnte das Versandhaus zwar weiter bestehen, jedoch wurden bei Bombenangriffen große Teile der Firmengebäude und die Kundenkartei zerstört. Das endgültige Aus drohte dem Unternehmen, als die alliierten Besatzer Gustav Schickedanz wegen des Verdachts enger Kontakte zum Hitler-Regime jede Geschäftstätigkeit verboten.

Doch im Hause Schickedanz ließ man sich nicht entmutigen: 1946 eröffnete Grete Schickedanz ein Textilgeschäft in Hersbruck bei Nürnberg, zwei Jahre später – nach Währungsreform und Aufhebung des Berufsverbots – wurde das Unternehmen von Gustav Schickedanz neu gegründet und konnte schon im ersten Jahr wieder einen Umsatz von 315 000 Mark präsentieren. Und auch weiterhin entwickelte sich das Unternehmen in diesen ersten Nachkriegsjahren positiv: 1949 erreichte man mit 12 Millionen Mark wieder außergewöhnlich gute Umsätze, noch im selben Jahr öffnete das erste Quelle-Kaufhaus in Fürth seine Pforten und 1953 wurde die Quelle-Gütesicherung, das spätere Institut für Warenprüfung IfW, eingerichtet. Der Jahresumsatz betrug in diesem Jahr bei einem Kundenstamm von 1,6 Millionen Haushalten 141 Millionen Mark.

Grete Schickedanz – eine Frau mit globaler Vision

Gustav Schickedanz zog sich in dieser Zeit mehr und mehr aus dem Tagesgeschäft zurück und Grete Schickedanz übernahm nun den aktiven Teil der Geschäftsleitung: Die „gnädige Frau“, wie man sie intern gerne nannte, zeichnete verantwortlich für den Einkauf und die *Neuesten Quelle-Nachrichten*. Mit Begeisterung und Kompetenz nahm die Firmenchefin die Entscheidungen über die Kollektionen, Layouts der Kataloge und die Gestaltung der *Quelle-Nachrichten* in ihre Hand. Durch ihren engagierten Einsatz, ihre Fähigkeit, die Familie in die Geschäftsentscheidungen mit einzubinden, und ihr gutes Gespür für den Markt expandierte das Unternehmen kontinuierlich: 1954 wurden bei Quelle erstmals Möbel und Fahrräder angeboten, eine Reihe neuer Lieferanten wurde in das

Firmennetz aufgenommen und man gab von nun an nur noch Halbjahres-Kataloge heraus, die sowohl Angebot wie auch Preise für diese Zeit garantierten. In diesem Jahr betrug der Umsatz des Quelle-Konzerns 260 Millionen Mark. Grete Schickedanz' hervorragende Leistungen beim Wiederaufbau der Firma blieben natürlich nicht unbemerkt: Man ehrte sie im selben Jahr mit diversen Ehrentiteln und setzte sie als Generalbevollmächtigte und festes Mitglied des Konzernbeirats ein.

Neben Einkauf und Werbung engagierte sich Grete Schickedanz auch in der Personalpolitik und wurde ihrem Ideal von der Gleichberechtigung der Frau gerecht, indem sie über die Hälfte der Stellen in ihrem Unternehmen mit Frauen besetzen ließ.

Erst satt sein, dann schick ...

Das Erfolgsrezept dieser Jahre war unverkennbar das Verständnis der Unternehmer Gustav und Grete Schickedanz für die Bedürfnisse der Menschen: „Erst satt, dann chic sein" hieß die Devise und man kam dieser im Quelle-Angebot in vollem Umfang nach. Garn, Wolle, Bettwäsche, bald auch Möbel und Nähmaschinen sowie andere elektrische Haushaltsgeräte rundeten das Programm ab. Des Weiteren war man in der finanzschwachen Wiederaufbauzeit besonders auf die Finanzierbarkeit der angebotenen Waren bedacht. Mit dieser realistischen Einschätzung traf das Ehepaar Schickedanz genau die Wünsche und Sehnsüchte der damaligen Generation, die nach den Kriegsjahren einen hohen Nachholbedarf an Konsumgütern entwickelt hatte. Was früher als Luxus gegolten hatte, wurde zum gängigen Gebrauchsartikel – im Sinne des Hauses Quelle: „praktisch, preiswert und schön natürlich auch". Und der Erfolg gab den Unternehmern Recht: 1958 verbuchte man 450 Millionen Mark Umsatz, in der Folgezeit wurden neue Unternehmen in den Quelle-Konzern integriert, Geschäftsbereiche wie Tankstellen und Foto- und Filmdienst eröffnet und ausländische Standorte gegründet.

In den 60er Jahren überstieg der Firmenumsatz die Milliarden-Mark-Grenze und man konzentrierte sich nun intensiv auf die internationale Expansion. Grete Schickedanz' erste Einkaufsreise nach Hongkong 1962 ist legendär und ihr Erfolg begründete Quelles Vorreiterstellung als einer der ersten europäischen Geschäftspartner für den asiatischen Markt. Innerhalb dieses Jahrzehnts kamen immer mehr Lieferanten sowohl aus dem benachbarten wie dem internationalen Ausland hinzu.

Der Weg zum Weltkonzern

An der globalen Erweiterung des Konzerns arbeitete Grete Schickedanz kontinuierlich weiter. Regelmäßig besuchte sie in den folgenden Jahren die ausländischen Produktionsstandorte und internationale Modenschauen.

Am 27. März 1977 verstarb der Firmengründer Konsul Dr. h.c. Gustav Schickedanz im Alter von 82 Jahren. Sein Verdienst für den Quelle-Konzern, der aus dem einfachen Familienunternehmen erwachsen war, lässt sich nicht nur in Umsatzzahlen fassen, sondern zeigt sich vielmehr in der Unternehmensphilosophie „Beste Qualität zum günstigen Preis“, die das Versandhaus bis heute vertritt.

Neben ihrer Arbeit für das Versandhaus schenkte das Ehepaar Schickedanz auch dem Engagement im sozialen Bereich viel Aufmerksamkeit: Sportvereine und diverse Hilfsprojekte, die Deutsche Krebshilfe, unzählige kleinere und größere Stiftungen und ein Altenpflegeheim des Bayerischen Roten Kreuzes profitieren bis heute von der sozialen Einstellung und der Großzügigkeit der Unternehmer.

Nach dem Tod ihres Mannes übernahm Grete Schickedanz die Firmenleitung und damit die Leitung eines Konzerns, der mittlerweile 8 Milliarden Mark Umsatz erwirtschaftete, 42 000 Mitarbeiter beschäftigte, weltweit 12 000 Lieferanten hatte und dessen 900-seitiger Katalog an 7,6 Millionen deutsche Haushalte ausgeliefert wurde. Die Firmenchefin wurde dieser Aufgabe mehr als gerecht. Mit ihrem bescheidenen, unkomplizierten Wesen, gesundem Menschenverstand und unternehmerischer Kompetenz führte sie das Versandhaus auch durch die wirtschaftlich schwierige Zeit der 80er Jahre. Unter ihrer Regie wurden weiterhin neue Geschäftsbereiche gekauft oder gegründet und 1989 bekam Quelle als erstes Versandunternehmen die Genehmigung für eine Niederlassung in der damaligen UdSSR.

Im Rahmen der deutschen Wiedervereinigung brachte die Unternehmerin ein groß angelegtes Investitionsprogramm der Firma in den neuen Bundesländern, das den Bau des weltweit modernsten Versandzentrums in Leipzig Mockau und eine Investitionssumme von 1 Milliarde Mark beinhaltete, mit auf den Weg. 1991 erhielt der Konzern die Rechtsform Quelle Schickedanz AG & Co.

Nach 66-jährigem Berufsleben zog sich Grete Schickedanz 1993 schließlich aus dem aktiven Management zurück. Ihre eigene unternehmerische Leistung und den Aufbau ihres beachtlichen Privatvermögens hatten für die First Lady des deutschen Versandhandels keinen besonderen Stellenwert. Vielmehr betrachtete sie zeitlebens ihre Gesundheit und Arbeitskraft als ihren Reichtum. Die Bewahrung der ursprünglichen Unternehmensziele und -werte, die kundenorientierte und soziale Ausrichtung der Unternehmensaktivitäten, der Bestand des Betriebs auch über Krisenzeiten hinweg und die kontinuierliche Expansion des Konzerns sind Verdienste, die Grete Schickedanz' Lebenswerk ausmachen und für die sie 1976 mit dem Bundesverdienstkreuz, 1981 mit dem Professorentitel geehrt wurde. Nur ein Jahr später, am 23. Juli 1994, verstarb Grete Schickedanz, Ehrenvorsitzende des Aufsichts- und Verwaltungsrats der Quelle Schickedanz AG & Co. in Fürth.

Die Quelle-Schickedanz AG & Co. expandierte in der Folgezeit weiter. Heute bildet das größte Versandhaus Europas mit seinen über 110 Töchtern und Beteiligungsgesellschaften die internationale Quelle-Gruppe und unterhält elf Auslandsgesellschaften und Exportrepräsentanzen in 13 weiteren Ländern. Der Marktanteil der Quelle-Gruppe im gesamten deutschen Versandhandel macht derzeit rund 25 Prozent aus.

Das Großversandhaus Quelle steht noch heute für die Überzeugung und Ziele seiner Gründer. Eindrucksvoll wird hier deutlich, wie entscheidend Realismus, gute Markteinschätzung und vor allem Kundenfreundlichkeit den Erfolg eines Handelsunternehmens prägen. Auf dieser Basis schuf das Ehepaar Schickedanz ein Firmenimperium, dessen Erfolg und Philosophie gleichzeitig legendär wie auch bis heute tragfähig bleibt.

Vera Schneidereit

Jürgen Schrempp

Erklärtes Ziel: Welt AG

Jürgen Schrempp kämpfte sich vom Lehrling bis an die Spitze von Deutschlands größtem Konzern. Seit der Fusion mit Chrysler ist aber unsicher, ob die Rechnung des DaimlerChrysler-Chefs auch wirklich aufgeht. Ob die Welt AG funktioniert oder nur ein schöner Traum ist, wird sich erst in den nächsten Jahren erweisen.

Der Ausgang ist ungewiss. Bei keinem anderen der in diesem Buch beschriebenen Manager und Unternehmer ist das Urteil über die berufliche Lebensleistung so in der Schwebe wie bei Jürgen Schrempp. Gewiss, der Vorstandschef von DaimlerChrysler besitzt Persönlichkeitsmerkmale, um die ihn viele Kollegen beneiden und die ihn selbst im Vergleich zu anderen Top-Managern herausragen lassen. Kein Zweiter verfügt über eine derart ungeheure Robustheit. Schrempp gilt als unnachgiebig und beinhart bei der Verfolgung seiner Ziele. Sein Naturell ist geprägt von Hartnäckigkeit, Willensstärke und Energie. Schrempp besitzt außergewöhnlichen Biss und kann Hindernisse und Widerstände mit an Brutalität grenzender Durchsetzungskraft zur Seite schieben. Auch die Geburt seiner Tochter Loana Theresa im März 2001 hat dem Rambo-Temperament keinen Abbruch getan. Schrempp wurde die Rotwein-Affäre an der Spanischen Treppe in Rom verziehen, bei der er kurzfristig festgenommen wurde, ebenso das Debakel um Fokker und der Machtkampf mit Mercedes-Chef Helmut Werner, den er aus machttaktischen Gründen vor die Türe setzte. Trotz seiner Durchsetzungsfähigkeit: Jürgen Schrempp kann als Wirtschaftsführer immer noch im großen Stile scheitern. Seine Vision, eine echte, vielleicht die erste wirkliche Welt AG zu schaffen, ist noch lange nicht realisiert. Noch ist völlig offen, ob das Werk des Konzernarchitekten, aus Daimler-Benz, Chrysler und Mitsubishi ein neues Gebilde zu schaffen, stabil genug ist, um auf Dauer Bestand zu haben.

Beseitigung von Altlasten

Dabei konnte Schrempp bereits einmal aus nächster Nähe mitansehen, wie das Lebenswerk eines vermeintlich Großen der deutschen Wirtschaft in Brüche ging. Edzard Reuter, Schrempps Vorgänger und Mentor, wollte den traditionsreichen Autobauer zu einem Technologiekonzern rund um das Thema Mobilität umbauen – und hinterließ einen Scherbenhaufen. Rund 30 Milliarden Mark kostete Daimler-Benz Reuters Versuch der Diversifizierung. Reuters lange Zeit hervorragender Ruf war am Ende ruiniert. Schrempp selbst musste nach seinem Amtsantritt als Daimler-Chef den Ballast aus AEG, MBB und weiteren teuren und unsinnigen Akquisitionen wieder über Bord werfen. Der gebürtige Freiburger konzentrierte das deutsche Vorzeigeunternehmen mit dem Stern wieder auf seinen Kern, das Autogeschäft. Allein das ehemalige Raumfahrtunternehmen Dasa, das Schrempp mehrere Jahre leitete, blieb bei den Stuttgartern und wurde in die europäische Gemeinschaftsfirma EADS eingebracht.

Kaum waren die Altlasten beseitigt, begann Schrempp seine eigene Vision zu verwirklichen: ein weltumspannendes Automobilimperium, das in allen drei Triadenmärkten Europa, USA und Asien gleichermaßen zu Hause ist. Schrempp glaubt, dass nur globale Präsenz gepaart mit einer Modellspanne vom Smart bis zu schweren Lastwagen langfristig das Überleben sichert. Der Globalisierung der Märkte muss die Globalisierung der Unternehmen folgen, lautet das einleuchtende Prinzip. Berufliche Stationen in den USA als Sanierer der dortigen Lkw-Aktivitäten des Daimler-Benz-Konzerns sowie Erfahrungen als Südafrika-Statthalter machten aus ihm einen besonders international ausgerichteten Manager. Auch bei der Dasa bedurfte es einer weltweiten Ausrichtung des Geschäfts in der Luft- und Raumfahrt.

Die Fusion mit der US-Firma Chrysler 1998 – im Nachhinein wohl eher eine Übernahme als ein Merger of Equals – sowie der Kauf von 34 Prozent an dem japanischen Wettbewerber Mitsubishi im September 2000 waren die Meilensteine auf dem Weg zu einem Mega-Konzern mit über 160 Milliarden Euro Umsatz, rund 450 000 Beschäftigten und knapp 5 Millionen jährlich gebauten Fahrzeugen. Die Beteiligung an Mitsubishi ist bei diesen Zahlen noch nicht einmal eingerechnet. Allein die Frage, ob eine so komplexe Welt AG mit der breitesten Produktpalette der Autoindustrie effizient zu steuern ist, bleibt bis heute unbeantwortet. Rund 600 Stunden im Jahr verbringt Schrempp im Flugzeug, ein enormer physischer Substanzverlust. Dafür stellte der Spitzenmanager, der für die sinnlichen Seiten des Lebens immer offen war, sogar seinen Lebensstil um. Probleme gibt es auch mit den Firmenkulturen zwischen dem schwäbischen Musterbetrieb und der Chrysler-Mannschaft im fernen Detroit. Die Anschauungen, wie das Geschäft mit Autos zu machen ist, passen nur bedingt zusammen.

Der Optimismus über die transatlantische Zusammenarbeit, die Schrempp 1998 den Titel „Manager des Jahres" eintrug, ist längst verflogen. Der Kapitalmarkt zumindest hat Schrempps bisherige Anstrengungen bislang eher abgestraft. Der Aktienkurs von DaimlerChrysler ist gegenüber der Zeit vor der Fusion deutlich gesunken. Automobilexperten und Analysten fordern unverhohlen die Aufspaltung des Konzerns. Denn nur der Stern von Mercedes ist im Markenverbund seit Jahren ein strahlender Star. Chrysler hingegen ist seit geraumer Zeit ein Sanierungsfall, machte allein im Jahr 2001 einen Verlust von 5,3 Milliarden Euro, und auch bei Mitsubishi kämpften Schrempp und seine Mannschaft vornehmlich mit Problemen, insbesondere einer Verschuldung von 13 Milliarden Euro. Besonders bitter ist für den passionierten Bergsteiger Schrempp die Bestrafung seiner Strategie an den Börsen aber auch aus einem anderen Grund. War er es doch, der 1995 als erster prominenter deutscher Vorstandschef voll auf das US-amerikanische Konzept des Shareholder-Value setzte. Sein Ausspruch „Profit, Profit, Profit" sei sein vornehmliches Unternehmensziel für Daimler-Benz, machte Schrempp auch weit über die Zirkel der Wirtschaft hinaus bekannt und fällt heute auf ihn ähnlich zurück wie seine Aussage auf der Hauptversammlung 1998: „DaimlerChrysler wird das profitabelste Unternehmen seiner Branche."

Noch mehrere Jahre Zeit

Fest zu Schrempp steht indes DaimlerChrysler-Aufsichtsratschef Hilmar Kopper. Beide Top-Manager, die für ihren hemdsärmeligen Führungstil bekannt sind, verbindet eine jahrelange Freundschaft. Frühzeitig und mitten in den Turbulenzen um den richtigen Weg bei Deutschlands größtem Industrieunternehmen verlängerte der ehemalige Sprecher der Deutschen Bank Schrempps Vorstandsvertrag bis zum Jahr 2005. Wahrscheinlich ist sogar, dass der heute 57-jährige Schrempp noch weitere zwei bis drei Jahre dranhängt, um den Marathon der Umgestaltung von DaimlerChrysler zur funktionierenden Welt AG umzusetzen.

Biografische Daten

1944 in Freiburg geboren
Mittlere Reife, Lehre zum Kraftfahrzeugmechaniker bei Daimler-Benz und Studium
Diplomingenieur an der FH Offenburg
Ab 1974 mehrere Aufgaben bei Daimler-Benz of South Africa
1982 President von Euclid, einer Nutzfahrzeugtochter von Daimler-Benz in den USA
1985 Vorsitz von Daimler-Benz of South Africa
1989 Vorstandsvorsitzender der Deutschen Aerospace (Dasa)
1995 Vorstandsvorsitzender der Daimler-Benz AG

Klaus Westermeier

Henning Schulte-Noelle

Ein Kosmopolit in der Königinstrasse

Schon Goethe war der Meinung, Macht solle sich nicht durch Reden, sondern durch Handeln bemerkbar machen. An diese Maxime hält sich der wahrscheinlich mächtigste Manager des Landes seit gut einem Jahrzehnt. Sein Ziel, den führenden integrierten Finanzkonzern Europas zu schaffen, hat er schon erreicht. Jetzt schickt er sich an, die Weltspitze zu erobern.

Eigentlich hat er alles erreicht, wovon ein Mann so träumt – und mehr als das. „Mein Haus, mein Auto, mein Boot", der in der Fernsehwerbung suggerierte Stoff, aus dem Männerträume gemacht sein sollen, ist seine Sache nicht. Zwar hat er sich einen Lebenstraum erfüllt und einen Bauernhof erworben, ansonsten aber gibt er sich mit den Eitelkeiten, mit welchen sich selbstverliebte Firmenbosse gerne schmücken, nicht ab, geschweige denn zufrieden. Das würde auch nicht passen zu einem Mann, der in wenigen Jahren Europas größten Finanzkonzern aufbaute und dennoch „zurückhaltend, fair und fleißig" geblieben ist, wie die inzwischen eingestellte Wochenzeitung *Die Woche* vor Jahren anerkennend textete. Das Wirtschaftsmagazin *Capital* spitzte die Stellenbeschreibung des Henning Schulte-Noelle nicht weniger treffend zu:

„Er macht mit eigener Sittsamkeit ein globales Milliardengeschäft."

Es fällt in der Tat schwer, ein Haar in der Suppe des Allianz-CEOs ausfindig zu machen. Er hat die Gruppe so umgeformt und gestaltet, dass sie mit einer Marktkapitalisierung von 33 Milliarden Euro (Mitte August 2002) und jährlichen Prämieneinnahmen von 75 Milliarden Euro (2001) zur Nummer eins in Europa wurde. Und er hat das Vermögen der Allianz-Aktionäre seit Amtsantritt trotz jüngst herber Kursverluste mehr als verdoppelt.

Als Erstes brachte Schulte-Noelle das – durch eine ungestüme Expansionsphase – belastete Zahlenwerk des Konzerns ins Reine, dann entflechtete er den Konzern von einem großen Teil seiner Querbeteiligungen mit der Münchener Rück und setzte schließlich zu einem fulminanten Spurt in Sachen Globalisierung an, der noch lange nicht beendet ist.

Ob das die Marktführung in Mittel- und Osteuropa ist, der zweite Platz unter den ausländischen Assekuranzen in Asien-Pazifik, die Weltmarktführerschaft in der Kreditversicherung und im so genannten Assistance-Geschäft, das für Versicherer so wichtige Geschäft mit Call-Center und Hilfs- und Notdiensten: Durch gezielte Akquisition rangiert die Allianz inzwischen in Italien, Österreich, der Schweiz, in Spanien und in Frankreich unter den Top-Adressen der jeweiligen Märkte. Seinen größten Coup im angestammten Versicherungsgeschäft landete der Kosmopolit Ende 1997 durch die Übernahme der französischen AGF. Dann baute er die Vermögensverwaltung als drittes Standbein neben der Lebens- und Sachversicherung auf, die durch den Erwerb der amerikanischen Asset-Manager Pimco und Nicolas Applegate abgerundet wurde. Nach Integration der Dresdner Bank verwaltet die Gruppe ein sagenhaftes Vermögen von annähernd 1,2 Billionen Euro, zählt fast 70 Millionen Weltenbürger zu ihren Kunden, darunter jeder dritte deutsche Haushalt und 190 der 200 größten deutschen Unternehmen. „Versicherung, Vorsorge, Vermögen“: Knapp 180 000 Mitarbeiter bemühen sich Tag für Tag in 77 Ländern, den Allianz-Slogan bekannt zu machen. „Wir sind ein europäisches Unternehmen mit deutschen Wurzeln und klarer globaler Ausrichtung“, formuliert Schulte-Noelle mit gewohntem Understatement.

Größe muss nicht zu Schwerfälligkeit führen

Hat die Allianz damit die Grenzen des Wachstums erreicht? Eine Frage, die sich ein Mann an der Spitze eines Unternehmens mit über 80 Milliarden Euro Umsatz und wahrhaft globaler Präsenz durchaus gefallen lassen muss und die er sich selbst immer wieder stellt – und ohne

Schnörkel mit Nein beantwortet. „Größe muss nicht zu Schwerfälligkeit, Verlust von Dynamik führen“, so lautet sein Credo, was angesichts der schieren Größe des Unternehmens niemandem leicht fällt zu akzeptieren. Von einer Pause im unbändigen Expansionsdrang der Allianz mag Schulte-Noelle aber selbst in der Krise des Kapitalmarktes nicht reden. Anfang der 90er Jahre sei es in der Tat noch opportun gewesen, einer Phase bedeutender Akquisitionen (durch Wolfgang Schieren) eine Zeit der Besinnung und Konsolidierung folgen zu lassen. Heute würden beide lebenswichtigen Prozesse parallel und permanent zum Alltag des Konzerns gehören. In irgendeinem Teil des Allianz-Imperiums gebe es immer eine Chance der Expansion, die man sich nicht entgehen lassen dürfe in einem anderen Bedarf zu konsolidieren oder zu restrukturieren. Deshalb wird er nicht müde, Führungsfähigkeit, Transparenz und wahre Internationalität einzufordern und diese Schlagworte mit Leben zu erfüllen.

„Cultural Swingers“

Das erzwingt vor allem eine weit offenere Unternehmenskultur, als sie in Deutschland üblich ist und zu der jedes Unternehmen finden muss, das Globalisierung nicht als notwendiges Übel, sondern als Chance begreift. Hatte Schulte-Noelle noch eine weitgehend „geschlossene Gesellschaft“ übernommen, so sieht sich das Finanzkonglomerat heute nicht nur als ein kosmopolitisches Gebilde, es agiert auch so – und zwar grenz- und branchenübergreifend. Der Chef selbst ist zwar noch ein klassisches Eigengewächs, wie sein Lebenslauf lupenrein ausweist, und stolz darauf, das Geschäft von der Pike auf erlernt zu haben, ansonsten ist Wandel in den Wandelhallen der Münchener Königinstrasse 28 allgegenwärtig. Noch vor einem Jahrzehnt wäre es schlicht undenkbar gewesen, dass am

Vorstandstisch nicht nur Vollblüter der Assekuranz, sondern auch gestandene Banker wie Paul Achtleitner (vorher Goldman Sachs) und neuerdings Bernd Fahrholz, Horst Müller und Leonhard H. Fischer (Dresdner Bank) Platz nehmen. Im erweiterten Führungsgremium des Hauses, dem „International Executive Committee“, kann sogar weniger als die Hälfte der Mitglieder eine eigentliche Allianz-Vergangenheit vorweisen. „Cultural Swingers“ geben zunehmend den Ton und die Konferenzsprache (Englisch) an.

Das vordergründig Erstaunlichste daran: Schulte-Noelle, ohne Zweifel im Kern konservativ und bodenständig, jongliert behend und leichtfüßig mit den Kulturen, als wäre er darin aufgewachsen. Sicherlich hat die Studienzeit im schottischen Edinburgh (Staatsrecht) und an der Wharton School of Business Administration in Philadelphia seinen Horizont geöffnet, aber er praktizierte kulturelle Offenheit im professionellen wie im privaten Leben eh und je – bis auf den heutigen Tag. So hat die vor zwei Jahren gegründete Kulturstiftung des Hauses ihre Existenz seiner Initiative zu verdanken, die sich als europäisches Netzwerk der Kulturschaffenden versteht. Und wenn Schulte-Noelles außerhalb des eigenen Bauernhofs im Tölzer Land Urlaub machen, dann fast ausschließlich als Reisende in Sachen europäischer Kultur.

Er ist nicht nur von der Statur ein ausgewachsener Westfale. Den Westfalen sagt man nach, sie würden sich durch eine gewisse Sturheit und Beharrlichkeit auszeichnen, aber eben auch Bodenhaftung bewahren, wenn andere im Erfolgstaumel längst abgehoben haben. Alleine seine imposante Körpergröße von 1,90 Meter lässt ihn eher mächtig als behend erscheinen. Dazu passt auch, dass zu seinen herausragenden Talenten zwar ein gutes Gefühl für fremde Sprachen zählt, aber kaum die Kunst der geschliffenen freien Rede. Wenn er sich öffentlich äußerst, dann allerdings zeigt er sich bestens vorbereitet und möchte doch „jedem gedruckten Wort am liebsten einen Bodyguard zur Seite stellen“, wie einst in *Capital* zu lesen war.

Wahre Größe zeigt sich in der Niederlage

Wenn es allerdings stimmt, dass sich wahre Größe eines Mannes erst in der Niederlage zeigt, dann steht die ganz große Bewährungsprobe dem „Manager des Jahres“ 1996 noch bevor. Ein paar leichte Blessuren hat er zweifellos schon einstecken müssen. Der Säbelhieb zählt hierbei nicht, den er sich als Korpsstudent eingefangen und der ihm die Narbe eingetragen hat, die heute sein Gesicht verunstaltet oder adelt, je nachdem, wie man das sieht. Aber als Tiefschlag war schon zu werten, dass Wolfgang Schieren, langjähriger Patriarch in der Königinstraße und Vorsitzender des Aufsichtsrats, Anfang der 90er Jahre nicht den als Kronprinz gehandelten Schulte-Noelle, sondern seinen Vorstandskollegen Friedrich Schiefer an die Konzernspitze berief. Dass er dann doch am 1. Oktober 1991 in den Olymp gerufen wurde, ist einem „Allianz-untypischen Vorfall“ (Schulte-Noelle) zu verdanken. Der „mit allen Finanzwassern gewaschene“ (*manager magazin*) Schiefer wurde aus Gründen, über denen der Mantel des Schweigens liegt, von seinem Ziehvater überraschend wieder fallen gelassen. Er schien nach innen und nach außen nicht mehr berechenbar – das oberste Gebot für jeden Top-Mann der Allianz.

Zum zweitenmal ausgezählt wurde der Top-Manager, als die von ihm und seinem Vorstandskollegen Paul Achtleitner geschickt vorbereitete und dirigierte Fusion zwischen der Deutschen und der Dresdner Bank im Frühjahr 2000 dann doch scheiterte. In einschlägigen Medien ließ sich Schulte-Noelle schon als Sieger feiern, weil der Allianz bei diesem Deal, wäre er denn zustande gekommen, unter anderem mit der DWS eine Vermögensverwaltungsperle zu einem ausgesprochen günstigen Preis zugefallen wäre. „Ich habe nie geleugnet, dass wir Macht haben", so Schulte-Noelle damals jovial im Interview mit der *Wirtschaftswoche* auf die Frage nach den Drahtziehern der Fusion. Umso mehr muss es ihn geschmerzt (und auch geläutert) haben, die Niederlage eingestehen zu müssen und sich der Öffentlichkeit zu stellen. Was er an der Seite seines Kombattanten, Dresdner-Bank-Chef Bernhard Walther, dann auch „mannhaft" tat. „Er ist (eben) selbstbewusst genug, auch Entscheidungen durchzustehen, die schlechte Presse nach sich ziehen", schrieb *Die Zeit*.

Ob die Integration der Dresdner Bank im Gruppenbild der Allianz am Ende als Sieg oder Niederlage einzuordnen ist, darin sind sich zumindest ein paar Analysten der internationalen Investmentszene keineswegs so sicher wie Henning Schulte-Noelle und sein Kollege Bernd Fahrholz von der Dresdner Bank. Beide halten unbeirrt an ihrem Geschäftsmodell des integrierten Finanzdienstleisters fest und ziehen die Fusion mit eiserner Härte durch. Eine seiner vielen Tugenden hat der Allianz-Chef auch in diesem schwierigen Deal jetzt schon bewiesen: Fairness gegenüber seinen vom eisigen Wind des Kapitalmarktes gezeichneten Vorstandskollegen Fahrholz und Fischer. Zumindest ist bisher kein Wort der Kritik nach außen gedrungen. Schulte-Noelle mag sich innerlich schwarz über die äußeren Umstände und das magere Timing bei der Akquisition ärgern, vermuten langjährige Beobachter, er wird es aber nie seine Umgebung spüren lassen.

Manfred Schumacher

Werner, Ernst und Peter von Siemens

Werner v. Siemens

Peter v. Siemens

Ernst v. Siemens

Technologie im Dienst von Mensch und Umwelt

Außergewöhnliche Begabung, gepaart mit schier unstillbarem Wissensdurst, unternehmerischem Geschick und Tatkraft bergen das Potenzial für weltbewegende und welterneuernde Konzepte und Erfindungen. Werner von Siemens verband genau diese Eigenschaften auf bereits zum Mythos gewordene Weise.

Werner von Siemens

Gerade hielt die Industrialisierung auch in Deutschland Einzug – auf dem Rhein fuhr das erste Dampfschiff nach Köln hinauf –, als im Jahr 1816, am 13. Dezember, in Poggenhagen zu Lenthe (Kreis Hannover) Ernst Werner Siemens als viertes von 14 Geschwistern geboren wurde. Sein Vater, Christian Ferdinand Siemens, stammte aus einer angesehenen Kaufmannsfamilie aus Goslar und bewirtschaftete nun das Landgut der Familie. Aufgrund der Belastung durch land- und forstwirtschaftliche Einschränkungen und politische Rückständigkeit im Kreis Hannover siedelte die Familie schließlich nach Mecklenburg-Strelitz um. Hier besuchte Werner die Grundschule, später dann in Lübeck das Katharinen-Gymnasium. Schnell wurde ihm hier bewusst, dass seine Begabung und sein Interesse dem naturwissenschaftlichen Bereich galten.

Studienzeiten

Eigentlich wollte der junge Mann nach der Schulzeit auf der Bauakademie in Köln studieren, doch die kargen finanziellen Mittel der Familie ließen das nicht zu. 1834 trat Siemens darum in das Preußische Ingenieurcorps ein, wo er an der Artillerie- und Ingenieurschule Berlin eine dem Hochschulstudium beinahe gleichwertige Ausbildung absolvieren konnte.

Gerne erinnerte sich Siemens an diese Studienzeit und bezeichnete sie oft als die schönste seines Lebens – wohl nicht zuletzt wegen solch amüsanter Episoden:

„Meine Leistungen gewannen mir bald das Wohlgefallen des gestrengen Bombardiers, nur ein Punkt brachte ihn beinahe zur Verzweiflung. Ich hatte sehr stark gekräuseltes, hellbraunes Haar. [...] Es wurden nun alle möglichen Experimente mit mir

angestellt, um diesen militärischen Fehler wenigstens einigermaßen zu vertuschen. Am besten schien sich der Bodensatz des Magdeburger Bräuhahns, eines damals beliebten Bieres, dafür zu eignen. [...] Es gelang damit auch nach wiederholtem Gebrauche, meine Haare glatt anliegend zu machen, doch nach einiger Zeit revoltierten sie, und in der Regel brachen zum Entsetzen des Bombardiers gerade bei Vorstellungen wieder rebellische Locke aus der glatten Haarschicht hervor ...“

(Werner von Siemens: Lebenserinnerungen, 1983, S. 22f.)

Erste berufliche Schritte

Den Studienjahren folgten die Gesellenjahre als Techniker, in denen er sich der Verbesserung der Schießbaumwolle und der elektrischen Messung von Geschossgeschwindigkeiten widmete. Während er 1840 auf der Zitadelle von Magdeburg eine Haftstrafe wegen des Sekundierens bei einem Duell zu verbüßen hatte, arbeitete Siemens erstmals mit Elektrizität und ihm gelang die galvanische Versilberung und Vergoldung von Metallen. Nach plötzlicher Entlassung folgte allerdings die Versetzung – Siemens war noch immer Soldat –, zuerst nach Spandau, bald darauf in die Artilleriewerkstatt nach Berlin, wo er seine Studien fortsetzen konnte.

1842 entwickelte Werner Siemens zusammen mit seinem Bruder Wilhelm einen „Differenzregulator“ zur Regulierung von Dampfmaschinen und allmählich spiegelte sich der Erfolg seiner Erfindungen auch auf finanzieller Seite wider – besonders als er im selben Jahr einen Vertrag mit der Neusilberfabrik Henninger abschließen konnte, die ihn am Umsatz für galvanische Versilberungen und Vergoldungen beteiligte. Wilhelm Siemens bewies großes Verhandlungsgeschick und verkaufte damals sowohl die galvanischen Patente als auch den Differenzregulator nach England weiter und erzielte damit einen stattlichen Gewinn.

Ein weiteres, besonderes Interesse von Werner Siemens bildete die schnelle und sichere Nachrichtenübermittlung. Die komplexe Problematik, einerseits ein verbessertes Telegrafengerät, andererseits – und viel schwieriger – eine stabile Leitung zwischen Sender und Empfänger herzustellen, löste Siemens 1847 durch seinen „Zeigertelegraphen", dessen Leitungen er mit Guttapercha, einer isolierenden Masse, die sich nahtlos um den Draht fügen ließ, ummantelte. Nach der Genehmigung durch die Telegraphenkommission weckte Siemens das Interesse für seine Erfindung auch in Johann Georg Halske, einem Feinmechaniker, den er aus der Physikalischen Gesellschaft kannte. Mit finanzkräftiger Unterstützung durch Georg Siemens gründen die beiden Techniker am 1. Oktober 1847 die „Telegraphenbauanstalt von Siemens & Halske" in Berlin.

Geschäftliche Erfolge

Die kleine feinmechanische Werkstätte, die mechanische Läufe für Eisenbahnen, Wassermesser, Drahtisolierungen aus Guttapercha und vor allem elektrische Telegrafen herstellt expandierte schnell. Ihren ersten staatlichen Auftrag erhielt die Firma im Sommer 1848: Bau einer Telegrafenleitung über 500 Kilometer zwischen Berlin und Frankfurt. 1851 erfand Werner Siemens einen elektrischen Feuermelder, der in der Berliner Polizei einen Abnehmer, in der Bevölkerung viel Lob fand. Leider erwies sich die Zusammenarbeit mit der Preußischen Telegraphenanstalt als nicht von großer Dauer und so orientierte sich das junge Unternehmen in Richtung Ausland: Im selben Jahr wurde die Firma mit dem Aufbau eines Telegrafennetzes für Russland beauftragt, das in den folgenden Jahren von der Ostsee bis zur Küste des Schwarzen Meeres ausgebaut wurde. Daneben wurde England zum weiteren wichtigen

Geschäftspartner bei der Herstellung und Implementierung eines weit reichenden Netzes von telegrafischen Seekabeln. Durch diese Geschäftsbeziehungen entwickelte sich Siemens & Halske schon damals von der kleinen feinmechanischen Werkstätte zum international anerkannten Großbetrieb.

Der Weg ins Ausland, wie ihn die Siemens-Brüder beschritten, war damals keineswegs der gängige, zumal die Geschäftsreisen nach Russland, Frankreich, England etc. zum Teil noch mit Kutschen und Schlitten absolviert werden mussten.

Bahnbrechende Erfindungen

Neben seinen unternehmerischen Verpflichtungen verwendete Werner Siemens viel Zeit für seine wissenschaftlichen Forschungen. 1866 gelang ihm ein großer und für die Elektrotechnik entscheidender Coup, als er mithilfe der Faraday'schen Regeln das „dynamoelektrische Prinzip" entdeckte und mit der darauf basierenden „Dynamomaschine" den Grundstein legte für die Ausnutzung von Elektrizität für die Energieversorgung.

In der Folgezeit trat die so genannte Starkstromtechnik ihren Siegeszug an, immer begünstigt durch die Erfindungen aus dem Hause Siemens & Halske, die die neue Technik in alle Lebensbereiche einführten und integrierten: 1879 stellte man die erste elektrische Eisenbahn und die erste elektrische Straßenbeleuchtung in Berlin vor, 1880 fuhr der erste elektrische Aufzug in Mannheim, 1881 die erste elektrische Straßenbahn der Welt in Berlin-Lichterfelde und noch im selben Jahr konnte – dank Siemens – Thomas Edison in Paris seine Glühlampe vorstellen, die die elektrische Beleuchtung auch für den Alltag nutzbar machte.

Nach dem Ausscheiden seines Partners J. G. Halske 1867 war Werner Siemens zum Alleininhaber der Firma geworden. Im Rahmen seiner Führungsaufgaben initiierte er zahlreiche soziale Projekte, die in der damaligen Zeit ihresgleichen suchen: 1866 wurde erstmalig eine „Inventurprämie" vergeben. Mit einer Pension-, Witwen- und Waisenkasse begründete Siemens 1872 die betriebliche Alters- und Hinterbliebenenversorgung. 1873 führte man bei Siemens den Neun-Stunden-Tag ein, 1889 eröffnete man Kantinen für die gesamte Belegschaft.

1874 wurde Werner Siemens ordentliches Mitglied der Preußischen Akademie der Wissenschaften, 1877 dann Mitglied des Reichspatentamtes, und er unterstützte als Sponsor die Gründung der Physikalisch-Technischen Reichsanstalt in Charlottenburg.

Im letzten Jahrzehnt seines Lebens begleitete Werner Siemens eine Reihe von Innovationen und Gründungen: Die ersten weit reichenden Stromleitungen in Deutschland oder die Gründung der AEG (1887) zum Beispiel unterstützte der Unternehmer sowohl finanziell als auch mit eigenen Ideen, die ihrer Zeit meist weit vorgriffen. Im Grunde aber zog sich das Genie in dieser Zeit mehr und mehr aufs Private zurück und analysierte Vergangenheit wie Zukunft. Die Notwendigkeit tragfähiger Konzepte, einheitlicher Maße und praxisbezogener Studien für die Technik und deren wachsende politische Bedeutung wurden Siemens damals bewusst und so stiftete er den Elektrotechnischen Verein. Im Bereich seiner Firma ordnete er die Kräfteverhältnisse im Sinne eines respektvollen und verantwortlichen Zusammenwirkens aller Unternehmensbereiche. 1888 wurde Werner Siemens von Kaiser Friedrich III. als Wertschätzung für seine Lebensleistung in den Adelsstand erhoben. Die Leitung seines Betriebs überschrieb der Unternehmer 1890 seinem Bruder Carl und dessen beiden ältesten Söhnen Arnold und Wilhelm. Am 6. Dezember 1892 starb der beinahe 76-jährige Erfinder bei seiner Familie in Charlottenburg.

Nach dem Tod des Gründers gilt auch das Bemühen seiner Nachfolger der kontinuierlichen Weiterentwicklung von Innovationen in verschiedensten Bereichen: Licht, Medizin- und Nachrichtentechnik bilden nach wie vor die Grundlage. Ab den 20er Jahren kommen Hausgeräte, nach dem Zweiten Weltkrieg Bauelemente, Datentechnik, Automobilteile und Halbleitertechnologie hinzu. Grundsatz war und ist: „Nur die Elektrotechnik, aber die ganze Elektrotechnik“ und diese Maxime machte das Unternehmen schon damals zu einem der weltweit führenden Elektrokonzerne.

Ernst von Siemens

Während des Dritten Reichs war die gesamte Firma Siemens in das System der Kriegswirtschaft einbezogen worden. Nach dem Krieg erfolgte der Aufbau schrittweise, aber kontinuierlich durch Ernst von Siemens, den jüngsten Enkel des Firmengründers. Nach dem Abitur bereitete sich Ernst gezielt durch sein Physikstudium auf seine Aufgabe in der familieneigenen Firma vor. Schließlich fiel ihm 1945 nach dem Zusammenbruch des Firmenimperiums die Aufgabe zu, von Bayern aus die Fundamente des Unternehmens zu sichern, den Betrieb zu sanieren und für den Neuanfang vorzubereiten. Während seiner Zeit als Vorstandsvorsitzender (1949-1956) und später als Vorsitzender des Aufsichtsrats (1956-1971) gestaltete er wesentlich den Wiederaufstieg des großväterlichen Unternehmens. Durch seine gute und weit blickende Geschäftspolitik erschlossen sich bis in die 60er Jahre neue Arbeitsbereiche und alte internationale Kooperationen lebten wieder auf. 1966 wurden die drei Hauptfirmen des Unternehmens in der Siemens AG unter seiner Leitung zusammengeführt. In den folgenden Jahrzehnten wurde die Struktur des Konzerns mehrfach angepasst. Ernst von Siemens war Industrieller wie auch Mäzen und so profitierten nicht nur die Firma Siemens, sondern auch drei Stiftungen, die er gründete, von seinem Engagement und seiner Großzügigkeit.

Peter von Siemens

Als Urenkel und letzter direkter Nachfahre von Werner von Siemens, der sich aktiv an den Geschicken des Unternehmens beteiligte, übernahm Peter von Siemens 1971 den Aufsichtsratsvorsitz der Siemens AG. Unter seiner Leitung expandierte das Unternehmen beachtlich und wurde zum fünftgrößten Elektroanbieter weltweit.

Nicht zuletzt durch seine Verdienste gehört die Siemens AG heute zu den international erfolgreichsten Anbieten in den Bereichen Energie, Information, Kommunikation, Medizin, Verkehr, Bauelemente und Licht.

Der Konzern beschäftigt derzeit 440 000 Mitarbeiter in über 190 Ländern, mit 50 000 Produktfamilien beziehungsweise zirka eine Million Produkten bietet das Unternehmen ein Angebotsportfolio von Weltformat. (Vgl. www.wirtschaftdirekt.de)

Werner von Siemens' großes Verdienst besteht nicht allein in grundlegenden technischen Erkenntnissen und Erfindungen, sondern ebenso in seinem Weitblick sowohl als Wissenschaftler wie als Unternehmer, der die Verbindung von innovativem Denken und Marktgefühl, von der Idee zum absatzfähigen Produkt schaffte. Für Werner von Siemens bedeutete ein Konzern, wie er ihn geschaffen und gefördert hatte, weniger ein profitorientiertes Geschäft als vielmehr ein „Reich, welches ich gegründet habe und welches ich meinen Nachkommen ungeschmälert überlassen möchte, um in ihm weiter zu schaffen“. Er hinterließ ein Unternehmen, das auch heute noch – nicht zuletzt dank der hervorragenden Leistungen seiner Nachkommen Ernst und Peter – dem Ideal seines Gründers verpflichtet ist und den Nutzen der Technologie in den Dienst von Menschen und Umwelt stellt.

Vera Schneidereit

Erich Sixt

Mobilitätsanbieter mit moderaten Preisen

Sixt kennen selbst Leute, die noch nie ein Auto gemietet haben. Das liegt vor allem an seiner aggressiven Werbung, für die er sogar einmal gegen ihren Willen CDU-Vorsitzende Angela Merkel benutzte. Mit ihrem immer etwas kühlen Blick und einer extra retuschierten Sturmfrisur sollte sie für eine Fahrt in einem gemieteten Cabriolet werben.

Sixt spielt am liebsten Sixt

Wie sieht ein typischer Unternehmer aus? Erich Sixt könnte das geeignete Modell sein. Und er hätte bestimmt gar nichts dagegen, denn nichts tut er lieber, als im zerknautschten Anzug und gelockerter Krawatte den zupackenden Geschäftsmann zu mimen. Sixt spielt am liebsten Sixt. Das kann er am besten. Etwas schwerer tut er sich, einmal stillzusitzen, ohne ständig mit dem Fuß zu wippen oder auf die Tischplatte zu klopfen. Wer Unternehmer werden will, sagte er einmal dem *FAZ*-Magazin, der muss begabt sein. Und er hält sich quasi für einen Prototypen eines solchen, der mit der dafür wichtigsten Eigenschaft gesegnet sei: mit „Willenskraft". Die hat er in den letzten Jahrzehnten vielfach unter Beweis gestellt, als er 1969 als 24-jähriger Student sein viel zu theoretisches Betriebswirtschaftsstudium abbrechen musste, um von seinem gesundheitlich angeschlagenen Vater einen wenig bedeutsamen regionalen Autoverleih in München zu übernehmen – mit immerhin 200 Fahrzeugen.

„Einen Mercedes zum Preis eines Golfs"

Erst mischte er den etwas schläfrigen Laden auf, indem er an sieben Tagen der Woche selbst hinterm Tresen wirbelte. Anschließend schockierte er die ganze Branche mit Werbeslogans wie „Einen Mercedes zum Preis eines Golfs". Die Großen der Branche wie Hertz, Europcar/InterRent oder Avis nahmen den wild gewordenen Bayern erst gar nicht zur Kenntnis. Der ehemalige InterRent-Chef Richard van Beers hielt ihn lange für eine „vernachlässigbare Größe". Schließlich teilten sich die Großen und die kleineren Regionalanbieter friedlich ein gutes Geschäft mit garantiert hohen Preisen, weil kaum einer der Kunden die Mietwagenrechnung selbst bezahlen musste: Geschäftsleute rechneten sie mit den Reisekosten ab, Privatleute nahmen nur einen Leihwagen, wenn am eigenen Fahrzeug gerade ein Unfallschaden repariert wurde und die gegnerische Versicherung ihn bezahlte.

Wie man Märkte öffnet

Fraglich, ob die Etablierten der Branche darin einen weitgehend gesättigten Markt sahen. Aber an diese Theorie hat schon der Student Sixt nicht wirklich geglaubt. Er sollte zeigen, wie man Märkte öffnet, indem man Preise senkt, ohne dabei draufzuzahlen. In den 80er Jahren begann er zusammen mit dem amerikanischen, mittlerweile insolventen Großvermieter Budget –, ein größeres Rad zu drehen: Mit aggressiver und phantasievoller Werbung redete er seinem Publikum ein, dass jemand in der Großstadt gar kein eigenes Fahrzeug mehr unterhalten muss. Denn bei ihm könne er sich je nach Notwendigkeit oder Gusto ein passendes mieten: eine Limousine, ein Coupé, einen Sportwagen, ein Off-Roader oder ein Motorrad. Als er dafür die Preise um mehr als 30 Prozent senkte, dachte mancher Branchenkenner: Wie lange wird er das durchhalten können? Wer finanziert ihn? Letzteres beantwortete er 1986 mit einem Börsengang, der dem Unternehmen flüssige Mittel in die Kasse spülte.

Um mit attraktiv niedrigen Preisen werben zu können, musste Sixt erst einmal ein Geschäftsmodell entwickeln,

bei dem das Vermieten von Automobilen nicht das Geld bringen muss. Ein Paradox? Der Autovermieter Sixt – der Einzige, der von einer Automarke unabhängig ist – dient sich als eine verlängerte Marketingabteilung eines bestimmten Herstellers an und fungiert auch manchmal als ein weiterer Vertriebskanal für Gebrauchtfahrzeuge. Dadurch kann Sixt anders kalkulieren: Der Vermietpreis muss nicht einmal die Kosten dieses Geschäfts decken. Der Ertrag kommt aus dem Verkauf der gebrauchten Fahrzeuge, die vorher mit einem Rabatt von 30 und mehr Prozent auf den Listenpreis mit langen Valuten eingekauft werden.

Die Autohersteller sind zu diesem Direktgeschäft gerne bereit, weil der Vermieter ihre Fahrzeuge – mit Begleitmusik aus der Werbung – an ein gewöhnlich kaufkräftiges Klientel bringt. Sollte einmal ein Modell nicht so recht ankommen, sorgt Großabnehmer Sixt für Straßenpräsenz und poliert die Zahl in der Zulassungsstatistik. Sixt kann natürlich auch an seinen Vermietkunden verdienen, indem er zur niedrigen Miete eine üppig kalkulierte Vollkaskoversicherung anbietet. Da deutsche Autofahrer ein vorsichtiges Volk sind, wird dieser Haftungsausschluss gerne genommen, obwohl Sixt selbst dahinter keine entsprechende Versicherung abgeschlossen hat. Weil Sixt ein guter Haftpflicht-Großkunde bei der Assekuranz ist, wagt keine der rund 120 Versicherungsgesellschaften einen Kaskotarif anzubieten, der die Versicherung von gemieteten Fahrzeugen nicht mit einschließt.

Mit diesem gar nicht unpfiffigen Modell – das der Wettbewerb natürlich längst kopiert hat – ist Sixt ziemlich groß geworden: Rund 100 000 Fahrzeuge werden jedes Jahr gekauft und über ein Netz von 1 067 Stationen vermietet. Ein Fünftel davon tragen den Mercedes-Stern am Kühler, weshalb er sich als bester Kunde bei DaimlerChrysler rühmen darf. Deswegen wird gerne gemutmaßt, dass Sixt von den Schwaben übernommen werden könnte. Als dieses Gerücht aufkam, konterte Sixt in gewohnter Weise mit einem Kalauer auf halbseitigen Anzeigen: „Mercedes kauft nicht Sixt. Ich kaufe Mercedes“ – rund 20 000 jedes Jahr.

Mitte der 90er Jahre hatte Erich Sixt seinen Wettbewerbern die Rücklichter gezeigt: Mit 24 Prozent Marktanteil führt er vor den einst so hochmütigen Konkurrenten Europcar (17 Prozent) und Avis (13 Prozent). Und fürs Geschäftsjahr 2002 plant Sixt einen Umsatz von 2,3 Milliarden Euro.

Auch Sixt muss kleinere Brötchen backen

Aber wer genauer hinsieht, der weiß, dass Sixts Geschäftsmodell derzeit gar nicht mehr so hoch fliegt. Die Gebrauchtwagenpreise sind im Keller und die Vertragshändler maulen schon längst über die unliebsame Verkaufskonkurrenz, so dass er heute neun von zehn Fahrzeuge an die Hersteller zurückgeben muss. Das führte schon zu höheren Mietpreisen, weniger Autos und Personal. Und in der Wirtschaftskrise wird weniger und billiger geschäftlich gereist; manch privater Kunde nimmt vielleicht eher die Bahn oder die S-Bahn als den günstigen Mercedes von Sixt. Er sieht sich jetzt als „Mobilitätsanbieter", weicht auf das Leasinggeschäft aus, wo feste Vermietverträge für 30 Monate die Regel sind, oder er versucht, gleich einen ganzen Fuhrpark für ein Unternehmen zu managen. Sixt bäckt jetzt – nolens, volens – kleinere Brötchen – oder Semmeln – wie man in München sagt. Im Jahr 1999, als die Bilanzen noch goldgerändert waren, prognostizierte er für 2003 vollmundig gleich einen Gewinn von 100 Millionen Euro. Er wird sich wahrscheinlich darüber freuen, wenn er 30 Prozent davon erreicht.

Biografische Daten

Erich Sixt ist am 25. Juni 1944 in Wien geboren. Seine Affinität zu Autos und Autovermietung ist ihm in die Wiege gelegt, denn die Familie Sixt ist seit 1912 in München in diesem Gewerbe tätig. Der Großvater hatte bereits vier Mercedes-Limousinen, die er mitsamt Chauffeur an reiche amerikanische Touristen vermie-

tete, die sich darin in ganz Europa herumfahren ließen. Bald hatte er 20 Karossen, von denen aber nur ein Mercedes-Benz 260 D Pullman den Krieg überlebt hat, weil er ihn rechtzeitig vor den Nazis in einem Heuschober versteckte. Nach der Kapitulation kutschierte Vater Hans Sixt amerikanische Offiziere gegen harte Dollars durchs bayerische Oberland. Als Erich Sixt 1969 als 25-jähriger Student den kranken Vater im Unternehmen ablösen musste und so sein nicht besonders geliebtes Betriebswirtschaftsstudium abbrechen konnte, waren 200 Fahrzeuge im Programm. Jetzt sind es 50 000 Automobile, die über ein Netz von 1 067 Stationen in Europa vermietet werden. Das Wachstum hat der rastlose Arbeiter mit seinem Börsengang 1986 finanziert; 67 Prozent der Stammaktien sind weiterhin in Familienbesitz. Die beiden Söhne, 20 und 22 Jahre alt, studieren in Paris und Genf Wirtschaftswissenschaften und wollen in den nächsten Jahren ins Unternehmen. In seiner spärlichen Freizeit radelt Erich Sixt oder spielt Tennis; manchmal – wie auf der Promi-Rallye Mille Miglia – sieht man ihn am Volant seines alten Mercedes-Benz 300 SL Flügeltürer. Das gesellschaftliche Leben Münchens überlässt er seiner Frau Regine, die seit Jahren die Klatschspalten der Illustrierten und Regionalzeitungen füllt. Dort würde man sie nie übergehen, schließlich gebietet der Ehemann über ein millionenschweres Werbebudget. Kein Wunder, dass manche Aktionäre sich beklagen, dass die Sixt AG etwas nach Gutsherrenart regiert wird.

Gerd Gregor Feth

Ron Sommer

Teilschuld am T-Bakel

Der promovierte Mathematiker Ron Sommer wechselt 1995 von Sony zur Deutschen Telekom. Er soll den verknöcherten Staatskonzern in eine wettbewerbsfähige, kundenorientierte Firma – zum wahren Global Player – umbauen. Dank Anfangserfolgen und einem grandiosen Börsengang 1996 feiern die Anleger Sommer.

Nachdem die T-Aktie jedoch im Zuge der Börsen-Baisse ab März 2000 besonders kräftig abstürzte, geriet der Konzernlenker heftig in die Kritik: Die zuvor goutierte Expansion sowie teuer erworbene UMTS-Lizenzen führen zu massiven Abschreibungen und trotz Milliardenverlusten sollen die Manager-Gehälter kräftig steigen. Im Juli 2002 löste der Aufsichtsrat der einstigen Bundes-Gesellschaft Sommer – nicht zuletzt aus politischen Gründen – durch Interims-Chef Helmut Sihler ab.

Am Dienstag, den 16. Juli 2002 um 17.49 Uhr tritt Telekom-Chef Ron Sommer in der Bonner Firmenzentrale an der Friedrich-Ebert-Allee gewohnt gelassen vor die wartenden Journalisten. Er gibt seinen Rücktritt bekannt. Für viele – selbst nach dem schon länger währenden Gerangel – überraschend kampflos: „Ich werde mit einem Gefühl der subjektiven Befriedigung zurückblicken." Der Management- und Medien-Profi scheint zu wissen, wann es günstiger ist, im Hintergrund zu verhandeln – über Vertragslaufzeiten oder Abfindungen beispielsweise.

Die wirkliche Überraschung für die Anwesenden hält allerdings Hans-Dietrich Winkhaus bereit. Im Anschluss an Sommers Rede präsentiert der Vorsitzende des Telekom-Aufsichtsrats den Nachfolger des einstigen Shooting Stars. Sommer, der, wie kaum ein deutscher Firmenlenker zuvor, den modernen, internationalen Manager-Typ verkörpert, wird – wenn auch nur übergangsweise – vom 72-jährigen Management-Rentner und Ex-Telekom-Oberaufseher Helmut Sihler abgelöst.

Die Wahl des Nachfolgers ist eine Notlösung – und ein Beleg dafür, dass die Telekom auch nach sechs Jahren an der Börse noch immer kein „normales" Unternehmen ist.

Durch ihre Historie als ehemaliger Staatsbetrieb und die Tatsache, dass der Bund auch noch nach drei Aktienplatzierungen größter Anteilseigner ist, mussten die Firma und ihr Chef im Jahr der Bundestagswahl zum Spielball der Politik werden.

Schicksalsgemeinschaft mit der T-Aktie

Eine weitere Sonderrolle der Telekom: Der Gesellschaft, und somit ihrem Chef Sommer, wird eine besondere Verantwortung für die Aktienkultur in Deutschland zugeschrieben. Immerhin hatte der einstige Monopolist durch massive Werbekampagnen, unter anderem mit Schauspieler Manfred Krug, vielen Deutschen erstmals die Aktie als Anlageform schmackhaft gemacht.

Zuerst mit durchschlagendem Erfolg: Vom Emissionskurs bei 28,50 Mark im November 1996 haussierte das Papier bis März 2000 auf 103,90 Euro – und begeisterte private Kleinanleger der ersten Stunde und hartgesottene internationale Investmentprofis gleichermaßen. Sommer sei „die heißeste Nummer seit Erfindung des Rades" zitiert die *Berliner Zeitung* einen US-Großanleger.

Seit jedoch im März 2000 die Aktienkurse – speziell von Technologiepapieren – ins Rutschen gerieten, erwies sich die von vielen als sicheres Investment eingeschätzte Volksaktie als besonders wackelig. Das Papier stürzte bis zum 26. Juni 2002, also nur drei Monate vor der Wahl, auf 8,14 Euro. Der Verlust vom Höchstkurs betrug katastrophale 92 Prozent; insgesamt hatten sich somit etwa 250 Milliarden Euro Firmenwert – oder besser gesagt Aktionärsvermögen – in Luft aufgelöst.

Anleger, die bei der dritten und bis dato letzten Emissionstranche „T3" im Juni 2000 zu knapp 70 Euro eingestiegen waren, hatten aufgrund des seither ungebrochenen Abwärtstrends überhaupt nie eine Chance, Gewinn einzufahren.

Das T-Bakel hinterließ bis zu 3 Millionen bitter verärgerte Aktionäre und genauso viele verstimmte Wähler. Diese machten ihren Unmut auf der Telekom-Hauptversammlung am 28. Mai 2002 – früher ein Forum für Sommer-Huldigungen – mit Buh-Rufen und Pfiffen mehr als deutlich. Nun holt Sommer ein, dass er in besseren Zeiten sein Schicksal selbst an das der Aktie gebunden hatte, indem er das Papier bewerben ließ wie einen Konsumartikel oder negative Fragen stets mit dem Verweis auf den Börsenerfolg abbügelte. Dieser war zwar zum Teil sein Verdienst, hauptsächlich aber der Euphorie des gesamten Marktes zu verdanken. Doch trotz der dramatischen Kursverluste hatte sich Kanzler Schröder noch Anfang Mai in einem *Stern*-Interview hinter Sommer gestellt: „Liebe Leute, es besteht kein Anlass, den Mann auszuwechseln, er hat gut gearbeitet."

Klar, dass Oppositionskandidat Edmund Stoiber die Steilvorlage gern annahm: „Es ist den Bürgern nicht zu vermitteln, wenn zum Beispiel bei der Telekom die Vorstandsgehälter um bis zu 89 Prozent erhöht werden, wenn gleichzeitig die Volksaktie, in die viele kleine Sparer ihr Geld gesteckt haben, historische Tiefstände erreicht."

Jetzt mag auch der von schlechten Umfrageergebnissen gepeinigte Schröder nicht mehr an dem Mann festhalten, der zwar gut gearbeitet, aber seine Wähler dennoch um ihr Erspartes gebracht hat. Kanzlers Kehrtwende meldet der *FOCUS* am 6. Juli unter der Überschrift „Schröder will Sommer opfern". Als Wunsch-Nachfolger wird unter anderen DaimlerChrysler-Chef Jürgen Schrempp genannt. Ernsthafte Gespräche hatten zu diesem Zeitpunkt allerdings weder mit dem Auto-Manager noch mit einem anderen Bewerber stattgefunden. Wegen der unprofessionellen und letzlich missglückten Kandidatensuche, vermutet der *Stern*, ist Schröder sauer auf Hans Eichel: „Der hat's verbockt. Keinen Manager gefunden, aber das mit voller Medienbegleitung."

Harte Zeiten für Visionäre

Mittlerweile schaudert es Börsen-Auguren, wenn sie sich an die unvernünftigen Zeiten bis März 2000 erinnern. Begeisterte Anleger – oft bar jeder Börsenerfahrung – hatten in den Jahren zuvor selbst Aktien von unterfinanzierten Techno-Klitschen ohne tragfähiges Geschäftsmodell in astronomische Höhen getrieben. Von den traditionelleren Firmen gingen besonders jene an die Decke, die zumindest entfernt etwas mit Technologie zu tun haben – wie die Telekom eben, oder der einstige Röhrenbauer Mannesmann, der den Mobilfunk für sich entdeckt hatte.

Von den Managern erwartete man vor allem, Wachstum zu generieren, Marktanteile hinzuzugewinnen und den Aktienkurs zu steigern, um die Expansion bequem mit eigenen Papieren bezahlen zu können. Die damalige Devise: Wer jetzt nicht in die Vollen geht, auch auf Kredit, bekommt von den zukünftigen Traumgewinnen nichts ab.

Ron Sommer war in dieser Aufbruchszeit die Idealbesetzung für die Telekom: ein Visionär mit solider Ausbildung. Ein Kosmopolit, der 1949 im israelischen Haifa geboren wurde, mit 21 in Österreich zum Doktor der Mathematik promoviert hatte, der für den Computerbauer Nixdorf in Paris gearbeitet und für den japanischen Unterhaltungs-Giganten Sony erfolgreich den Europa-Vertrieb aufgebaut hatte. Der verheiratete Vater von zwei Söhnen wurde 1995 denn auch zum Wunschkandidaten von Rolf Dieter Leister, dem seinerzeit starken Mann bei der Deutschen Telekom: Sommer war der Einzige aus mehr als 70 Bewerbern, den Leister überhaupt dem Aufsichtsrat präsentierte – und der später sämtliche Stimmen für sich gewinnen konnte. Die Ich-Aktie Ron Sommer entwickelte sich gut ...

Doch genauso, wie an der Börse mittlerweile eher behäbige Firmen der Old Economy eine Renaissance erleben, scheint auch der konservative, weniger visionäre Managertyp wieder gefragt zu sein. Nicht nur Sihler löst Sommer ab, auch beim Medienkonzern Bertelsmann setzte der Aufsichtsrat die Ablösung des einst gefeierten Thomas Middelhoff durch den Traditionalisten Gunter Thielen durch.

Natürlich hat Sommers Kauf des US-Mobilfunkanbieters Voicestream Milliarden verschlungen und auch hat die Telekom die Preise für die UMTS-Lizenzen – in der Hoffnung, einen Konkurrenten aus dem Rennen zu werfen – unnötig in die Höhe getrieben. Doch auch die Kennziffern europäischer Telekom-Konkurrenten wie British Telecom oder France Télécom sehen keineswegs besser aus. Einstige Branchengiganten wie die amerikanische Worldcom von Bernie Ebbers sind gar pleite. Vermutlich tröstet die Schwächephase der ganzen Branche einen erfolgsorientierten Manager wie Sommer kaum. Er konnte seine Vision, die Telekom vom drögen Staatsbetrieb zum modernen Dienstleister zu entwickeln, nicht zu Ende bringen.

Was ihm jedoch auf jeden Fall gelungen zu sein scheint, ist, den nötigen massiven Stellenabbau der früheren Behörde ohne unnötige Blessuren bei den Angestellten zu gestalten. Während die anfangs begeisterten Anteilseigner Sommer im schwierigen Fahrwasser fallen ließen und seinen Abgang mit zweistelligen Kursgewinnen feierten, demonstrieren die anfangs skeptischen Angestellten gegen seine Demission. Auf den Transparenten stand Tröstliches wie: „Hände weg von Sommer“.

André Bernsdorff

Lothar Späth

Ein Mann für alle Fälle

Nur wenige in Deutschland können wie Lothar Späth auf der politischen Bühne und in der Wirtschaft gleichermaßen große Erfolge vorweisen. Nach seiner ersten Karriere als Politiker zog es den gebürtigen Schwaben für eine wahre Herkules-Aufgabe gen Osten: Mit harten Schnitten baute er den konkursreifen ehemals

Volkseigenen Betrieb Jenoptik zum ersten börsennotierten Unternehmen Ostdeutschlands auf.

Blitz-Karriere im Musterländle

Seine Karriere beginnt Lothar Späth als 16-Jähriger in der öffentlichen Verwaltung. Nach Differenzen mit seinem Vater war er zuvor mit der mittleren Reife vorzeitig von der Schule abgegangen. Aber auch ohne Abitur und Studium schafft es der Sohn eines Lagerverwalters bis in den Vorstand der Neuen Heimat. Parallel zum beruflichen Aufstieg bastelt der 1937 im schwäbischen Sigmaringen geborene Späth an einer politischen Karriere. Bei der Landtagswahl 1968 nimmt er der SPD auf Anhieb einen Wahlkreis ab, vier Jahre später wählt ihn die Landtagsfraktion in Baden-Württemberg zu ihrem Vorsitzenden. Mit 40 wird Späth Ministerpräsident – und damit der jüngste Regierungschef in der Bundesrepublik. Dreimal holt er mit seiner bodenständigen, aber technologiefreundlichen Politik die absolute Mehrheit und gestaltet Baden-Württemberg zum wirtschaftlichen Musterländle um.

> **„Lothar Späth kommt nie zu spät."**
>
> Späths Slogan in seinem ersten Landtagswahlkampf

Der Politiker Späth hat stets ein offenes Ohr für die Nöte der Wirtschaftsvertreter und tritt für ihre Interessen ein, etwa wenn er Subventionen für Daimler-Benz durchboxt oder vehement gegen die Jahreswagen-Besteuerung von Werksangehörigen der Autoindustrie streitet. Schon bald verdient er sich den Beinamen „Cleverle". Die Nähe zur Wirtschaft bringt Späth jedoch auch zu Fall. Wegen des Vorwurfs, er habe sich Privat- und Dienstreisen vom ehemaligen SEL-Chef Lohr bezahlen lassen, tritt der Politiker 1991 nach 12 Jahren als Ministerpräsident zurück.

Einfach zu Hause bleiben und seine Vorliebe für moderne Grafik und Malerei pflegen ist für Späth nach dem unrühmlichen Abgang keine Option. „Ich bin eigentlich dieser Schwaben-Typ, der in der ganzen Welt unterwegs ist und dauernd Heimweh hat – und der, wenn er zu Hause ist, unruhig wird." Auf der Suche nach einer neuen Aufgabe verschlägt es den Vater zweier Kinder in den Osten. Als ihn ein Untersuchungsausschuss später in der „Traumschiffaffäre" von Schuld freispricht und die Staatsanwaltschaft ihre Ermittlungen einstellt, arbeitet Späth längst schon in Jena.

Der geschickte Sanierer

Als neuer Vorstandsvorsitzender von Jenoptik, dem ostdeutschen Ableger der Zeisswerke, steht der Exil-Schwabe vor einem gigantischen Trümmerhaufen: Was fängt man an mit einem Unternehmen, das 30 000 Mitarbeiter, aber kein marktfähiges Produkt besitzt? Das einstige Vorzeigekombinat, dessen Angebot ganz auf die Militär- und Raumfahrttechnik des Ostblocks zugeschnitten war, steht vor der Pleite. Im Wesentlichen besteht die Firma noch aus dem Bereich Fotoelektronik und einigen Immobilien. Späth entscheidet sich für eine Radikalkur. Er entlässt auf einen Schlag 16 000 Beschäftigte, weitere 7 000 werden umgeschult. Wer Glück hat, findet Arbeit in den mittelständischen Unternehmen, die in den alten Immobilien des Kombinats entstehen. Das erste Geschäftsjahr fällt katastrophal aus: Der Umsatz beträgt 62 Millionen Euro – ein Nichts im Vergleich zum riesigen Jahresfehlbetrag von 283 Millionen Euro. Aber Späth liebt Herausforderungen: Nach der Methode Versuch und Irrtum gelingt es dem Ex-Politiker in den folgenden 10 Jahren, Jenoptik neu zu formen.

Der ostdeutsche Betrieb erzielt seine Umsätze zunächst fast nur mit Immobilien, das Unternehmen arbeitet vor allem als Baugesellschaft und Strukturhilfe-Agentur. Späth will Jenoptik eigentlich zu einem Brutkasten für Hightech-Innovationen ausbauen, doch dazu fehlt es an passenden Produkten und Abnehmern. Der Unternehmer muss erkennen, dass sich allein am Standort Jena aus den Resten des VEB kein zukunftsorientierter Konzern schmieden lässt.

Also aktiviert der Schwabe sein in Politikertagen dicht geknüpftes Beziehungsgeflecht und geht im Herbst 1994 auf Shoppingtour in den alten Bundesländern. Mit im Gepäck: 1,8 Milliarden Euro öffentliche Finanzhilfen. Rasch übernimmt er eine Westfirma nach der anderen und formt Jenoptik zur Finanzholding um. Durch die Zukäufe schnellt der Umsatz 1995 auf 550 Millionen Euro nach oben. Zwei Jahre später sind es bereits mehr als doppelt so viel. Bei diesem rasanten Wachstum liegt der Weg an die Börse nahe. Im Juni 1998 wird Jenoptik erstmals auf dem Parkett gehandelt – als erstes ostdeutsches Hightech-Unternehmen.

„In der Wirtschaft kann ich wirklich entscheiden, wirklich verändern."

Der ehemals volkseigene Betrieb steht nun auf vier Säulen: Um den zugekauften Stuttgarter Chipfabrikhersteller Messner+Wurst bildet Späth den Unternehmensbereich Reinraumtechnik (Clean Systems Technologies), mittlerweile Markführer in Europa und Asien. Der Bereich trägt 2001 weit mehr als die Hälfte zum Jahresumsatz von rund 2 Milliarden Euro bei. Die zweitgrößte Sparte, die vorwiegend in Jena angesiedelte Photonics Technologies, produziert optische Vermessungsgeräte und schafft im Geschäftsjahr 2001 erstmals einen spürbaren operativen Gewinn von 20 Millionen Euro.

Nicht alle Einkäufe des ehemaligen Politikers entwickeln sich allerdings so erfreulich. So stellt sich schnell heraus, dass Krone, ein 1996 im Telekommunikationsboom erworbener Anbieter von Kommunikationsnetzen, nicht auf die Beine kommt. 1999 muss der Jenoptik-Chef den Berliner Familienbetrieb mit Verlust wieder abstoßen.

Mit dem vierten Geschäftsbereich setzt der Jenoptik-Chef auf Risiko. Späth übernimmt im Herbst 1997 die Beteiligungsgesellschaft DEWB in Frankfurt am Main, die der Grundstein für das Asset Management bilden soll. Der Tochter gelingt es zunächst auch, mehrere Beteiligungen mit Erfolg an der Börse zu platzieren. Doch mit den Aktienkursen stürzen bald auch die DEWB-Geschäftsaussichten ab. Im Juli 2002 ziehen die Thüringer die Konsequenzen und trennen sich von ihrer Mehrheit an der Risikokapitalfirma.

Auch wenn der Jenaer Konzern heute nur noch aus zwei Geschäftsbereichen besteht und die Mehrzahl der knapp 6 900 Jenoptik-Beschäftigten im Westen arbeitet – die Jenaer sind stolz auf ihren Ehrenbürger Späth. Mit seiner jovialen, glaubwürdigen Art kommt er bei Arbeitern ebenso an wie bei Wirtschaftsführern, findet leicht schwäbelnd immer den richtigen Draht zum Publikum. Dabei hilft ihm sein großes rhetorisches Talent, treffend und launig zu formulieren. „Der Deutsche bedient lieber eine Maschine als seinen Nachbarn“, beklagt er zum Beispiel den zögerlichen Wandel Deutschlands zur Dienstleistungsgesellschaft. Widersprüche fürchtet er nicht: Die westdeutschen Subventionen für Ostdeutschland kritisiert er heftig als Sterbe- statt Aufbauhilfe – obwohl er als Jenoptik-Chef selbst davon profitiert hat.

In seinem Büro im „Empire Späth Building“, wie der Jenoptik-Verwaltungsturm im Volksmund heißt, verbringt Späth nur einen Teil seiner Arbeitszeit. Als fühlte er sich als Manager nicht ausgelastet, schreibt er nebenbei Bücher oder moderiert TV-Sendungen wie etwa von 1998 bis 2001 die n-tv-Talkshow „Späth am Abend". Mit dem operativen Geschäft hat er ohnehin nur noch wenig zu tun, das übernehmen seine Vorstandskollegen. Das Unternehmen ist zwar streng auf Späth zugeschnitten, gegen seinen Willen fällt keine Entscheidung. Aber der Chef wirkt eher als Ideengeber denn als Detailarbeiter. Er schiebt vieles an – und delegiert.

Das Unternehmen

2 Milliarden Euro setzte Jenoptik 2001 um, knapp über die Hälfte davon stammt aus dem Ausland. Der Jahresüberschuss lag bei 88,3 Millionen Euro. Insgesamt beschäftigt das Thüringer Unternehmen rund 6 900 Mitarbeiter, 5 000 davon in Deutschland. Von den ursprünglich vier Geschäftssparten existieren nur noch zwei: Clean Systems Technologies bietet Dienstleistungen rund um Hightech-Gebäude und -Anlagen an. Photonics Technologies offeriert Lasersysteme, Elektro-Optik und -Mechanik.

Sag niemals nie

„In der Wirtschaft kann ich wirklich entscheiden, wirklich verändern – das ist in der Politik mit ihren Debattier- und Konsensrunden ganz anders", resümierte Späth nach seinem Abschied als Ministerpräsident. Seine Meinung hat er offensichtlich inzwischen geändert. Im April 2002 wird Späth Mitglied des Kompetenzteams der Union, um im Fall eines Wahlsiegs als Minister ein Super-Wirtschaftsressort inklusive Arbeitsmarktpolitik und Aufbau Ost zu managen. Er wolle noch einmal „etwas Neues machen" erklärt er seinen Mitarbeitern bei Jenoptik. Ohnehin wollte er 2003 seinen Chefsessel in Jena räumen.

Lothar Späth hinterlässt ein vergleichsweise gesundes Unternehmen, das 2001 den Rekordgewinn von 88,3 Millionen Euro verbuchen konnte. „Es schillert sich leicht mit 1,8 Milliarden Euro öffentlicher Hilfen im Rücken“, mäkelte zwar SPD-Generalsekretär Franz Müntefering über Späths Jenoptik-Jahre. Andererseits hatten viele andere Manager ebenfalls Milliarden an Subventionen zur Verfügung – und versenkten sie in einer Pleite.

Jutta Schultheiss

Axel Springer

Der Kaiser des Boulevard-journalismus

Machtmensch, Medienmogul und Meinungsmacher. Das war Axel Cäsar Springer. Aber auch: eine Sprudelquelle publizistischer Ideen, ein Freund von Willy Brandt und ein Mensch, der sich aktiv für die Aussöhnung mit Israel einsetzte. Ein erfolgreicher Verleger voller Widersprüche.

„Politik ist mir wurscht." Mit diesem Bekenntnis – beteuert gegenüber der britischen Militärregierung Hamburgs nach Ende des Zweiten Weltkriegs – soll Axel Springer 1946 die Genehmigung für den Druck und Vertrieb der Programmzeitschrift *Hörzu* erwirkt haben. Springer, zu diesem Zeitpunkt 34 Jahre alt, Sohn eines Verlegers aus Hamburg-Altona, legte damit den Grundstein für den Aufbau des größten europäischen Pressekonzerns. Die *Hörzu* startete unter der Federführung des Chefredakteurs Eduard Rhein mit einer Auflage von 150 000 Exemplaren. Der Erfolg der Zeitschrift, die 1950 erstmals eine Auflagenhöhe von über 1 Million erreicht hat, gab Springer das nötige Geld, um seinen Verlag und die Publikationen auszubauen. 1948 lancierte er mit dem *Hamburger Abendblatt* die erste von ihm konzipierte Tageszeitung. Die zündende Idee, die seinen Verlag in die Wirtschaftselite des Nachkriegsdeutschland katapultieren sollte, legte Springer 1952 vor. Nach dem Vorbild der englischen Boulevardzeitungen musste ein Blatt her, ein Groschenblatt: Jeder sollte es sich leisten können. Mit Geschichten, für die sich jeder Leser interessiert. Mit vielen Bildern als „ein Kind des optischen Zeitalters", so Springer, eine vorweggenommene Antwort auf das Fernsehen. Die *Bild*-Zeitung war geboren. So war dann auch die erste Ausgabe im Juni 1952 gefüllt mit Rätseln, Horoskopen, Lebensweisheiten und Meldungen wie „Ufos über Norwegen". Der Erfolg war immens. Schon 1953 verkaufte sich die *Bild* eine Million mal. Im gleichen Jahr kaufte Springer den Welt-Verlag und setzte Hans Zehrer als Chefredakteur an die Spitze der überregionalen Tageszeitung *Die Welt*.

„Wie oft hole ich mir blaue Flecken, wenn ich morgens bei der Lektüre meiner Blätter aus dem Bett falle."

Mit aller Macht

Trotz aller wirtschaftlichen Erfolge aus den Springer-Publikationen verstand der Medienzar seinen Verlag zu keiner Zeit als reines Wirtschaftsunternehmen, sondern er wollte mit dem Journalismus seines Hauses publizistische Verantwortung übernehmen. Die Zeitungen seines Hauses sollten Politik beschreiben, nicht Politik machen. Trotz dieses Leitsatzes hat Axel Springer über seine Publikationen, allen voran die *Bild*-Zeitung, in die Meinungsbildung eingegriffen.

Geführt haben ihn dabei seine wohl zutiefst religiöse Grundhaltung, ein daraus resultierendes Sendungsbewusstsein und sein rechtskonservatives Weltverständnis. Springer entwickelte Grundsätze, die er in einer Verfassung für sein Unternehmen festlegte. Jeder Journalist in seinem Haus war und ist verpflichtet, seine Berichterstattung danach auszurichten. Der erste und für ihn wohl wichtigste Grundsatz war die „friedliche Wiederherstellung der deutschen Einheit". Weitere Themen: die Aussöhnung zwischen Juden und Deutschen und die Ablehnung jeglicher Art von politischem Totalitarismus. Sein dringendster Wunsch, die Wiedervereinigung Deutschlands zu erreichen, ließ ihn 1958 gemeinsam mit dem *Welt*-Chefredakteur Zehrer nach Moskau reisen – mit der absurden Vorstellung, er könnte den Parteivorsitzenden Nikita Chruschtschow in diesem vermeintlichen Gipfeltreffen zu einem solchen Schritt bewegen.

Der gelernte Setzer, Drucker und Journalist hatte in den 60er und 70er Jahren erreicht, dass nach Berechnungen der damaligen Bundesregierung 39 Prozent aller Zeitungen und 18 Prozent aller Zeitschriften in Deutschland zum Springer Konzern gehörten. Mit dieser geballten Macht zog er zu Felde gegen alles, was nicht seinen Wertvorstellungen und seinen Grundsätzen entsprach. Da waren

Willy Brandts Ostpolitik oder die revoltierenden Studenten der 68er Generation, deren politische Ziele Springer nie interessierten. Die Springerpresse geriet in die Kritik – vor allem die *Bild*-Zeitung, die mit ihrer Art der polemischen Berichterstattung stark polarisierte. Die Linke, die Liberalen und die außerparlamentarische Opposition forderten eine Enteignung des Springerkonzerns. Die Situation eskalierte nach einem Attentat auf den Studentenführer Rudi Dutschke; es wurden Anschläge auf Verlagshäuser und privaten Besitz von Axel Springer verübt.

„Die Tatsache, dass ein Zeitungsverleger in wirtschaftlichen Krisenzeiten aus eigenen Quellen schöpfen kann, bewahrt ihn mit Sicherheit vor einer eventuellen Anlehnung an allzu oft finanzierungsbereite Gruppen oder Organisationen."

Springers Verhältnis zur *Bild*-Zeitung war allerdings gespalten. In einem Interview mit dem *Zeit*-Journalisten Ben Witter soll Springer gesagt haben: „Wie oft leide ich, wenn ich morgens die *Bild*-Zeitung lese. In Hunderten von Briefen beschwor ich die Chefredaktion, alles zu unterlassen, was gegen die Würde des Menschen verstößt." Später, gegenüber der Redaktion, revidierte er diese Aussage. Das „Unbehagen", das Springer empfand, war von Witter fehlgedeutet worden: „Von Verstößen gegen die Würde des Menschen war bei mir in diesem Zusammenhang nie die Rede."

276 Dagegen fand die von Springer aktiv und vehement betriebene Aussöhnung zwischen dem israelischen und deutschen Volk mehr Zustimmung und Anerkennung. Zahlreiche Auszeichnungen ehren ihn und sein Engagement. Unter anderem erhielt er den Titel „Bewahrer der Stadt Jerusalem".

1985, fünf Jahre vor der Wiedervereinigung Deutschlands, starb Axel Cäsar Springer im Alter von 73 Jahren.

Der Verlag

Mit der Programmzeitschrift *Hörzu* begann 1946 der Aufstieg des Axel Springer Verlags. 1952 erschien zum ersten Mal die *Bild*-Zeitung. Die vier Seiten kosteten 10 Pfennig. Nicht einmal 10 Jahre nach dem ersten Erscheinen der *Bild* erreicht sie eine Auflage von eine Million. Heute ist sie die größte Zeitung Europas. Inzwischen gibt der Verlag über 40 Zeitungen heraus und ist an über 90 Zeitungen und Zeitschriften im In- und Ausland beteiligt. Die Buchverlage Ullstein und Propyläen gehören zum Konzern. 1985 brachte Axel Springer sein Unternehmen an die Börse. 2001 arbeiteten über 14 000 Menschen für den Axel Springer Verlag. Der Konzern setzte im abgelaufenen Geschäftsjahr mehr als 2,8 Milliarden Euro um. Auf das Konto der Zeitungen allein gingen knapp 1,5 Milliarden. Allerdings ist 2001 auch ein Jahr, in dem der Axel Springer Verlag zum ersten Male Verluste hinnehmen musste und die Dividendenzahlung ausfiel.

Dorothee Liebing

Britta Steilmann

Traumkarriere mit Traumfrau

Die Unternehmerin Britta Steilmann kehrt nach zwei Jahren Abstinenz in die väterliche Firma zurück – als Vorsitzende der Geschäftsführung. Sie hat ihr Ziel erreicht. Nun muss sie beweisen, dass sie das Unternehmen in diesen schwierigen Zeiten wieder auf den alten Erfolgspfad zurückführen kann.

Die Kronprinzessin hätte nachgeben, der Throninhaber hätte loslassen müssen. Dann wäre das Happy End bei der Wattenscheider Bekleidungsfabrik Steilmann vor zwei Jahren perfekt gewesen. Doch dann wäre die Thronfolgerin nicht Britta Steilmann gewesen. Die älteste Tochter des Firmengründers Klaus Steilmann hatte ihren eigenen Kopf und ihre eigenen Vorstellungen, wohin die Reise der Steilmann-Gruppe in Zukunft gehen soll. Die konnte sie vor zwei Jahren nicht durchsetzen und der offene Bruch kam – Britta Steilmann brach ihre Zelte ab und baute sich ihre eigene Firma auf. Der Wunsch des Vaters war es gewesen, dass seine drei Töchter zusammen das Unternehmen in seinem Sinne fortführen würden. Doch Britta hatte mit einem Dreigestirn nichts im Sinn: „Im Zweifel muss jemand sagen, ob es nach rechts gehen soll oder nach links."

Dass man einer Frau wie Britta nichts vorschreiben kann, hätte sich Vater Steilmann denken können. Seine eigenwillige Tochter suchte schon in ihrer Schulzeit nicht immer den einfachen, den angepassten Weg. Der Unterricht war ihr zu eindimensional, zu langweilig. Ging es nicht schnell genug voran, schwänzte sie. „Ich befand, dass es in einigen Fächern reichte, nur jedes zweite Mal hinzugehen." Der Bruch dauerte zwei Jahre an. Jahre, in denen der Vater sagte, sie könne jederzeit zurückkommen. Die Tochter konterte: „Wenn er mich braucht, bin ich da."

Im August 2001 war es dann so weit, der Vater war bereit abzutreten und seiner ältesten Tochter das Zepter – diesmal alleine – in die Hand zu geben. Mürbe war er geworden, da das Unternehmen drastische Umsatzeinbrüche im Bereich der Damenoberbekleidung hinnehmen musste. Die beiden anderen Töchter, Ute und Cornelia, müssen sich jetzt mit der zweiten Geige begnügen. Britta Steilmann, die sich selbst als Machtmensch bezeichnet, hatte gewonnen.

„Das Unternehmen und viele Mitarbeiter sind in gewisser Weise eine zweite Familie und ein Zuhause."

Jetzt ist sie die Vorsitzende der Geschäftsführung der Steilmann-Gruppe und kann fortführen, was sie in ihren ersten Jahren in der väterlichen Firma begonnen hatte: umweltverträgliches und soziales Management eines Großunternehmens.

Wer kennt den Bekleidungshersteller Steilmann aus Bochum-Wattenscheid?

Die Wattenscheider sicherlich, denn Steilmann ist der größte Arbeitgeber in der Stadt. Wattenscheids Jugend hat sich in den Ferien mit dem Herumschieben von Kleiderständern ihr Taschengeld aufgebessert. Und Branchenexperten. Aber sonst? Dabei hat bestimmt schon nahezu jeder, oder genauer jede, ein Steilmann-Kleidungsstück in den Händen gehalten oder sogar am Leib getragen – zumindest wenn man zum Kundenkreis von Karstadt, C&A, Peek & Cloppenburg und Co. gehört. Denn für solche Großkunden schneidert die Gruppe in erster Linie. Steilmann gehört mit einem Jahresumsatz von mehr als 600 Millionen Euro zu den führenden Bekleidungsherstellern in Europa. Das Motto des Gründers Klaus Steilmann war dabei immer: „Wir machen Mode für Millionen, nicht für Millionäre."
Erst ab Mitte der 80er Jahre entwickelte das Unternehmen eigene Marken: KS. Selection, Emozioni oder Gigi sind vielen Kundinnen sicherlich ein Begriff. Das seit seiner Gründung im Jahr 1958 sehr erfolgreiche Unternehmen musste in den vergangenen Jahren jedoch herbe Umsatzverluste hinnehmen.

It's one world

Dabei ist Britta Steilmann gar nicht so weit von der väterlichen Philosophie weg. Den Anstoß zu diesem ganzheitlichen Denken hat sie nämlich von ihrem Vater. Doch nachhaltig beeindruckt und geprägt haben sie die Lakote-Sioux-Indianer. Regelmäßig während ihres Studiums in den USA lebte und arbeitete sie in deren Indianerreservat in Süddakota. Sie lernte die indianische Sicht der Welt schätzen, in der nicht der Mensch allein, sondern auch die Mit- und Umwelt eine wichtige Position einnehmen. Ihre Erfahrungen aus diesen fünf Jahren mündeten 1993, als sie 27 Jahre alt war, in ihre erste nach umweltverträglichen Gesichtspunkten produzierte Kollektion, die Furore machte und der sie den Namen „It's one world" gab.

Der zweijährige Abstand vom Unternehmen hat die heute 36-Jährige ruhiger und reifer gemacht. Ihre Töne sind leiser geworden. In ihrer Verantwortung liegt nun die Zukunft der Steilmann-Gruppe. Ihre teilweise Abkehr vom Unternehmenskonzept des Vaters soll die Produktivität und damit den Ertrag in der Gruppe steigern. Das ehrgeizige Ziel: Die Umsatzrendite, die zurzeit bei mageren 0,5 Prozent liegt, soll 2003 schon die 5-Prozent-Marke erreichen. Der Weg dahin: zielgruppenorientierter arbeiten. Die Handelsmarken sollen mehr auf Lifestyle getrimmt werden. Ein Gebiet, das bisher für die Hersteller- und nicht für die Handelsmarken abgesteckt war. Außerdem will Steilmann die Waren zukünftig in einem eigenem Konzept in einer konsequenten Designerhandschrift im Geschäft präsentieren.

„Es ist die Faszination der Branche, die schnelle, bunte Welt der Mode, die ich sehr liebe, obwohl ich kein Fashion Victim bin."

Das Wirtschaftsmagazin *Capital* ehrte Britta Steilmann 1993 als „Managerin des Jahres" für ihr innovatives und ökologisches Management. Im gleichen Jahr zeichnete sie der World Wildlife Fund als Ökomanagerin des Jahres aus. 1995 erhielt sie als bisher jüngste Anwärterin in der Geschichte der Bundesrepublik Deutschland das Bundesverdienstkreuz.

> **„Ich habe einen Traum: Ich verordne den Menschen Ruhe. Eine Woche Schweigen im Land.“**

Dorothee Liebing

Ignaz Walter

Vom Maurerlehrling zum Bauriesen

Wie viel Ehrgeiz nötig ist, um vom Maurerlehrling zum Chef und Haupteigner des drittgrößten Unternehmens der Branche aufzusteigen, demonstriert Ignaz Walter. Eine Karriere, die wohl allein in der Nachkriegszeit und nur am Bau möglich war.

„Mitleid bekommt man geschenkt, Neid muss man sich hart erarbeiten."

Ignaz Walter muss es wissen, denn der 1936 in Augsburg Geborene war in einer eher bemitleidenswerten als beneidenswerten Situation. Obwohl in der Schule stets der Klassenprimus, durfte er nicht auf die Oberschule; die große Familie – Ignaz hat noch fünf Geschwister – konnte sich das in der Nachkriegszeit nicht leisten. Aber der 16-jährige Ignaz wusste, dass derjenige, der damals etwas werden wollte, am besten zum Bau geht. Die Städte – auch seine Heimatstadt Augsburg – lagen in Schutt und Asche, Millionen von Flüchtlingen und Kriegsheimkehrer mussten untergebracht werden. Ignaz Walter lernte Maurer. Und in der Freizeit stieg er auf Berge – das kostete nichts und trainierte fürs Leben. In Abendkursen bereitete er sich auf die Ingenieurschule – heute Fachhochschule – vor, das Studium als Bauingenieur und Architekt finanzierte er sich allein durch die Arbeit am Bau. Er schloss mit der Bestnote 1,43 ab, wie er später gerne betonen wird.

Der Weg nach oben

Als Walter Ende der 50er Jahre in einem Fertigteilwerk der Hochtief AG als Statiker und Konstrukteur anfing, lernte er die moderne und vor allem schnelle Art des Bauens mit Fertigteilen zu schätzen; die freie Mitarbeit in einem Architekturbüro anschließend vermittelte ihm Sinn für die gefällige und vor allem wirtschaftliche Form des Baukörpers. Schon 1960 wechselte er als Bauleiter zur mittelständischen Bauunternehmung Josef Thaler. Diese wenigen Jahre des Berufsanfangs genügten Walter, um den Sprung in die Selbstständigkeit mit einem Konstruktionsbüro zu wagen: Das gehörte binnen kurzem zu den größten Augsburgs, denn um Planungsaufträge zu akquirieren, vermittelte er den Bauinteressenten provisionsfrei Grundstücke. Im folgenden Jahr übernahm er die eingeführte Bauunternehmung Gebr. Gerstmayr. Bald baute er ein eigenes Werk für Fertigteile. 1969 brachte er alles in die Universalbau Walter GmbH ein, die zwei Jahre später mit fast 1 000 Mitarbeitern nicht mehr vernachlässigbar klein war, sondern bereits zu den schlagkräftigsten Unternehmen im süddeutschen Raum gehörte.

Spekulant und Nachhilfelehrer

Im Jahr 1973 schockierte Ignaz Walter die Branche, indem er die Betriebsgesellschaft trotz oder gerade wegen voller Auftragsbücher an die Babcock & Wilson AG verkaufte; die Besitzgesellschaft mit den Immobilien behielt der schlaue Fuchs natürlich. Ignaz Walter ahnte wohl rechtzeitig, dass es zur ersten Baukrise der Nachkriegszeit kommen würde. Der frühe Aussteiger mit 36 Jahren blieb nicht untätig: Er mehrte sein Vermögen mit Aktien-, Grundstücks- und anderen Spekulationsgeschäften. Und der Macher schrieb Bücher. Neben Fachbüchern über Stahlbeton-Fertigbau erreichte eines auch außerhalb der Branche große Beachtung: sein Nachhilfeleitfaden „Mathematik für alle“. Im Untertitel hervorstechend war das Wort „Mengenlehre“ – eine Spielart der Mathematik, die in den 70er Jahren an den Schulen Konjunktur hatte und nicht wenige, durchaus gebildete Eltern bei den Hausaufgaben ihrer Kinder in arge Nöte stürzte. Walter dürfte das auch bei seinen drei Kindern so gegangen sein. Weil aber Walter für jedes Problem eine Lösung sucht, beschäftigte er sich damit gründlich und sein wacher Verstand hat – bestimmt schneller als bei vielen anderen – die Mengenlehre verstanden. Der Unternehmer in ihm hat das Wissen zu einem Buch werden lassen, von dem er – wie kann es anders sein – eine halbe Million Exemplare verkaufen konnte.

Vom Baukonzern zur Walter Group International

Zum Bau zurück fand Walter 1978, um dann binnen zweier Jahrzehnte den drittgrößten Baukonzern in Deutschland zu formieren. Seine nicht immer freundlichen Akquisitionen sind die feinsten Namen der Branche: 1978 Kauf von Thosti in Augsburg, 1982 Mehrheit bei Boswau + Knauer, Düsseldorf, 1986 Heilit + Woerner, München, 1988 Ed. Züblin Bau AG in Stuttgart, im April 1992 endete ein mehrjähriger Machtkampf mit der Übernahme der Dyckerhoff & Widmann AG in München. Vier bedeutende deutsche Unternehmen werden von der Holding Walter Bau AG kontrolliert. Auch das Ausland hatte Walter fest im Blick: 1995 kaufte Walter Bau 75 Prozent des australischen Bauunternehmens Concrete Constructions Group Pty. Ltd. und Walter & SCI Construction; seit 1999 sind die außereuropäischen Aktivitäten in der Walter Group International gebündelt. Walter überlässt das Management längst Familienfremden, zusammen mit seinen beiden Söhnen Ralf und Roy sitzt er im Aufsichtsrat der Walter Bau AG.

Die Krise

Aber sein Fortüne aus den 70er Jahren scheint ihn verlassen zu haben. Die seit den 90er Jahren nicht enden wollende Baukrise verschont auch Walter Bau und seine Gesellschaften nicht. Teile der Finanzanlagen seien bereits verpfändet, musste der Vorstandschef Hans-Joachim Wolff Mitte 2002 zugeben. Im Geschäftsjahr 2001 hatte der Konzern mit einer Bauleistung von 3,92 Milliarden Euro einen Fehlbetrag von 231 Millionen Euro verbuchen müssen. Der Kurs der Walter-Aktie ist mittlerweile auf ein Viertel seines früheren Wertes – auf nur ein Euro – abgestürzt, so dass der gesamte Konzern – an ihm hält Ignaz Walter noch 56 Prozent – an der Börse gerade noch 50 Millionen Euro wert ist. Nicht wenig Ärger gibt es mit den Aktionären der von Walter gekauften Unternehmen, die sich jetzt von ihm übervorteilt sehen. „Das Lebenswerk von Ignaz Walter ist ins Wanken geraten", schreibt Joachim Herr bereits im April 2002 in der *Frankfurter Allgemeinen Zeitung* und spekuliert darüber, ob Walter – sollte er sich diesmal aus seiner misslichen Situation nicht befreien können – nicht nur Mitleid, sondern auch Schadenfreude der Konkurrenten ernten wird. Angesichts seiner Lebensleistung – so Herr – hätte er Häme jedoch nicht verdient.

Zur Person

Ignaz Walter kommt am 10. Juli 1936 in Augsburg als Erstes von insgesamt sechs Kindern eines Maschinenbau-Ingenieurs zur Welt. Während des Krieges und in der Nachkriegszeit hat es die Familie schwer, sich durchzuschlagen. Der begabte und – nach eigenem Bekunden – „extrem ehrgeizige" Ignaz ist zwar Klassenbester, die Familie kann ihn aber nicht auf eine weiterführende Schule schicken. Er geht zum Bau, lernt Maurer. Daneben besucht er Abendkurse, um später wenigstens die Ingenieurschule (heute Fachhochschule) in Augsburg besuchen zu können. Er studiert dort Bauingenieurwesen und Architektur, was er beides mit einem Notendurchschnitt von 1,43 abschließt. Als Statiker und Konstrukteur geht er zurück zum Bau, wird Bauleiter und macht sich 1961 als Konstrukteur selbstständig. Bald hat er eines der größten Büros in seiner Heimatstadt, denn er versteht es, den sparsamen und bauwilligen Schwaben Grundstücke provisionsfrei zu vermitteln, wenn sie ihn das Haus planen lassen. Er kauft bald das eingeführte Bauunternehmen Gebr. Gerstmayr und formt – zusammen mit seinen anderen Firmen – die Universalbau Walter, die er rechtzeitig vor der Krise 1974 an den Baukonzern Babcock & Wilson AG verkauft. Walter steigt vier Jahre aus und schreibt Fachbücher, sogar ein erfolgreiches Mathematik-

buch entsteht, von dem er eine halbe Million Ausgaben verkauft. Er ist kein Müßiggänger, sondern mehrt sein Vermögen an der Börse. Bis 1978 legt er mit dem Erwerb des Bauunternehmens Thosti den Grundstein für den Walter Bau Konzern, in den er sukzessive die großen Bauunternehmen Boswau + Knauer, Heilit + Woerner, Ed. Züblin Bau AG und Dyckerhoff & Widmann AG integriert.
Seit 1997 ist Ignaz Walter Präsident des Hauptverbandes der Deutschen Bauindustrie. Der machtvolle Walter hat aber auch seine Schwächen: Das Fehlen von selbst erworbenen akademischen Titeln schien er auch dadurch ausgleichen zu wollen, dass er sich bereits 1982 von der reichlich unbekannten Freien Ukrainischen Universität in München zum Ehrendoktor ernennen ließ; 1988 folgte die Honorarprofessur an der Fachhochschule in Biberach. Auf beide Titel legt Walter großen Wert, deren rechtmäßiger Erwerb wurde 1999 aber vom Amtsgericht Augsburg angezweifelt; daraufhin rechtfertigte Walter seine akademischen Ehrungen in einer vielfach belächelten Anzeigenaktion in einigen überregionalen Zeitungen. Seine beiden Söhne Ralf und Roy hätten das nicht nötig, denn beide haben in Betriebswirtschaft und Bauingenieurwesen ordentlich promoviert.

Gerd Gregor Feth

Jürgen Weber

Chefpilot auf Erfolgskurs

Der Chefpilot der Lufthansa ist bekannt für seine Sparsamkeit. Der Schwabe schaffte mit dieser Grundeinstellung den Turnaround bei der Kranich-Linie und machte die Lufthansa zu einer der profitabelsten Airlines der Welt. Dass unter dem Sparkurs der Fluggast leiden würde, bestreitet Weber vehement.

Der 11. September 2001 wird sich für immer im Gedächtnis von Jürgen Weber festsetzen. Es wird wohl einer der markantesten Tage in seinem Berufsleben bleiben. Der Lufthansachef befand sich gerade in seinem Frankfurter Büro, als die beiden von islamistischen Extremisten entführten Maschinen in die Twin Towers des World Trade Center in Manhattans Süden gesteuert wurden. Etwas Ungeheuerliches war passiert, etwas, wovor alle Manager von Fluggesellschaften immer Angst haben – eine Luftfahrttragödie. Dabei war die Lufthansa selbst in den vergangenen Jahrzehnten von einem Mega-Crash immer verschont geblieben. Doch diesmal erwischte der Terrorakt die gesamte Branche und damit auch die Lufthansa; ein unglaublicher Schock für das weltweite Fluggewerbe mit unvorhersehbaren Folgen. Wer würde sich bei solch schrecklichen Bildern überhaupt noch ins Flugzeug setzen? Das muss sich Jürgen Weber gefragt haben.

Gestörte Harmonie

Was für viele Menschen bis heute ein Trauma blieb und für die Luftfahrtindustrie ein Erdbeben auslöste, das über 100 000 Arbeitsplätze kostete und unter anderem zum Konkurs der Swissair beitrug, entpuppte sich für Weber als Herausforderung zur rechten Zeit. Der lang gediente Lufthanseat, als oberster Airline-Chef länger im Amt als jeder andere Chefpilot der Branche, fand in der existenzbedrohenden Krise zurück zu altem Elan und Kampfgeist. Die Monate und Jahre zuvor gestalteten sich für Weber eher verdrießlich. Luftfahrtexperten mahnten immer wieder an, die Lufthansa und ihr Vormann Weber täten zu wenig für den Kunden. Die Sitze seien zu eng, die Flieger zu voll, die Verpflegung zu spartanisch und die Preise für den gebotenen Service zu hoch. Webers Kurs, der die Lufthansa zu einer der profitabelsten Luftfahrtgesellschaften der Welt gemacht hatte, ginge letztlich auf Kosten der Passagiere. Die externen Vorwürfe konnte Weber noch kontern. Alle Wettbewerbsstatistiken der Lufthansa seien doch gar nicht so schlecht, verteidigte sich Weber pausenlos.

Schlimmer für Weber wog der betriebsinterne Zoff. Weber gilt als eher stiller Chef, der sich als Patron begreift und Harmonie in den eigenen Reihen schätzt. Sein seelisches Gleichgewicht geriet sichtlich durcheinander, als im Laufe des Jahres 2000 um seine Nachfolge ein heftiger Diadochenkampf entbrannte. Gleich vier Top-Manager – Personalvorstand Stefan Lauer, Finanzvorstand Karl-Ludwig Kley, Touristikvorstand Stefan Pichler und Passagevorstand Wolfgang Mayrhofer – hielten sich für den geeigneten Kandidaten und rechneten sich Chancen auf Webers Thron aus. Alle vier Lufthansamanager brachten ihre Geschütze in Stellung. Mayrhofer gilt inzwischen als Webers Erbe, wenn dieser im Jahr 2003 voraussichtlich in den Aufsichtsrat wechselt.

Während solche turbulenten Machtkämpfe noch eine gewisse Normalität im Leben eines Managers besitzen, war für Weber die Erfahrung des Pilotenstreiks ein echter Schock. Einen 30-prozentigen Einkommensaufschlag wollten die Flugzeugführer Anfang 2001 von ihrer Konzernspitze erpressen. Weber wertete diese Forderung als persönlichen Affront. Stocksauer war der Vorstandsvorsitzende auf seine Piloten. Er ließ es zur Kraftprobe und zum Arbeitsausstand kommen. Die Folge war eine mehrere Wochen dauernde öffentliche Auseinandersetzung. Webers Weltbild war erschüttert. Weber musste von engen Mitarbeitern zurückgehalten werden, um sich nicht noch massiver mit seinen Piloten anzulegen. Insider behaupten, Weber wäre tief enttäuscht und amtsmüde gewesen und nahe an dem Punkt, alles hinzuwerfen. Dann kam der 11. September.

Webers Tugenden helfen erneut

Wie keiner zweiten großen Airline gelang es Webers Lufthansa, die radikal neue Situation nach dem 11. September in den Griff zu bekommen. Schnellen Maßnahmen zur ersten Krisenbewältigung folgten strategische Weichenstellungen, die die Lufthansa rasch wieder in die Gewinnzone führten. Webers besonderer Erfolg: Einschneidende Schritte wurden wieder zusammen mit Betriebsrat und Belegschaft durchgeführt. Webers Vorstellung der Lufthansa als große Firmenfamilie, die eine Schieflage gemeinsam meistert, funktionierte wieder. Sein bekannt scharfer Blick auf die Kosten war wieder gefragt. Auch persönlich erbrachten der Chef und seine Vorstände Opfer. Auf 0,53 Millionen Euro Jahreseinkommen senkte die Lufthansa im Jahr 2001 die durchschnittlichen Vorstandsgehälter. Bei keinem anderen großen deutschen Unternehmen wird an der Spitze weniger verdient. Das schafft Glaubwürdigkeit bei den Mitarbeitern, die ebenfalls den Gürtel enger schnallen müssen.

Leiser und beharrlicher Führungsstil

Es waren also Webers schwäbischen Tugenden, die die Lufthansa wieder auf die Höhe brachten. Schon einmal gelang es Weber, den Kranich mit Bescheidenheit, Fleiß, langem Atem und Kostenmanagement aus der Krise zu führen. Als Weber im September 1991 den Vorsitz des damals noch mehrheitlich staatlichen Luftfahrtunternehmens übernahm, verbuchte die Lufthansa mit 444 Millionen Mark Verlust gerade den höchsten Fehlbetrag ihrer Geschichte. Niemand traute dem weithin unbekannten, wenig charismatischen Techniker die Sanierung zu. Jürgen Webers Karriere war bis dahin als Schornsteinlaufbahn verlaufen. Seit 1967 war der Luftfahrtingenieur bei der Lufthansa beschäftigt und kümmerte sich bis zu seiner Berufung zum Vorstandsvorsitzenden im Wesentlichen um das Fluggerät. Dennoch war es Weber, dessen Entscheidungen das Unternehmen nach vorne brachten. Neben der Minderung der ausufernden Kosten und der erheblichen Erhöhung der Produktivität betrieb Weber die Privatisierung der Lufthansa zielstrebig. Nur so hatte sie eine gute Chance, an den Aktienmärkten zu reüssieren. Weber war es auch, der die strategischen Allianzen mit anderen Gesellschaften schmiedete. Die Star Alliance, das größte weltweite Flugnetzwerk, ist Webers Baby. Heute gehören ihr 15 internationale Carriers an. Ein entscheidender Wurf gelang Weber auch jenseits des Kerngeschäfts. Der Ferienflieger Condor und die Beteiligungen an Veranstaltern wurden mit der Karstadttochter Neckermann zur C&N verschmolzen. Nach der Übernahme der britischen Thomas Cook ist das touristische Standbein der Lufthansa, das inzwischen den Namen Thomas Cook führt, eines der prägenden Unternehmen der Branche in Europa.

Lupenreine Erfolgsbilanz

Sachlich, leise und beharrlich baute Weber die flügellahme Lufthansa zu einer der profitabelsten Airlines der Welt um. 1998 erzielte die Lufthansa einen Rekordgewinn von 2,5 Milliarden Mark. Der Airliner gilt als ausgezeichnet positioniert und wird zu den Überlebenden der erwarteten Konsolidierung in der Luftfahrtbranche gehören. 2002 wird die Lufthansa trotz der Turbulenzen auf dem weltweiten Flugmarkt voraussichtlich 500 Millionen Euro Gewinn verbuchen. Die Lufthansa ist auch bei der Umstellung des Geschäftsmodells auf E-Business der Konkurrenz weit voraus. Seit Jahren predigt Weber seiner Mannschaft die Umstellung auf moderne Kommunikationstechniken. Mit knapp 18 Milliarden Euro setzt der deutsche Renommierkonzern heute im Kerngeschäft rund doppelt so viel um als vor 10 Jahren, als Weber den Sessel des Chefpiloten einnahm. Die Zahl der Beschäftigten erhöhte sich im gleichen Zeitraum hingegen nur geringfügig. Webers kostenbewusste Diät hat die Lufthansa in einem Jahrzehnt zu einem schlanken und schlagkräftigen Unternehmen entwickelt.

Biografische Daten

1941 in Lahr im Schwarzwald geboren
Studium der Luftfahrttechnik in Stuttgart und Senior Management Training am MIT
1967 Eintritt bei der Lufthansa in Hamburg in der Ingenieur-Direktion
1974 Hauptabteilungsleiter für Wartung bei der Lufthansa in Frankfurt
1978 Hauptabteilungsleiter Fluggerät in Hamburg
1987 Generalbevollmächtigter für Technik
1990 Vorstandsmitglied der Lufthansa für Technik
1991 Vorstandvorsitzender der Lufthansa

Klaus Westermeier

Hellmut Wempe

Vom Wempe-Solid zur Luxusklasse

Der erfolgreiche Mensch belohnt sich gern mit Luxus. Denkt er an teuren Schmuck oder feine Uhren, orientiert er sich in den größeren Städten meistens in den Filialen von Firmengründer Gerhard D. Wempe. Dieses damals sehr innovative Konzept eines Juweliers mit vielen Geschäften ist inzwischen gut 30 Jahre alt und wird von Hellmut Wempe erfolgreich weitergeführt.

Wer irgendwo in Deutschland nach feinem Geschmeide oder edlen Uhren sucht, kommt an Wempe nicht vorbei. Die Geschäfte sind stets in bester Lage, luxuriös ausgestattet und mit einem Sortiment gesegnet, das kaum irgendwo anders zu sehen ist. Als Hellmut Wempe 1950 ins väterliche Geschäft mit dem etwas unhandlichen Namen „Gerhard D. Wempe Juwelier und Feinuhrmacher seit 1878“ in Hamburg eintrat, war er alles andere als glücklich: Er wollte eigentlich Journalist werden, sagt er, die Welt bereisen und darüber in Zeitungen oder Zeitschriften schreiben. Für Sprachen hatte er schon immer ein besonderes Faible, spricht fließend Englisch, Französisch und Italienisch. Aber stattdessen sollte ein Händler aus ihm werden, der das familiäre Geschäft übernahm, weil sein älterer Bruder Herbert, der dafür eigentlich vorgesehen war, aus dem Krieg nicht zurückkehrte. Da stand er nun hinterm Tresen und musste brav Zeitmesser oder Wecker von Kienzle, Junghans oder der Hausmarke Wempe-Solid in den Preislagen zwischen 39,50 und 49,50 Mark verkaufen – die teuerste war immerhin die Schweizer Omega. Aber damit war Wempe so sortiert wie jedes andere Juweliergeschäft in der Nachkriegszeit.

Wenn schon Uhren und Schmuck, dachte sich Wempe mit gut 20, dann richtig. Sein Vater Herbert hatte ihm erzählt, dass Wempe einmal vor der Weltwirtschaftskrise ein feines Geschäft in den Alsterarkaden mit einem sehr teuren Sortiment an Uhren von Patek Philippe, Vacheron Constantin und A. Lange & Söhne hatte. Hamburg und alle anderen deutschen Städte mit ihren Kriegsschäden sahen aber erst einmal nicht danach aus, als könne man daran so einfach anknüpfen. Im Jahr 1963 – nach dem Tod seines Vaters – ist Wempe Chef im eigenen Haus und übernimmt fünf Geschäfte in Hamburg sowie eines in Lübeck. „Das in Lübeck haben wir gleich geschlossen.“ Denn er weiß, dass für seine Vorstellungen eigentlich nur

Standorte in Metropolen infrage kommen, wo teure Stücke eher Käufer finden.

Der Start in die Luxusklasse

Und er erinnert sich alter Freundschaften aus der Zeit, als er sich 1949/1950 in der Fachschule im Schweizer Neuchâtel auf seinen wenig geliebten Beruf vorbereiten musste. Sein Schicksal teilte damals der junge Dieter Kübel Wilsdorf, Stiefsohn des Rolex-Gründers Hans Wilsdorf. Dieser öffnet Wempe die Türen zu einigen feinen Schweizer Uhrenmanufakturen wie Patek Philippe, Vacheron Constantin, Audemars Piguet und natürlich auch Rolex. Da Wempe damals schon recht gut Französisch spricht, erfährt er von den Uhrmachern, dass sie durchaus am deutschen Markt Interesse haben. Die Deutschen werden bald wieder zu Geld kommen, davon sind die Eidgenossen überzeugt. Während der Nazi- und Kriegszeit war ihnen der Markt verschlossen und jetzt fänden sie einfach nicht den richtigen Partner. Wempe bietet sich noch aus einem anderen Grund an: Er weiß, dass er die Ware nicht gleich zu bezahlen hat. Denn anders als die stets klammen deutschen Uhrenhersteller sind die Schweizer immer recht gut finanziert.

Und Wempe will wachsen – in der Luxusklasse. Dass das aber nicht ungefährlich ist, erlebt er 1965, als er zwei Jahre nach der Übernahme auf einmal nicht mehr ausreichend liquide ist. Als er damals seine Nöte seiner Hausbank klagt, empfiehlt man ihm kühl, sein kürzlich bezogenes Haus in Wellingsbüttel zu verkaufen. So zieht er mit seiner jungen Familie – Wempes Tochter Kim-Eva ist gerade gut zwei Jahre alt – wieder in eine Mietwohnung.

„Ich habe auf diese Weise recht schmerzhaft gelernt, wie wichtig ausreichende Liquidität ist."

Seine kurzfristige Finanzkrise kann ihn aber nicht von seinem Ziel abbringen, in jeder größeren Stadt Deutschlands und möglichst noch in jeder wichtigen Metropole dieser Welt eine Filiale zu unterhalten. Das Vorbild dafür findet er in der Schweiz: Bucherer. Er kennt Jörg Bucherer, etwas jünger als er und im Wesen mit ihm nicht unverwandt. Bucherer hat bereits von Luzern aus in so ziemlich allen wichtigen Orten der Schweiz Filialen eingerichtet und bedient vor allem Touristen mit Schmuck und Uhren. Dass dieses Konzept von Bucherer mit wenigen, aber starken Uhrenmarken wie Rolex für Wempe nicht taugt, ist ihm klar. Er will nicht in erster Linie Touristen, sondern das wohlhabende Bürgertum als Kunden; das erreicht er nicht immer, wohl aber die sich allmählich entwickelnde Nouveau Riche.

Wempe – immer in der feinsten Lage

Mit der Expansion macht Wempe in den 70er Jahren ernst und eröffnet Geschäfte in Bremen, Frankfurt am Main, Berlin, München, Stuttgart und Nürnberg. Sie sind stets dort, wo der Quadratmeterpreis am höchsten ist, und die Ausstattung ist entsprechend aufwändig. Kaum ein anderer Juwelier am Ort kann die Vielfalt bieten, manch ausgefallene und kostspielige Preziosen kann Wempe schon mal von der einen zur anderen Filiale wandern lassen. Da der Verkauf von teuren Stücken bei den eingeführten Traditionsjuwelieren meist von den Inhabern abgewickelt wird, muss Wempe ein nicht unbedeutendes Problem lösen, schließlich kann er selbst nicht überall gleichzeitig sein. „Ich brauche überall starke Geschäftsführer. Und denen muss ich vertrauen und sie gut genug bezahlen", denkt er. Seine Fähigkeit, Menschen gut zu beurteilen, sie für sich zu gewinnen und sie an sich zu binden, sei damals wie heute immer sein größtes Kapital. In den 52 Jahren habe er sich nur einmal in einem seiner Mitarbeiter getäuscht, und auch das sei von vornherein nicht erkennbar gewesen, fügt er fast entschuldigend hinzu, denn andere Umstände hätten diesen Menschen erst viel später verändert.

Wempe ist natürlich genug hanseatischer Kaufmann, um zu wissen, dass Geschäftspläne nur dann gelingen, wenn auch die Zahlen stimmen: 1970 beträgt der Umsatz von Wempe noch 15,4 Millionen Mark, 10 Jahre später hat er sich bereits mehr als vervierfacht. In den nächsten 10 Jahren auf 210 Millionen Mark verdreifacht. Eine weitere Verdopplung im letzten Jahrzehnt des Jahrhunderts ist nicht ganz gelungen, wohl aber ein respektabler Faktor von 1,8. Das beste Geschäftsjahr Wempes war 2000 mit fast 373 Millionen Mark Umsatz, den er zusammen mit seinen 544 Mitarbeitern in Hamburgs Zentrale – dem „Güldenen Gerd“ – und in insgesamt 26 Geschäften erzielen konnte. In Deutschland gibt es 20 Filialen, aber auch Filialen in New York, Paris, Madrid, London und sogar auf dem Kreuzfahrtschiff MS Europa. Am Lager hat Wempe ständig 35 000 teure Uhren und mehr als 63 000 Schmuckstücke – das alles repräsentiert zusammen einen Wert von etwa 230 Millionen Euro.

„Le père Goriot“

Es ist verständlich, dass es Hellmut Wempe nach 52 erfüllten Arbeits- und 70 Lebensjahren nicht leicht fällt, bald loszulassen. Er offenbart, dass er wieder einmal „Le père Goriot“ von Honoré de Balzac zur Hand genommen hat, weil das Buch von 1819, wie er sagt, für ihn hoch aktuell sei. Vielleicht deswegen, weil der reiche Vater Goriot alles seinen Töchter gibt und letztlich als armer Hund in Paris krepieren muss? Parallelen zu Wempes Tochter Kim-Eva, 40 Jahre, zu ziehen ist freilich abwegig. Das Verhältnis ist so unproblematisch, wie es nur zwischen Vater und Tochter klappen kann. Sie ist gut auf ihre Position als Nachfolgerin vorbereitet, ist in der Familien-KG seit Jahren Komplementärin und leitet mit dem Vater gemeinsam das Unternehmen. Wenn im nächsten Jahr die Gerhard D. Wempe KG ihr 125-Jahre-Jubiläum feiert, wird Hellmut Wempe wohl seinen Abschied aus dem Tagesgeschäft bekannt geben. „Ein Büro werde ich wohl behalten dürfen", hofft Wempe. Ansonsten freut er sich auf das Reisen abseits der Touristenströme. Die Spurensuche in den alten Kronländern führte ihn kürzlich nach Lemberg, wo er vereinzelt noch das herrliche Habsburger-Gelb entdeckte, von dem er wieder einmal in Joseph Roths „Radetzkymarsch" las.

Biografische Daten

Hellmut Wempe wurde am 30. April 1932 als zweiter Sohn des Juweliers Herbert Wempe in Hamburg geboren. Er machte mittlere Reife, lernte Sprachen und wollte ursprünglich Journalist werden. Dieser Wunsch ging nicht in Erfüllung, weil sein älterer Bruder Herbert im Krieg fiel und er 1950 ins elterliche Geschäft eintreten musste. Nach dem Tod des Vaters 1963 übernahm er das Unternehmen und machte das Beste daraus: Er schuf binnen dreier Jahrzehnte mit insgesamt 26 Filialen eine der wohl größten Handelsketten für teuren Schmuck und feine Uhren. Seit 1986 ist seine Tochter Kim-Eva Wempe mit im Unternehmen tätig, seit 1994 sind beide persönlich haftende Komplementäre der Gerhard D. Wempe KG. Hellmut Wempe liest gerne deutsche Klassiker und diverse englische, französische und italienische Autoren in Originalsprache, hört am liebsten Musik von Erik Satie und Josef Haydn und reist gerne abseits ausgetretener Touristenpfade. In der Dordogne besitzt er ein kleines Schloss samt Kapelle aus dem 14. Jahrhundert, wohin er sich immer häufiger zurückzieht.

Gerd Gregor Feth

Wendelin Wiedeking

Sanierer im Eiltempo

Der Schnelldenker und -redner sanierte Porsche im Eiltempo und brachte die Automobilmarke wieder an die Spitze. Heute ist Wendelin Wiedeking einer der bestbezahlten und erfolgreichsten Manager der Republik.

Wenn eine Unternehmensgeschichte des vergangenen Jahrzehnts das Prädikat „Erfolgsstory“ verdient, dann ist es die der Porsche AG. Auf das Engste verknüpft ist diese Geschichte mit dem Namen Wendelin Wiedeking. Als der Westfale, damals gerade 40 Jahre alt, den Sportwagenbauer Ende 1992 übernahm, steckte die Firma mit Sitz in Zuffenhausen bei Stuttgart in ihrer schwersten Krise. Es war eine existenzielle Schieflage, die Wiedeking zu korrigieren hatte, als er das Steuer übernahm. Porsche hatte ein veraltetes Modellprogramm, außer dem Dauerbrenner 911 hagelte es nur Flops. Keines der Modelle 928 und 944 wurde von der weltweiten Fangemeinde je als „echtes“ Porschefahrzeug akzeptiert. Die Fabriken waren eher handwerkliche Manufakturen als moderne und effiziente Fertigungsstätten. Die Verluste erreichten unerträgliche Dimensionen, so dass das Juwel der deutschen Autoindustrie fast täglich als Übernahmeobjekt gehandelt wurde. Niemand glaubte mehr, Porsche alleine wäre stark genug, um im globalen Wettbewerb bestehen zu können. Das Schicksal der kleinen und feinen Edel-Automarken Ferrari, Jaguar, Aston Martin oder Rolls Royce, von einem Großkonzern geschluckt zu werden, schien unausweichlich. Der schlimmste Verlust war jedoch: Der Name Porsche hatte an Anziehung verloren, das Auto galt Anfang der 90er Jahre nicht mehr als „in“.

Retter von Zuffenhausen

Und in dieser desolaten Situation sollte ein unbekannter, gerade einmal 40-jähriger Manager das Wunder vollbringen? Wiedeking tat es. In 10 Jahren vervierfachte sich der Umsatz auf 4,4 Milliarden Euro. Der Aktienkurs stieg noch steiler, kennt nur die Richtung nach oben und erweist sich selbst nach dem 11. September 2001 als äußerst krisenresistenter Börsenstar. Porsche ist heute weltweit das profitabelste Unternehmen der Automobilindustrie. Der Fahrzeugbauer erzielte im Geschäftsjahr 2001 ein Ergebnis vor Steuern von knapp 600 Millionen Euro, dies entspricht einer Umsatzrendite von 13,3 Prozent. Unglaublich für eine Branche, die mit durchschnittlich 2 bis 3 Prozent Umsatzrendite schon zufrieden sein muss. Der Porsche Boxster ergänzt inzwischen hervorragend den regelmäßig weiterentwickelten 911. Bald erweitert Porsche seine Modellpalette mit dem Geländewagen Cayenne. Die Fabriken, besonders auch die neue in Leipzig, gehören zu den besten Fertigungsstätten der Branche. Und vor allem: Die Marke Porsche ist heute stärker als je zuvor. In den Jahren 2000 und 2001 wurde der schwäbische Autobauer jeweils zum Unternehmen mit dem besten Image in Deutschland gekürt.

Der Wandel ist dramatisch. Doch wer ist der Mann, der diesen Turnaround bewerkstelligt hat? Wendelin Wiedeking war 1992, als er seinen Job an der Spitze von Porsche antrat, in erster Linie Ingenieur. Als Produktionsvorstand hatte er schon begonnen, die wenig effizienten Zustände in den Zuffenhausener Werkshallen zu verbessern. *Kaizen* hieß Anfang der 90er Jahre das Zauberwort. Deutsche Automanager flogen in Hundertschaften nach Japan, um von Toyota und Co. zu lernen, wie man Autos qualitativ am besten und günstigsten zusammenbaut. Auch Wiedeking kam mit einem dicken Buch voll Verbesserungsvorschlägen aus Fernost zurück. Er verwirklichte das Konzept, im Übrigen unter Mitwirkung japanischer Berater – ein Novum in der deutschen Fahrzeugindustrie, die sich bis zu diesem Zeitpunkt in Sachen Technologie für unerreicht hielt. Wiedeking hatte aber nicht nur eine Blaupause, um Autos effizienter zu bauen, er hatte auch ein Drehbuch zur Hand, um das ganze Unternehmen umzukrempeln. Der Umbau begann mit einem Paukenschlag. Der neue Porsche-Chef hatte noch gar nicht richtig auf seinem Stuhl Platz genommen, da verkündete er bereits den ersten Arbeitsplatzabbau und die ersten Gehaltskürzungen in der Geschichte der Firma. Die Arbeitnehmer gingen auf die Barrikaden, Wiedekings Kahlschlag beschäftigte die *Tagesthemen*. Plötzlich kannte jeder in Deutschland den forschen Manager. Doch Wiedeking schaffte es bald, seine Belegschaft wieder hinter sich zu bringen. Denn bei aller Durchsetzungskraft, Wiedeking gilt als fairer Chef, er erscheint den Leuten im Blaumann bis heute als einer der ihren. So gelang es ihm, die Mitarbeiter von der Notwendigkeit der Einschnitte zu überzeugen. In den folgenden guten Zeiten profitierten die Porsche-Mitarbeiter dann überproportional von den Erfolgen ihres Unternehmens. Das ausgeprägte Wir-Gefühl der Angehörigen des Unternehmens, das sich zum Teil noch bis heute den Charakter eines Famlienunternehmens bewahren konnte, ist eines der Geheimnisse des Porsche-Erfolgs.

Imagepolitur vom Chef persönlich

Wiedeking entpuppte sich bald als weitaus mehr als nur Technik- und Autofachmann. Weil die Bedeutung der Marke bei Porsche eminent hoch ist, betreute der Vorstandsvorsitzende ein Jahr lang das Marketing- und Vertriebsressort kommissarisch mit. Keiner, so Wiedeking, sollte ihm künftig je etwas über diesen sensiblen Bereich vormachen können. Bis heute segnet Wiedeking die Werbebotschaften selbst ab und kümmert sich um die wichtigsten öffentlichen Auftritte. Eine umfangreiche und stimmige Kommunikationsstrategie trägt bei Porsche wesentlich zum Unternehmenserfolg bei.

Wiedekings wichtigste Imagekorrektur bei Porsche: Die Marke ist heute viel sympathischer als früher. Hatte der

Porsche-Fahrer einst damit zu kämpfen, als Macho oder Protzer zu gelten, verlor sich dieser Beigeschmack in den vergangenen Jahren. Wiedekings Grundsatz lautet:

> **„Wir müssen dafür sorgen, dass sich unsere Kunden in der Gesellschaft wohl fühlen. Unsere exklusive Marke braucht soziale Akzeptanz."**

Statt angemacht zu werden, können sich Porsche-Kunden heute darüber freuen, dass sie von vielen für ihr Auto bewundert werden.

Gesellschaftspolitische Akzente

Neben seinem Job bei Porsche hat sich Wiedeking auch immer wieder als gesellschaftspolitischer und nicht immer bequemer Denker profiliert. Viel beachtet wurde seine Kritik an dem damaligen Bundeskanzler Helmut Kohl und dessen Reformstau. Blankes Entsetzen löste Wiedeking bei seinen Kollegen von BMW und DaimlerChrysler aus, als er die Subventionspraxis in der Autoindustrie anprangerte und für das neue Porsche-Werk in Leipzig auf Zuschüsse vom Staat weitgehend verzichtete. Wiedeking befürwortete auch die Steuerreform der Regierung Schröders, während sich andere Wirtschaftsführer lieber bedeckt hielten, um nicht in den Ruch der Nähe zur Kanzlerpartei zu geraten. Ebenso stellte sich Wiedeking gegen die vorherrschende Meinung und die wirtschaftliche Elite, als er im Hype des Shareholder-Value öffentlich mahnte, Unternehmen hätten auch soziale und gesellschaftliche Verpflichtungen. Selbst mit der wichtigen Kaste der Analysten wagte er es, sich anzulegen. Wiedeking, überzeugt davon, dass Unternehmen eine langfristige Strategie brauchen, wehrte sich unlängst, Quartalsergebnisse von Porsche zu veröffentlichen. Postwendend flog die Aktie aus dem MDax und der Porsche-Lenker musste sich den Vorwurf des Informationsstreiks und der Transparenzverweigerung gefallen lassen. Dennoch, das Manöver schreckte letztlich die Porsche-Aktionäre nicht wirklich ab.

Wiedeking gehört inzwischen zu den bestbezahlten Managern Deutschlands. Sein Einkommen soll allein im Jahr 2000 17 Millionen Mark betragen haben. Allerdings: Der wesentliche Bestandteil seiner Bezahlung besteht aus variablen, leistungsbezogenen Vergütungsanteilen. Wiedeking gehört also zu jenen gut bezahlten deutschen Managern, die wirklich wert sind, was sie verdienen. Kein Wunder, dass Wiedekings Name bei jeder wichtigen externen Besetzung einer deutschen Konzernspitze als möglicher Kandidat auftaucht. Bislang konnte ihn aber keine Aufgabe dazu bewegen, Porsche zu verlassen. Der Aufsichtsrat und die Eigentümerfamilien Porsche und Piëch würden ihm überdies den Abschied schwer machen. Um diese Wertschätzung zu dokumentieren, erhielt Wiedeking erst kürzlich einen neuen Vertrag, der den Vorzeigemanager bis 2007 an Porsche bindet.

Biografische Daten

1952 im westfälischen Ahlen geboren
Bis 1978 Maschinenbaustudium in Aachen
1983 Berufseinstieg bei Porsche als Referent des Produktionsvorstandes
1988 Wechsel zur Glyco Metallwerke AG, wo Wiedeking 1989 Mitglied der Geschäftsleitung wird
1991 kehrt Wiedeking als Produktionsvorstand zu Porsche zurück
Ende September 1992 rückt Wiedeking zum Vorstandsvorsitzenden auf

Klaus Westermeier

Reinhold Würth

Zwischen Schrauben und Kunst

Sind Schrauben sexy? Für Reinhold Würth spielt dies keine Rolle. Er braucht keine „gute Story“, keine „Roadshow“, um sein Unternehmen zu präsentieren. Stattdessen schreibt er Unternehmensgeschichte.

In den schwäbisch-fränkischen Bauernwinkel Hohenlohe verirrt man sich nicht ohne weiteres; an Jagst und Kocher, rings um die beschaulichen Städtchen Crailsheim, Künzelsau, Öhringen und Schwäbisch Hall, breitet sich zwar eine liebliche Landschaft aus – Streuobstwiesen und Weinberge, Mischwälder und Felder –, die einen Besuch allemal lohnenswert macht; doch ist man hier irgendwie weit weg vom Schuss und vielleicht haben es die Hohenloher in ihrer bekannten Schlitzohrigkeit auch bisher absichtlich verstanden, sich trotz einiger Sehenswürdigkeiten wie gut erhaltener Burgen und Schlösser übermäßigen touristischen und sonstigen Rummel vom Leib zu halten.

Der eher zurückhaltende Menschenschlag, dessen derbes und für „Reing'schmeggte" nur schwer verständliches Idiom man leicht als Symbol eines unzugänglichen Charakters interpretieren könnte, hält es gegenüber Kritikern gerne wie der berühmte Landsmann Götz von Berlichingen: Man macht sein eigenes Ding und versucht, fremden Einflüssen aus der weiten Welt nicht ungeprüft ohne weiteres Zugang zu Herz, Geist und Geldbeutel zu gewähren.

Da muss es die Hohenloher seltsam angemutet haben, als einer der ihren es in den vergangenen Jahrzehnten schaffte, seinen ererbten Kleinstbetrieb vom winzigen Schraubenhandel zum Weltmarktführer in der Befestigungsbranche aufzubauen; er musste sich also intensivst mit der Welt da draußen beschäftigen, sie bereisen, ja bezwingen. Er holte diese Welt, repräsentiert durch die Kunst der Metropolen, dann auch heim nach Künzelsau und Schwäbisch Hall: Gemälde der ganz großen Maler, moderne Skulpturen, Ausstellungen mit viel Prominenz, Vernissagen mit dem Kanzler etwa oder Konzerte mit dem russischen Stargeiger Gidon Kremer.

Kunst als Motivations- und Marketinginstrument

Inzwischen sind diese Highlights fast zur Gewohnheit geworden im biederen Hohenlohe. Wenn Reinhold Würth lädt, kommen alle – die Weltläufigen und Vielgereisten ebenso wie jene Mitbürger, die noch nie im New Yorker Guggenheim Museum waren oder bei Festspielen mit Justus Frantz. Und natürlich die Mitarbeiter der Würth-Gruppe, denn wichtige Argumente für die Kunst in Künzelsau-Gaisbach sind nicht nur die persönliche Affinität von Reinhold Würth zu Kunst und Kultur, sondern die Förderung eines „lebendigen und kritischen Umgangs mit Kunst“, der, so die feste Überzeugung des Hohenloher Schraubenkönigs, „zu einer richtig verstandenen Unternehmenskultur führt.“ Es gelte, in die Arbeit „auch die spielerische und hobbyhafte Komponente einzubringen“; der Betrieb müsse „zum Marktplatz der Begegnung der Mitarbeiter“ werden.

Im selben Atemzug stellt er klar, dass er natürlich Kaufmann ist und seine Kunstaktivitäten und sein Mäzenatentum immer im Kontext des Unternehmens sieht. Ob Stipendien für Tänzer, eine Stiftungsdozentur für Poetik oder ein Violinwettbewerb – angesichts des unternehmerischen Erfolgs kann Reinhold Würth guten Gewissens sagen: „G'schadet hat's jedenfalls nicht.“ Am bekanntesten ist nach wie vor die Sammlung bildender Kunst. Mehr als 6 000 Exponate, hauptsächlich der Klassischen Moderne, deutscher und österreichischer Expressionisten bereichern die Arbeitsatmosphäre und sind seit 1991 der Öffentlichkeit zugänglich. Im Museum Würth in Künzelsau und der Kunsthalle Würth in Schwäbisch Hall finden jeweils mehrere Ausstellungen pro Jahr statt, die Zigtausende Kunstfreunde ins Hohenloh'sche Land locken.

Vom Handwagen zum Weltkonzern

Dies alles war dem visionären Konzernlenker nur in Ansätzen in die Wiege gelegt worden: dass er für weltweit fast 40 000 Mitarbeiter in über 80 Ländern, darunter so exotische Standorte wie Ägypten, Kirgistan und die Vereinigten arabischen Emirate, sowie deren kulturelle Einbindung in ein großes Unternehmen verantwortlich sein würde; dass er sich vom Lehrling im elterlichen Zweimannbetrieb zum Umsatzmilliardär hoch arbeiten und nebenher zu einem der größten und aktivsten deutschen Privatsammler und Mäzene entwickeln würde. Ohne Abitur und Studium, mit dem theoretischen Background einer Lehre zum Groß- und Einzelhandelskaufmann, gelang ihm aus kleinsten Anfängen eines der Selfmade-Märchen in Wirtschaftswunder-Deutschland.

Gleich nach dem Krieg im Jahr 1945 hatte der Vater Adolf Würth seine Schraubenhandlung gegründet. Das Geschäft florierte, doch der frühe Tod von Adolf Würth im Jahr 1954 nahm den erst 19-jährigen Reinhold in die Pflicht. Mit einem Jahresumsatz von etwa 155 000 Mark übernahm er den väterlichen Betrieb und steigerte den Umsatz mit atemberaubender Geschwindigkeit auf heute über 5 Milliarden Euro.

Dazwischen liegen Zeiten heftiger Zweifel und vieler Entbehrungen. Er will verkaufen, wie sein Vater erfolgreich sein, doch so einfach ist dies nicht für einen jungen Mann, der eine Woche nach dem Tod des Vaters zum ersten Mal allein auf Kundenbesuch gehen und die eigene Bestimmung zum Vollblutkaufmann erst noch erkennen muss. Sein wichtigstes Arbeitsgerät ist der Handwagen mit den Schraubenkisten, den er heute noch gerne den Mitarbeitern vorführt, vor allem den jungen, die auch mitbekommen sollen, welch langer und mühsamer Weg es war von den ersten Geschäftsreisen zur heutigen Weltläufigkeit. Er will sparen, isst lieber die von der Mutter geschmierten Butterbrote, als ins Gasthaus zu gehen, und übernachtet in preiswerten Zimmern. Sicherlich kommt ihm neben seinem Durchhaltevermögen auch eine jener Eigenschaften zugute, die er sich im Fragebogen der *Frankfurter Allgemeinen Zeitung* als natürliche Gabe wünschte: Bescheidenheit. Allerdings favorisiert er sie nur im persönlichen Bereich – geschäftlich konfrontiert er seine Mitarbeiter immer mit unbescheidenen Zielen, mit Hartnäckigkeit und Arbeitswut.

Vier Prozent sind nicht genug

Seine Zähigkeit zahlt sich aus: Schon im ersten Jahr als Chef kann er den Umsatz um mehr als 20 Prozent steigern; 1958 sind es bereits 40 000 Mark im Monat. Die ersten Verkäufer werden eingestellt, die Adolf Würth OHG profitiert vom Autoboom und wächst weiter rasant. Doch Reinhold Würth erkennt schon bald, dass konjunkturelle Einbrüche nur durch eine starke Diversifizierung und Internationalisierung aufgefangen werden können. Er erobert weitere Branchen, gründet die ersten Auslandsgesellschaften und ist seinen Mitarbeitern gedanklich immer Jahre voraus.

Heute umfasst das Sortiment 50 000 Produkte für den Montage-, Wartungs- und Reparaturbedarf. Die Würth-Gruppe handelt nicht nur mit Schrauben und deren Zubehör, sondern unter anderem auch mit Baubeschlägen, chemisch-technischen Produkten, Dübeln und Isolierungen, Elektro- und Druckluftwerkzeugen, Service- und Pflegeprodukten, Bevorratungs- und Entnahmesystemen. Schon lange ist Würth Weltmarktführer, allerdings nur mit einem Marktanteil von 4 Prozent. Und da ist Reinhold Würth einfach wieder unbescheiden, das genügt ihm nicht, so viel unausgeschöpftes Potenzial. „Visionen sind mehr als Träume, denn sie sind argumentativ unterlegbar“, meint der Rastlose. Wer 4 Prozent Marktanteil habe, könne theoretisch noch 96 Prozent dazu gewinnen, und so will er den Anteil der Würth-Gruppe „in absehbarer Zeit“ auf 16 Prozent steigern.

Fliegen ist schöner ...

Geschäftlicher Erfolg und wachsender Wohlstand können Menschen leicht sich selbst und ihren Wurzeln entfremden. Da tut es gut, in einer Region verwurzelt zu sein, auch wenn man von dort immer häufiger mit dem Firmenjet zu Kunden und Terminen fliegen muss. Für den Überflieger Reinhold Würth, der selbst eine Lizenz als Verkehrspilot besitzt, ist dies keine lästige Pflicht. Das innere und geschäftliche Zentrum des Familienmenschen ist und bleibt die Heimat Künzelsau.

Schon in den 60er Jahren beschloss er daher, mittels Cessna den Widrigkeiten des zunehmenden Autoverkehrs auf deutschen Straßen zu entfliegen; wer sich ehrgeizige Ziele steckt, Visionen entwickelt und sie so schnell wie möglich realisiert sehen will, für den ist Autofahren nur eine zweitklassige Lösung, auch wenn das eigene Unternehmen die KFZ-Branche mit einem bundespreisprämierten Informationssystem beliefert. Inzwischen verfügt die Würth-Gruppe über eine eigene Fluglinie mit zwei Business-Jets, zwei Propellerturbinenflugzeugen und elf Piloten, die nicht nur dem Top-Management zur Verfügung stehen, sondern allen Mitarbeitern, die eine der Niederlassungen oder Tochterfirmen besuchen müssen.

Das Brandenburger Tor

Immer noch fliegt Reinhold Würth in Sachen Schrauben und Geschäften, Kultur und Mäzenatentum um die Welt. Der rastlose Firmenpatriarch hat zwar das operative Geschäft bereits 1994 aus den Händen gegeben und den Sitz des Unternehmensbeirates übernommen. Doch ganz will er die Fäden nicht aus der Hand geben. „Ich wollte dem Unternehmen und mir selbst ersparen, im Altersstarrsinn mein Lebenswerk zu zerstören", schildert er die weise Motivation für diesen Schritt, die man mehr Firmeninhabern wünschte. Seit 2001 wird der Konzern von einer dreiköpfigen Führungscrew geleitet, der auch die Tochter Bettina Würth angehört. Heute profitieren vor allem Studenten der Universität Karlsruhe von seinen Erfahrungen, wo er als Professor h.c. am Stiftungslehrstuhl Entrepreneurship lehrt. Tradition und Beständigkeit, soziales und kulturelles Engagement sollen jedoch bei Würth dauerhafte Werte bleiben. So ist es für den unprätentiösen Patriarchen typisch, dass er ein auf den ersten Blick unspektakuläres Gemälde als sein Lieblingsbild beschreibt: „Das Brandenburger Tor" von Ernst Ludwig Kirchner. Würth schätzt seine vielfältigen historischen Bezüge, das symbolisierte kollektive Gedächtnis. Und erinnert sich selbst gerne an die schweren und die guten Zeiten seines Lebens.

„Ich würde alles wieder genauso machen, jedenfalls im Prinzip."

Andrea Hessler

Klaus Zumwinkel

Eine Tat sagt mehr als 1 000 Worte

Den Job bekommen hat er unter anderem, weil Geld für ihn keine große Rolle spielte. Gemeistert hat er eine Aufgabe, die eigentlich als nicht zu meistern galt. Am Ziel ist er noch nicht, aber die Post ist auf ihrem Weg zu einem weltweit führenden Logistikkonzern ein gutes Stück vorangekommen. Er hat diesem Erfolg seinen Stempel aufgedrückt – ganz unspektakulär, fast ohne Worte, aber unglaublich hartnäckig und konsequent.

So richtig ernst nehmen ihn auf Anhieb wenige – die ihn nicht kennen. Das ist ein Fehler, wie sich meist schnell herausstellt. Und woher sollten ihn auch die altgedienten Postler kennen, die anno 1989 von Bundespostminister Christian Schwarz-Schilling per Hauspost davon Kenntnis nahmen, dass aus ihrer altehrwürdigen Deutschen Bundespost eine professionell gemanagte und profitable Deutsche Post AG erwachsen solle, an deren Spitze folgerichtig kein Politiker, sondern ein Manager stehen werde. Klaus Zumwinkel nämlich – ein Name wie viele andere und selbst für Belesene der deutschen Wirtschaftspresse bis dahin ein eher unbeschriebenes Blatt.

Der Kulturschock

Ein Schildbürgerstreich? Sicherlich ein Kulturschock für die Postler, denen Preußen den Beamtenstatus verliehen hatte und von denen nicht wenige zu „freizeitorientierten Mitarbeitern" (*Stern*) mutiert waren, und ein Sakrileg an den eisernen Regeln einer Institution, die sich im Wirtschaftswunderland zu einer gigantischen Behörde entwickelt hatte – mit vielen fremdbestimmten Personalräten, ohne die gar nichts lief. Jeder, so raunte es durch den deutschen Blätterwald, müsse an dieser Odyssee kläglich scheitern, selbst wenn er von anderer (mächtigerer) Struktur gestrickt sei als ein eher unscheinbarer, auf seine Zuhörer gelegentlich etwas „dröge und langweilig wirkender" (*SZ*) Mann aus der Provinz.

> **„Es ist und bleibt ein wahres Wunder, was Klaus Zumwinkel aus der einstmals verschlafenen Schneckenpost gezaubert hat."**

So textete im Umfeld des Börsengangs eben diese *Süddeutsche Zeitung (SZ)*, die sich sonst selten zu Lobeshymnen über Manager hinreißen lässt. „Der kündigt nicht an, sondern macht leise, was getan werden muss“, lobte auch Rainer Funke, FDP, der Zumwinkel ansonsten sehr kritisch gegenüberstand. Selbst aus gewerkschaftlicher Ecke schimmert neben unvermeidlicher Kritik an Zumwinkels erfolgsorientierter Menschenführung immer wieder Anerkennung an der Managementleistung durch. 13 Jahre nach dem Startschuss der größten deutschen Privatisierungswelle aller Zeiten sind sich Freund und Feind einig, dass das Unmögliche nur einer schaffen konnte, der als großes Fragezeichen still, aber souverän, flexibel in der Taktik, aber hartnäckig in der Sache seine Ziele verfolgt – wie eben dieser Klaus Zumwinkel.

Pünktlichkeit – bald europaweit

Anno 2002, so etwa zu Beginn der zweiten Jahreshälfte, musste der Chef der Deutschen Post Worldnet AG zwar seine Ergebnisprognose drastisch reduzieren und erstmals Sand im Getriebe des Integrationsprozesses der vielen Akquisitionen zugeben, konnte aber ansonsten einen weiteren Etappensieg auf seiner Tour de Monde vermelden. Vor vier Jahren habe das Unternehmen noch 97 Prozent seines Umsatzes im Inland erzielt, heute seien es nur noch 69 Prozent, so der Mann in Gelb, und beschrieb sein Kerngeschäft als „bodenständig und doch international“. „Wir haben aus einer defizitären nationalen Behörde den Konzern Deutsche Post World Net geschaffen“, schrieb er seinen Aktionärinnen und Aktionären ins Notizbuch. Jetzt habe man in Sachen Express und Logistik den Globus fest im Griff. Und Briefe werde man bald nicht nur in deutschen Landen pünktlich an den Mann oder die Frau bringen, sondern genauso auf der britischen Insel und dem Rest des europäischen Kontinents. Das Ziel eines globalen Netzes von Logistikdienstleistungen sei nahezu erreicht. „Jetzt gilt es, das Netz zum Blühen zu bringen“, gab sich Zumwinkel ungewohnt blumig und – wie gewohnt – aufgeräumt.

Sanierer auf leisen Sohlen

Sogar viele Kleinaktionäre fanden auf der jüngsten Hauptversammlung im Juni 2002 trotz herber Kursverluste lobende Worte. Die Bilanz sei solide und die Unternehmensstrategie erfolgreich, hieß es allerseits, der anhaltend schwache Kurs der „Aktie Gelb“ sei in erster Linie auf externe Einflüsse zurückzuführen. Balsam auf die von der Aktienbaisse geschundene Seele des Postchefs, der angesichts einer Halbierung des Börsenwerts seit Markteinführung der Aktie Gelb dann doch Nerven zeigte. Er werde jeden verklagen, der durch die Verbreitung von Unwahrheiten (es ging um die Mehrwertsteuer) der Aktie Gelb schade, polterte Zumwinkel wortstark in einem Interview mit der *Frankfurter Allgemeinen Zeitung (FAZ)*.

Externe und interne Widerstände und Hindernisse entschlossen aus- und wegzuräumen, darin liegt in der Tat eines der Erfolgsgeheimnisse des „Managers ohne Starallüren“ *(Westdeutsche Allgemeine Zeitung)*. Diese faktisch seltene – nur in der reinen Lehre jeden Topmanager auszeichnende – Qualität musste Zumwinkel vor allem im Frühstadium seines Wirkens als „Sanierer auf leisen Sohlen“ *(Horizont)* unter Beweis stellen – und er tut es bis auf den heutigen Tag.

Den Widerstand der allmächtigen Postgewerkschaft gegen die notwendige Schlankheitskur und den damit zwangsläufig verbundenen Personalabbau etwa brach Zumwinkel damit, dass er bis heute auf betriebsbedingte Kündigungen verzichtet und dennoch 140 000 Arbeitsplätze gestrichen hat. Wie kaum ein anderer deutscher

Manager verstand er es, Politiker, Betriebsräte und Gewerkschaftler auf seine Seite zu ziehen und von der Notwendigkeit einer Kehrtwende in der Führungs- und Unternehmensstrategie zu überzeugen. Und wenn hartnäckige Überzeugungsarbeit gelegentlich nicht zu dem gewünschten Ergebnis führte, ging „er einfach mit dem Kopf durch die Wand", ließ sich ein führendes Mitglied des Betriebsrates anlässlich des krönenden Börsengangs im September 2000 zitieren.

Managerwechsel über Nacht

Starken Widerspruch hatte Zumwinkel nicht nur bei Zustellern und Sortierern zu überwinden, sondern auch bei zahlreichen Mitgliedern der oberen Führungsebenen des Ministeriums, die zu Recht um Posten und Pfründe bangen mussten. Tatsächlich haben nur wenige das erste große Revirement anno 1990 überstanden. Was allerdings vielen Direktoren damals recht willkürlich vorkam, war tatsächlich in zahllosen Personalgesprächen generalstabsmäßig vorbereitet. Quasi über Nacht, so erinnern sich altgediente Postler mit einem lachenden und einem weinenden Auge, waren die Schlüsselstellungen des damals noch unter „Deutsche Bundespost Postdienste" firmierenden Konstrukts von einer wesentlich verjüngten Managergarde besetzt. Und dass so mancher unter den Aufsteigern die ersten Berufserfahrungen bei einer international tätigen Unternehmensberatungsgesellschaft namens McKinsey gesammelt hatte, versteht sich bei Zumwinkels Vergangenheit fast von selbst.

Denn das prägende erste Jahrzehnt (1974 bis 1985) seiner steilen Karriere hat der 1943 in Rheinberg bei Moers geborene Rheinländer bei eben dieser Beraterfirma zugebracht und schnell die wohlwollende Aufmerksamkeit seines allmächtigen Chefs Herbert Henzler erregt. 1979 avancierte der Master of Science zum Direktor. Schon fünf Jahre später hatte er als Partner den Olymp im Leben eines Consulters erreicht. Es folgte ein relativ kurzer, aber durchaus erfolgreicher erster Kontakt mit der rauen Wirklichkeit an der Spitze eines Großunternehmens beim Versandhaus Quelle in Fürth.

Womöglich auf Empfehlung des damaligen Chefs der Deutschen Bundesbahn, Heinz Dürr, wurde schließlich Postminister Christian Schwarz-Schilling (genau kann sich dieser dem Vernehmen nach nicht mehr erinnern) auf den „feinen Kerl“ (Henzler) im Imperium der Grete Schickedanz aufmerksam. „Ganz ruhig, ganz sachlich“, beschrieb der wortgewaltige CDU-Politiker die Begegnung mit seinem Nachfolger später, das habe ihm auf Anhieb gefallen. Dass sich Zumwinkel in seiner Zeit bei McKinsey ganz nebenbei zu einem perfekten „Networker“ entwickelt hatte, davon zeugt nicht zuletzt die Tatsache, dass ihm fünf von sieben derzeitigen Postvorständen in einer früheren Phase seines Berufslebens schon einmal begegnet sind.

Diesem eingeschworenen Führungsteam hat es der Mann mit dem „undankbarsten Job“ *(SZ)* Deutschlands zu verdanken, dass er zwar viele Querschüsse aus Berlin (Bundestag), Bonn (Kartellamt) und Brüssel (EU-Kommission) zu parieren hat, aber kaum welche aus eigenen Reihen. Mit wenigen Ausnahmen wie der Postbank und ihrem damaligen Chef Günter Schneider zum Beispiel, der sich beharrlich der Vision von Zumwinkel verweigerte. Am Ende vergeblich, denn mit geradezu insistierender Hartnäckigkeit zwang Zumwinkel den Widersacher zur Kapitulation. Längst gehört die Postbank zum Unternehmensbereich „Finanzdienstleistungen“, einem integrierten Bestandteil im World Net, der im Übrigen ebenfalls von einem McKinsey-Mann geführt wird.

Der Herr der Netze

Integration von rund 30 Beteiligungen, die der Logistikkonzern in den vergangenen drei Jahren eingesammelt hat, das erkor Zumwinkel zum Leitmotiv für Gegenwart und Zukunft. Wobei nach seinem Verständnis damit keineswegs nur die synergetische Addition der Kräfte zu verstehen ist, sondern mehr noch die intelligente Verknüpfung logistischer Dienstleistungen verschiedener Unternehmensteile zum Nutzen der Kunden. Alles soll quasi aus einer Hand kommen: „One Stop Shopping“ oder „Cross Selling“ lauten die anglistischen Schlagworte, die dem Herrn der Netze flott über die Lippen gehen. Nicht ganz so flott klappt es freilich mit der praktischen Umsetzung, wie Zumwinkel bei Vorlage des Halbjahresberichts 2002 widerwillig eingestehen musste.

Zu den Widersprüchen, mit denen er sich auseinander setzen muss, gehört nicht nur komplexes Management bei äußerst rasantem Wachstum, sondern mehr noch der immer wieder erhobene Vorwurf, die Post sei wegen ihres Briefmonopols „noch lange kein normales Unternehmen“ *(FAZ)*. Bei diesem Thema kann sich Zumwinkel in Rage reden, wie nahe Mitarbeiter und Journalisten von Fall zu Fall zu spüren bekommen. Auf der einen Seite verteidigt er vehement die freie Marktwirtschaft, auf der anderen Seite kämpft er mit List und Tücke gegen das „arglistige“ Ansinnen von Konkurrenten und Wettbewerbshütern, das Briefmonopol vor dem zugesagten Zeitpunkt (2007) zu beenden. Wobei er natürlich immer zum Wohle von Mitarbeitern und Aktionären agiert, zu denen nach wie vor der Bund gehört, und im Dienste der Allgemeinheit. Womit gemeint ist, dass jeder Brief trotz weit höherer Kosten für 56 Cent auch in die entlegensten Ecken der Republik zugestellt wird und die Post zur Unterhaltung eines flächendeckenden Filialnetzes verpflichtet ist. Fakt:

Ohne die Milliardengewinne aus dem Briefgeschäft hätte sich die Deutsche Post ihr World Net kaum leisten können.

Mit solch kleinen Widersprüchen zu leben, das fällt dem Rheinländer ganz offensichtlich nicht besonders schwer. Der „gute" Zweck heilige die Mittel, würden Scheinheilige argumentieren. Der glücklich verheiratete Familienvater formuliert es hintersinniger: Wenn alle sich dem Wettbewerb stellen, habe auch die Post nichts mehr einzuwenden. In den meisten ihrer Geschäftsfelder sei sie ohnehin dem scharfen Wind des globalen Wettbewerbs ausgesetzt. Gegenwind empfindet der Manager und Unternehmer in der Tat nicht als Schicksal: Er suche geradezu „die größtmögliche Herausforderung", hat er verschiedentlich zum Besten gegeben, auch weil ihm „pekuniäre Unabhängigkeit die Kraft gibt, Kontroversen durchzustehen".

Gipfelstürmer – gelegentlich ganz klein

Obwohl es so gar nicht zum kommunizierten Bild des passionierten Dauerläufers passt, an einer Legende webt er eifrig mit. Geradezu ins Schwärmen gerät Zumwinkel immer wieder, wenn er von der Bergwanderung plaudert, auf die er möglichst alljährlich mit Managerkollegen wie Jürgen Schrempp und Unternehmerpersönlichkeiten wie Hubert Burda unter der fachkundigen Führung von Extremkletterer Reinhold Messner und geistiger Anleitung von Herbert Henzler aufbricht. An den im Übrigen so manche Weisheit erinnert, die der Gipfelstürmer gerne von sich gibt – wie z.B. „Man kommt nie alleine oben an, sondern immer mit der Mannschaft" oder „Die Gipfel, die wir nicht schaffen, merken wir uns am besten". Dort oben werden auch große Männer gelegentlich ganz klein – aber das macht ja nichts, schließlich ist man unter sich.

Manfred Schumacher

Lebensdaten

Abs, Hermann Josef, geb. 15. Oktober 1901 in Bonn, gest. 5. Februar 1994 in Bad Soden

Albrecht, Theo, geb. 1922
Albrecht, Karl, geb. 1920

Bahlsen, Hermann, geb. 6. November 1927 in Hannover
Bahlsen, Werner Michael, geb. 1949 in Göttingen

Bischoff, Manfred, geb. 22. April 1942 in Calw

Bosch, Robert, geb. 1861 in Albeck, gest. 1942 in Stuttgart

Burda, Hubert, geb. 9. Februar 1940 in Heidelberg

Dassler, Rudolf, geb. 29. April 1898 in Herzogenaurach, gest. 27. Oktober 1974
Dassler, Adolf, geb. 9. November 1900, gest. 6. September 1978

Deichmann, Heinz-Horst, geb. 30. September 1926 in Essen-Borbeck

Fielmann, Günther, geb. 17. September 1939 in Stafstedt

Grundig, Max, geb. 7. Mai 1908 in Nürnberg, gest. 8. Dezember 1989 in Baden-Baden

Haub, Erivan, geb. 29. September 1932

Henkel, Hans-Olaf, geb. 14. März 1940 in Hamburg

Henkel, Fritz, 1848 - 1930
Henkel, Konrad, geb. 25. Oktober 1915 in Düsseldorf, gest. 24. April 1999 in Düsseldorf

Holtzbrinck, Georg von, geb. 11. Mai 1909, gest. 27. April 1983 in Stuttgart
Holtzbrinck, Georg-Dieter von; geb. 29. September 1941

Jahn, Friedrich, geb. 1923 in Linz, gest. 15. Dezember 1998 in Zürich

Joop, Wolfgang, geb. 18. November 1944 in Potsdam

Kirch, Leo, geb. am 21. Oktober 1926 in Würzburg

Middelhoff, Thomas, geb. 11. Mai 1953 in Düsseldorf

Mohn, Reinhard, geb. am 29. Juni 1921 in Gütersloh

Neckermann, Josef, geb. 5. Juni 1912 in Würzburg, gest. am 13. Januar1992 in Dreieich

Nixdorf, Heinz, geb. am 9. April 1925 in Paderborn, gest. am 17. März 1986 in Hannover

Oetker, Rudolf August, geb. am 20. September 1916 in Bielefeld

Opel, Georg von, geb. 18. Mai 1912 in Frankfurt/Main, gest. 14. August 1971 in Bad Soden

Otto, Michael, geb. 12. April 1943 in Hamburg

Piëch, Ferdinand, geb. 17. April 1937

Pierer, Heinrich von, geb. 26. Januar 1941 in Erlangen

Plattner, Hasso, geb. 21. Januar 1944 in Berlin

Porsche, Ferdinand, geb. 3. September 1875 in Maffersdorf, gest. 30. Januar 1951 in Stuttgart
Porsche, Ferdinand jun. (Ferry), geb. 19. September 1909 in Wien (Neustadt),
gest. 27. März 1998 in Zell a. See
Porsche, Ferdinand Alexander, geb. 12. Dezember 1935 in Stuttgart

Quandt, Herbert, geb. 22. Juni 1910 in Pritzwalk,
gest. 2. Juni 1982 in Kiel

Riegel, Hans, geb. 1923 in Bonn

Rodenstock, Randolf, geb. 31. März 1948 in München

Sander, Jil, geb. 27. November 1943 in Wesselburen

Schickedanz, Grete, geb. 20. Oktober 1911 in Fürth,
gest. am 23. Juli 1994
Schickedanz, Gustav, geb. 1895,
gest. am 27. März 1977 in Fürth

Schrempp, Jürgen, geb. 15. September 1944 in Freiburg/Breisgau

Schulte-Noelle, Henning, geb. 28. August 1942 in Essen

Siemens, Werner von, geb. 13. Dezember 1816 in Poggenhagen zu Lenthe, gest. 6. Dezember 1882 in Charlottenburg
Siemens, Ernst von, geb. 9. April 1903 in Kingston,
gest. 31. Dezember 1990 in Starnberg

Siemens, Peter von, geb. 29. Januar 1911 in Berlin, gest. 23. Mai 1986 in München

Sixt, Erich, geb. 25. Juni 1944 in Wien

Sommer, Ron, geb. 1949 in Haifa

Späth, Lothar, geb. 16. November 1937 in Sigmaringen

Springer, Axel Cäsar, geb. 2. Mai 1912 in Altona, gest. 22. September 1985 in Berlin

Steilmann, Britta, geb. 17. April 1966 in Wattenscheid

Walter, Ignaz, geb. 10. Juli 1936 in Augsburg

Weber, Jürgen, geb. 17. Oktober 1941 in Lahr

Wempe, Hellmut, geb. 30. April 1932 in Hamburg

Wiedeking, Wendelin, geb. 28. August 1952 in Ahlen

Würth, Reinhold, geb. 20. April 1935 in Künzelsau

Zumwinkel, Dr. Klaus, geb. 15. Dezember 1943 in Rheinberg

Autorenverzeichnis

André Bernsdorff ist Bankkaufmann und Dipl.-Volkswirt. Nach einigen Jahren als Rentenhändler bei einer großen deutschen Bank ist er heute als Wirtschaftsjournalist in München tätig.

Gerd Gregor Feth, Dipl.-Volkswirt, ist seit 1990 als ständiger Autor und Korrespondent für Technik und Wirtschaft in der Münchener Redaktion der *Frankfurter Allgemeinen Zeitung* tätig. Unter anderem ist er Spezialist für die Branchen Automobilbau, Uhrentechnik, Telekomunikation.

Andrea Hessler, geboren 1959 in Heilbronn, Jurastudium in Erlangen und Tübingen, dann Georg von Holtzbrinck-Schule für Wirtschaftsjournalisten in Düsseldorf beim *Handelsblatt-Verlag*; sie arbeitete bei verschiedenen Wirtschaftszeitschriften in den Ressorts Recht, Marketing und Design und ist heute freiberufliche Journalistin und Buchautorin.

Dorothee Liebing absolvierte ein Chemiestudium und arbeitete an Umweltforschungsprojekten. 1998 wandte sie sich dem Journalismus zu. Nach ihrer Ausbildung zur Fachjournalistin arbeitete sie als Magazinredakteurin bei der Verlagsgruppe *Handelsblatt*. Den Sprung von der „Gelegenheits-Freien“ mit Festanstellung zur freiberuflichen Journalistin wagte die heute 38-jährige im Sommer 2002.

Thomas Luther, geboren am 7. Mai 1964 in Langenau. Nach Volontariat und Tätigkeiten bei *FINANZtest* (Stiftung Warentest) und *Capital* ist er seit 1999 beim *Handelsblatt* als Redakteur in der Finanzzeitung tätig. Dazu übernimmt er freie Autorenschaften.

Bettina Mainberger, geboren 1959, Studium der Germanistik und Geschichte. Sie ist tätig als freie Journalistin und Buchautorin, Fachautorin im PR-Bereich für kleine und große Unternehmen und lebt in München.

Christine Mattauch besuchte die Kölner Journalistenschule für Politik und Wirtschaft und studierte Volkswirtschaft an der Universität zu Köln. Sie arbeitet seit 1992 als freie Wirtschaftsjournalistin in Köln und schreibt unter anderem für *Die Zeit* und *brand eins*.

Regine Petzsch ist Vorstand bei der Schumacher's AG für Finanzmarketing. Davor leitete die studierte Politologin sechs Jahre lang die Presse- und Öffentlichkeitsarbeit der Unternehmensberatung Roland Berger.

Vera Schneidereit, Jahrgang 1971. Die Germanistin studierte an der LMU München, arbeitete dort als wissenschaftliche Mitarbeiterin und gründete bereits während ihrer Promotionszeit ihr Lektoratsbüro exLibris. Als freie Lektorin und Autorin lebt und arbeitet sie in München.

Karin Schütrumpf arbeitete nach ihrem Journalistik- und Volkswirtschaftsstudium 12 Jahre als Redakteurin bei Wirtschaftmagazinen. Heute ist die Diplom-Journalistin freiberuflich für Wirtschaftszeitungen und Buchverlage tätig. Sie ist selbst eine begeisterte Reiterin.

Jutta Schultheiss ist Volkswirtin und lebt als freie Journalistin und Autorin in Köln mit den Schwerpunkten Neue Medien und Unternehmen. Außerdem arbeitet sie als Beraterin für Existenzgründer.

Claudia Schumacher, geboren 1963 in Köln, gründete 1999 die Schumacher's AG für Finanzmarketing in München. Zuvor war sie acht Jahre Wirtschaftsredakteurin beim Nachrichtenmagazin *FOCUS*. Sie ist Autorin diverser Wirtschaftsbücher.

Manfred Schumacher, geboren 1942 in Adenau, ist seit 2000 selbstständiger Kommunikationsberater. Davor war er stellvertretender Chefredakteur von *Capital* und *FOCUS* sowie Chefredakteur von *FOCUS Money* und *!FORBES*. Er ist Autor diverser Wirtschaftsbücher.

Stefan Schwartz, Jahrgang 1966. Der Volkswirt arbeitete sieben Jahre als Wirtschaftsredakteur beim Nachrichtenmagazin *FOCUS*, bevor er sich im Jahr 2000 mit einer IR/PR-Beratung selbstständig machte.

Dr. Klaus Westermeier war Anfang der 90er Jahre Wirtschaftsjournalist bei *TopBusiness* und *FOCUS*. Seit 1995 arbeitet er als freier Autor und Medienberater.

Fotos: Quellen und Copyrights

Adam Opel AG: Seite 155
adidas-Salomon AG: Seite 54 links
Adolf Würth GmbH & Co. KG: Seite 307
Allianz AG: Seite 238
Axel Springer Verlag AG: Seite 273
Bertelsmann AG: Seite 128
BMW Historisches Archiv: Seite 194
Bosch-Archiv: Seite 39
DaimlerChrysler Aerospace AG: Seite 31
DaimlerChrysler: Seite 233
Deichmann-Gruppe: Seite 60 (Volker Wiciok)
Deutsche Post AG: Seite 314 (Mareike Föcking)
dpa: Seite 23 rechts, 225
Dr. August Oetker KG: Seite 150
Gerhard D. Wempe: Seite 295
Grundig AG: Seite 73
Henkel KGaA: Seite 90
Hubert Burda Media: Seite 47
Jenoptik AG: Seite 266
Lufthansa AG: Seite 289 (Rainer Kiedrowski)
Neckermann Versand AG: Seite 135
Optische Werke G. Rodenstock KG: Seite 209
Otto Versand GmbH & Co: Seite 160
Porsche AG: Seite185 links, 301
Porsche Design GmbH: Seite 185 rechts
Puma AG: Seite 54 rechts
Siemens-Archiv: Seite 172, 245
Sixt AG: Seite 254
Steilmann: Seite 278
STOCK4B GmbH: Seite 84 (Werner Schuerig), 98 rechts (Andreas Pohlmann), 122 (Stefan Pielow), 166 (Andreas Pohlmann), 178 (Michael Dannenmann), 260 (Michael Dannenmann)
SV-Bilderdienst: Seite 9 (Ingrid v. Kruse), 17 (Martin Hagen), 23 links (Teutopress), 67 (dpa), 79 (Wolfgang v. Brauchitsch), 98 links (Marek und Seeberger), 103 (AP), 110 (Teutopress), 116 (phalanx Fotoagentur), 202 (Frank Ossenbrink), 217 (Breuel Bild), 283 (phalanx Fotoagentur)
verlag moderne industrie: Seite 143

Stichwortverzeichnis

A

B

C

D

E

I

J

K

L

M

R

S

T